フランス近代憲法理論の形成

―ロッシからエスマンへ―

時本義昭 著

成文堂

巡査が、本郷を訪問した時［、彼は］神境に白き菊に水ある如き言うべからざる科学の威厳と情緒の幽玄に打たれた。

泉鏡花『日本橋』

目　次

第三章　第三共和制とエスマンの憲法学……185

凡例

一　引用部分の［　］内は本書の筆者による註記である。
二　引用部分の傍点については、引用文献が日本語の場合には原著者が付したものであり、外国語の場合には原文イタリックその他強調を示すものである。したがって、本書の筆者自らが付した傍点は存在しない。
三　横書きの日本語文献の引用に際して、原則として、アラビア数字を漢数字に改めた。
四　本書の筆者がドイツ語文献から原語を引用する場合、形容詞については、原則として強変化・一格に統一した。
五　引用に際して頁数のみを示した文献を引用順で以下に掲げておく（（　）内はその旨を示した註である）。

・Pellegrino Rossi, "De l'Étude du droit dans ses rapports avec la civilisation et l'état actuel de la science", Annales de législation et de jurisprudence, 1820（第一章第一節註（31））.
・Pellegrino Rossi, *Cours de droit constitutionnel*, t. I, 1866 ; t. II, 1866 ; t. III, 1867 ; t. IV, 1867（第一章第二節註（34））.
・Charles Lefebvre, *Étude sur les lois constitutionnelles de 1875*, 1882（rééd.）（第二章第二節註（15））.
・Antoine Saint Girons, *Manuel de droit constitutionnel*, 2e éd., 1885（第二章第二節註（26））.
・Victor Molinier, *Cours élémentaire de droit constitutionnel*, 1885（第二章第二節註（39））.

・Marcel de La Bigne de Villeneuve, *Éléments de droit costitutionnel français*, 1892（第二章第二節註（49））.
・Félix Moreau, *Précis élémentaire de droit constitutionnel*, 1892（第二章第二節註（52））.
・Adhémar Esmein, *Éléments de droit constitutionnel*, 1896 ; *Éléments de droit constitutionnel français et comparé*, 2e éd., 1899 ; 3e éd., 1903 ; 4e éd., 1906 ; 5e éd., 1909（第三章第一節註（14））. なお、バルテルミーによって補訂された第六版一九一九年（二〇〇一年に復刊）とネザールによって補訂された第七版一九二一年および第八版一九二八・一九二八年とは、原則として、引用の対象としない。

六　註は各節ごとに通し番号を付した。したがって、前掲・supra が及ぶのは節までである。

七　憲法集として、Léon Duguit, Henry Monnier, Roger Bonnard et Georges Berlia, *Les constitutions et les principales lois politiques de la France depuis 1789*, 7e éd., 1952, 野村敬造「資料　フランス憲法」同『フランス憲法・行政法概論』一九六二年を用いた。

序　章　共和国と憲法学

第一節　一九世紀末の独仏における法的国家論

普仏戦争は独仏両国に近代的な法的国家論をもたらした。ラーバント『ドイツ国法論（*Das Staatsrecht des Deutschen Reiches*）』（全三巻）一八七六―一八八二年とエスマン『憲法原理（*Éléments de droit constitutionnel*）』一八九六年とである。ただ、両者の間には一四年の開きがある。しかも、それぞれの同時代の論者の数やそれぞれに続く著作の質・量からすれば、この差は一四年より大きいといわざるをえない。独仏の公法理論にこのような差が生じた主たる原因は、私法理論の水準と法的国家論を対象とする高等教育とにある。

第一に、私法理論についてである。もともと公法理論は私法理論の転用によって形成されてきたが、フランス革命を経た後の法的国家論を体系化するには私法理論における法人理論を媒介としなければならない。それを行ったのがゲルバーであり、彼はパンデクテン法学において形成された法学的方法と法人格とを国家に適用して法実証主義国法学に途を開き、近代憲法学の基礎を築いた。『ドイツ国法体系要綱（*Grundzüge eines Systems des deutschen Staatsrechts*）』一八六五年は公法理論史における画期的著作なのである。そしてそれらを用いて、ラーバントは制定されたばかりの帝国憲法とその下における国法秩序をいち早く分析・体系化した。ラーバントがゲルバーの遺言執行人といわれる所以であるが、このように、ドイツにおいて第二帝政の成立後の比較的早い時期に国法学の体系化が可能であったのは、パンデクテン法学が一九世紀半ばの社会・経済的環境に適合するように体系的な概念構成によってローマ法を再構成することに成功していたからである。それに対して、第三共和制が成立する前後のフランスにおいては、衰退期に入った註釈学派が民法典の註釈に終始して資本主義の発展に伴う社会的変容に対応できなかった(1)。当時のフランス法学界における最大の課題はこのような註釈学派をいかにして克服するかであり、独仏両国における私法理論の水準の差は歴然としているといわざるをえない。しかも、この課題の克服を担わされたのが第二章で述べるように公法理論であったことからすれば、エスマン『憲法原理』がその四年後に出版されたイェリネク『一般国家学（*Allgemeine Staatslehre*）』に方法論・理論性・体系性という点で足元にも及ばなかったのは当然であるといえる。パンデクテン法学に対する註釈学派の後進性を反映した法的国家論の後進性は、フランスの憲法学者の主観においては、第一次世界大戦まで続くことになる。

第二に、法的国家論を対象とする高等教育についてである。この点に関するフランスの状況は次章第二節と第二章第一節との対象であるが、ここで議論を進めるために必要な限りで述べれば、フランスの大学において憲法が正式な科目として教えられるようになるのは比較的遅く一八三四年であり、しかもそれはパリ法科大学においてのみであった。もちろんそれ以前から、憲法は法学教育機関において一科目として、あるいは法科大学において行政法の一部として教えられていたし、[2] さらに政論家（publicistes）によって論じられていた。後者については、その一部が宮沢俊義によってわが国に紹介されているが、[3] その際、宮沢は「貴族趣味的なアマチュア主義」[4] に立脚した政論家と憲法学者とを区別しない。[5] それに対して、本書が対象とするのは後者、換言すれば法学者として「常勤の」憲法学者である。[6] このような意味における憲法学者は、フランスにおいては、第三共和制が成立するまでほとんど存在しなかった。というのは、すでに述べたようにそれまで憲法講座を設置していた法科大学はパリ法科大学のみであり、しかもパリ法科大学の憲法講座は一八五二年に廃止され、それも含めた憲法講座が全国の法科大学（大学の法学部）[7] に設置されるようになるには第三共和制の成立を待たなければならなかったからである。それに対して、ドイツについては、確かに国家として統一されたのは一八七一年であるが、しかしラントにおける連続性が存在した。しかも、「ドイツ文化の後進性は必然的に文化財……の国家権力への依存傾斜を鋭くした。ドイツは法文化を常にイタリヤ・フランスから継受した［が、］文化の伝播は、ブルジョワ層の未成のため、権力の庇護の下に設立された大学を『中継基地』にして行われた」[8]。一八世紀以来の官僚養成（国家試験制度）と結びつた、いわばドイツにおける大学の過剰であり、このような状況の下で、ドイツ国法学はゲルバー以前にすでに分厚い蓄積を有していたのである[9]。もちろん、一九世紀ドイツの大学とそこにおける法学教育とはさまざまな問題を抱えていた（例えば、人文主義的な要素を切り落とした実証主義的な法理論によって、一九世紀後半のさまざまな社会問題に対応することができるのか）が、しかし、普仏戦争の敗戦国であるフランスの目には優れたものに映った、少なくとも自国のそれらと比較して優れたものに見えたのである[10]。

ところで、エスマン憲法学とラーバント国法学について、以上のような法的国家論におけるフランスのドイツに対する二重の意味での後進性にもかかわらず、それぞれの内容に着目した場合、エスマン憲法学が共和制を、ラーバント国法学が立憲君主制を、それぞれ前提としていることから、エスマン憲法学の内容的先進性を指摘することができそうであるが、はたしてそうであろうか。ラーバント国法学については、批判的な意味を込めて「半官的な国法学」[11]などといわれてきたが、権力はその正統性が共和制的なものであろうと君主制的なものであろうと、被治者としての個々の国民にとっての危険性という点では何ら変わらない。しかも、連邦制を前提としたラーバントも含めた「ドイツの公法学者よりも」単一国家を前提としたエスマン憲法学の方が集権的であり、「絶対君主制のレジストの理論」に近いのである[12]。いずれにしても、時の政治権力との距離という点で、ラーバント国法学を「半官的な国法学」というのであれば、実は、エスマン憲法学は官学そのものであるといわざるをえない。すなわち、エスマン憲法学は第三共和制の確立期に共和派政府と持ちつ持たれつの関係にあり、共和派政府はエスマン憲法学によって自らを正当化し、エスマンはこのことをとおして短期間で自らの憲法理論の支配力を確立したのである。このあたりの事情については第三章第一節二で取り上げるが、このようなエスマンと共和派政府の癒着ぶりとその結果としてのエスマン憲法学の政治性とを白日の下にさらしたのがサクリスト『憲法学者の共和国（*La République des constitutionnalistes*）』二〇一一年である。同書は二〇〇二年にパリ第一大学に提出された学位論文[13]の単行本であり、本書の筆者は同書を一読したとき、主としてドイツ第二帝政期の国法学を対象とした上山安敏『憲法社会史』一九七七年やChristoph Schönberger, *Das Parlament im Anstaltsstaat*, 1997に対抗することができるフランス第三共和制期の憲法学を描いた書に初めて出遭った思いがした。『憲法学者の共和国』は、すでに述べた意味で、フランス第三共和制期の憲法学界としてこれまで描かれてきた風景（tableau）を「自由立憲主義の神話」[14]にすぎないとして破壊してしまうだけのインパクトを有しているのである。その意味で同書は論評に値するが、その前にふれておかなければならないことがある。現在のフランスの憲法学界においては、同書をはじめとして第三共和制期の憲法理論を扱った単行本が目につくが、これはこれまでになかった現象である。なぜ、このような現象が生じたのであろうか。

第三共和制期の憲法理論を扱った文献は、かつては、単行本だけではなく雑誌論文を含めても、散発的にしか現れなかった（第五共和制憲法との関係におけるカレ・ド・マルベールに関する文献も例外ではない）。ところが、二〇〇〇年以降、特定の憲法学者に関する単行本に限っても次のようなものを挙げることができる。

Éric Maulin, *La théorie de l'État de Carré de Malberg*, 2003
Frédéric Saulnier, *Joseph－Barthélemy 1874－1945 La crise du constitutionnalisme libéral sous la IIIe République*, 2004
Stéphane Pinon et Pierre-Henri Prélot（dir.）, *Le droit constitutionnel d'Adhémar Esmein*, 2009
Didier Mineur, *Carré de Malberg Le positivisme impossible*, 2010
Fabrice Melleray（dir.）, *Autour de Léon Dugit*, 2011
Stéphane Pinon, *Maurice Deslandres et le droit constitutionnel : un itinéraire*, 2012
Julia Schmitz, *La théorie de l'institution du doyen Maurice Hauriou*, 2013
Mathieu Touzeil-Divina（dir.）, *Miscellannées Maurice Hauriou*, 2013
Delphine Espagno（dir.）, *Léon Dugit : de la Sociologie & du droit*, 2013
Jean-Michel Blanquer et Marc Milet, *L'Invention de l'État*, 2015
Christophe Alonso, Arnaud Duranthon et Julia Schmitz（dir.）, *La pensée du Doyen Hauriou à l'épreuve du temps : quel(s) héritage(s)?*, 2015

Antoine Chopplet, *Adhémar Esmein et le droit constitutionnel de la liberté*, 2016

これらに、雑誌論文や単行本として出版されていない学位論文[15]を加えれば、第三共和制期の憲法理論・憲法学者を対象とする文献は相当数にのぼり、「フランス公法学説史研究は活況を呈している」[16]といえる。本書の筆者が研究生活に入った一九九〇年前後と比較すれば隔世の感がある。劇的とまではいえないにしても、このような大きな変化の原因を一つのことに求めることはできないであろう。ここで注目したいのは、結社の自由との関係で「共和国の諸法律によって承認された基本的諸原理」に裁判規範性を認めた一九七一年七月一六日判決を契機とする憲法院による違憲審査の活性化である[17]。その結果として、実定憲法秩序が国家機関と個々の国民との双方にとって拘束力ある規範秩序として観念されるようになり、このことは憲法理論としては、一方で法治国家論として、他方で「憲法学の法律学化[18]」として現象した。このうち、前者は主としてそれを生み出した第二帝政期のドイツへと、そして当然、同時代の第三共和制期の憲法理論へと目を向けさせる。この眼差しが肯定的なものであるのに対して、後者によって第三共和制期の憲法理論に向けられた眼差しはどちらかといえば懐疑的である。すなわちその背後には、憲法院の判例分析が重要な部分を構成するようになった憲法学[19]とは本来いかなるものであったのかという疑問が存在するのである。しかも、このような「憲法学の法律学化」に対してすでに反動[20]が生じている。

すでに示唆したように、第三共和制の初期にそれまでの「法律化[21]」傾向（＝註釈学派）を克服することを目的の一つとして憲法学が法学教育に導入されたことからすれば、この反動は当然かつ健全な反応であるといわざるをえない。いずれにしても、肯定と否定の入り混じる形で第三共和制期の憲法理論に関心が高まっていたところに現れたのがサクリストの学位論文なのである。あるいは、このような状況がサクリストの学位論文を生み出したといえるかもしれない。

（1）拙著『国民主権と法人理論――カレ・ド・マルベールと国家法人説のかかわり――』二〇一一年二八―三〇頁。
（2）さしあたり、cf. Marcel Prélot, *Précis de droit constitutionnel*, 1949, p. 2. さらに、次章第三節註（43）も参照。
（3）宮沢俊義「プレヴォ・パラドルの議会思想」および「シャトオブリヤンの議院制の理論」同『憲法と政治制度』一九六八年所収。
（4）Guillaume Sacriste, *La République des constitutionnalistes*, 2011, p. 146.
（5）宮沢俊義『公法の原理』一九六七年七一―一〇五頁および一五七―一八一頁参照。
（6）*Ibid.* さらに、cf. pp. 135-136.
（7）フランスにおいて学部（faculté）の集合体を大学（université）と呼ぶようになるのは一八九六年からであり、それ以前の faculté は単科大学である（拙著『法人・制度体・国家――オーリウにおける法理論と国家的なものを求めて――』二〇一五年七六頁註（13））。法科大学については、本書次章第一節註（47）参照。
（8）上山安敏『ドイツ官僚制成立論』一九六四年（オンデマンド版、二〇〇五年）二九頁。
（9）Vgl. Michael Stolleis, *Geschichte des öffentlichen Rechts in Deutschland*, Bd. II, 1992, S. 76ff. 栗城壽夫「一九世紀ドイツ憲法理論の研究」一九九七年七一―七三頁参照。ただし、西村稔『知の社会史』一九八七年一九五―二二一頁

参照。

（10）このことを契機として、あるいは原動力として断行された第三共和制初期の高等教育改革と法学教育改革については、前掲拙著註（7）、四二―四三頁および六三―六四頁参照。例えば、「本質的にドイツに起源を有するゼミナール制」は法学の分野ではとくに有益であるとして、ドイツの法学教育におけるゼミナール制が一九世紀末のフランスに紹介されている（cf. Eugène Duthoit, *L'enseignement du droit et des sciences politiques dans les universités d'Allemagne*, 1893, pp. 175–199）。

（11）C・シュミット（尾吹善人訳）『憲法理論』一九七二年四一三頁。さらに、栗城・前掲書註（9）、四七四―四七五頁も参照。

（12）G. Sacriste, *supra note*（4）, p. 261. さらに、cf. Pierre Favre, *Naissances de la science politique en France（1870–1914）*, 1989, pp. 194–195.

（13）Guillaume Sacriste, Le Droit de la République（1870–1914）Légitimation(s) de l'État et Construction du rôle de professeur de droit constitutionnel au début de la Troisième République, thèse（Université Paris Ⅰ）, 2002.

（14）Stéphane Pinon, "Regard critique sur les leçons d'un《maître》du droit constitutionnel Le cas Adhémar Esmein（1848–1913）", Revue du droit public, 2007, p. 228.

（15）現在、少なくとも社会科学系の学位論文はすべてマイクロフィッシュで閲読可能であるが、単行本として出版されていない第三共和制期の憲法理論・憲法学者を対象とする学位論文の中でもっとも重要なものの一つは、おそらく、Marc Milet, Les professeurs de droit citoyens. Entre ordre juridique et espace public. contribution à l'étude des interactions entre les débats et les engagements des juristes français（1914–1995）, thèse（Université Paris Ⅱ）, 2000であろう。

（16）山元一『現代フランス憲法理論』二〇一四年六五五頁。さらに、cf. Nader Hakim et Fabrice Melleray, "La Belle Époque de la pensée juridique française" in Les mêmes（dir.）, *Le renouveau de la doctrine française*, 2009, pp. 1–2. 古典的法学書の復刊はフランスにおいてはドイツにおけるよりも圧倒的に少ないが、同じ頃から第三共和制下の

憲法関係書の復刊が毎年数冊なされるようになった（具体的には、六六〇頁註（16）参照）こともこのような「活況」を構成しているといえるであろう。

（17）憲法院の一九七一年七月一六日判決については、辻村みよ子編集代表『フランスの憲法判例』二〇〇二年一四一―一四六頁（山元一執筆）参照。また、フランスが一九八一年に管轄権を承認したヨーロッパ人権裁判所との関係も無視できないであろう。さらに、前掲拙著註（1）、二七―二八頁も参照。

（18）樋口陽一『比較憲法［全訂第三版］』一九九二年二一頁。「憲法学の法律学化」を象徴するのがダローズ社の Codes Dalloz 叢書に *Code constitutionnel et des droits fondamentaux*, 2011（éditon 2012）が加えられたことである。この叢書は、民法・商法・民事訴訟法・刑法・刑事訴訟法（以上はナポレオン法典（Codes napoléoniens））その他法分野ごとに、主として判例を用いた簡単な註釈を条文ごとに付して関係法令を一冊にまとめた法令集である。この叢書に憲法が加えられることによって六法が揃ったことになるが、このことは憲法（学）の民刑事法（学）化を意味するといえなくもない。

（19）ファヴォルー率いるエクサンプロヴァンス学派は、憲法院の判例分析を中心に据えることによって、一方で政治学（政治制度論）との関係で、他方で行政法学（公的自由論）との関係で、「憲法学の学問的自律性の実現を志向」して、「後進の研究者と大規模なチーム……を形成し、充実した仕事を成し遂げ」、その結果として現在の「フランス憲法学界を席巻した」（山元・前掲書註（16）、六五一頁）。「憲法学の法律学化」に属するその他の動きについては、六六五頁参照。

（20）「憲法学の法律学化」に対する反動を象徴するのが『政治法雑誌（Jus Politicum, revue de droit politique）』の創刊（二〇〇八年）である。このような「新潮流」（只野雅人『代表における等質性と多様性』二〇一七年四〇三頁）を、エクサンプロヴァンス学派に連なるわが国のある論者は「若干の揺れ戻し」（植野妙実子『フランスにおける憲法裁判』二〇一五年ii頁）と評するが、この反動はすでに述べた第三共和制期の憲法理論・憲法学者に関する研究の「活況」をその背後に抱えていることからも、表面的な動きでも一時的な動きでもないとみるべきである。そもそも憲法学は政治権力の規範的統制を主たる対象とするが、権力には裁判所による規範的統制に還元することのできない政治的なものが存在し、それ故、フランスでは第三共和制の初期まで droit politique という用語が用いられてきた（第二章第一節註（67）参照）。そして、次章第二節一で論じる七月王政下における憲法講座の設置に際して講座名に droit constitutionnel が選ばれたのは Constitution における droit politique を回避するためだったのである（cf. Julien Boudon, "Introduction à la rééditon", Pellegrino Rossi (Julien Boudon (dir.)), *Cours de droit constitutionnel*, 2012, pp. 12-13（この序文には頁数が付されておらず、数字は本書の筆者が前から付したものである））。同誌が「憲法学の法律学化」に対抗して復権しようとしているのは憲法（学）におけるこの政治的なもの＝droit politique なのであり、デュヴェルジェに代表される政治制度と政治的現象との実証的分析を旨とする「政治学的傾向」（樋口陽一『近代立憲主義と現代国家』一九七三年二頁）ではない（樋口陽一「まえがき　憲法学の『法律学化』と『政治学的傾向』をこえて?」山元一・只野雅人編訳『フランス憲政学の動向』二〇一三年参照）。そうではなくて、例えば、第二次世界後のパリ大学法経学部時代における、ボルドー学派の流れをくむ彼（の憲法学）と、オーリウの制度体論に依拠するビュルドー（の憲法学）（前掲拙著註（7）、序章第二節参照）のうち（水波朗『トマス主義の憲法学』一九八七年八二―八五頁参照）、後者に代表されるような傾向なのである。以上のような意味で、「憲法学は、他の学問のような法学ではないこと」（アルメル・ル・ディヴェレック（山元一訳）「日本語版へのはしがき」山元・只野編訳、前掲書註（20）、iv頁）から目を背ける、さらにはこのことを否定しようとする「憲法学の法律学化」に対する反動＝「新潮流」は健全な反応であるというのが本書の筆者の立場である。なお、このような反動の原因の一つとして、第五共和制憲法における大統領をめぐるさまざまな曖昧さが考えられるという点については、只野・前掲書註（20）、三八六―三八七頁参照。

（21）宮沢・前掲書註（5）、一六四頁。

第二節　サクリスト『憲法学者の共和国』

すでに述べたように、サクリスト『憲法学者の共和国』は学位論文を単行本として出版したものである。出版に際して本文に手を加えたうえで註と文献目録とを整理・統合したようであるが、学位論文の提出から単行本の出版に至るまで九年の歳月を要している。学位論文それ自体は注目されていたようであり、その間、頻繁に引用されていた。そのためもあってか、サクリストは学位論文を切り売りするような論文を何本か公表しているが、出版に対する障碍がなかったとすれば、このような手法には感心できない。[1] それはともかく、『～の共和国』というタイトルの単行本は第三共和制以降よくみかけるものであり、その意味で同書のタイトルが陳腐であるのに対して、[2] その内容は、これもすでに示唆したことであるが、第三共和制の成立から第一次世界大戦までのフランスにおいて近代憲法理論が形成され、展開されたという意味で公法理論の「黄金時代」に「新しい光を投げかける」[3] という点で、斬新である。ここでは、同書の方法論と内容の枠組みとを示すにとどめ、同書の内容それ自体については第二章以下で検討することにしよう。

第一に、方法論についてである。サクリストは、第三共和制の初期に国家に関する表象の転換を見出すという立場をルドール『合法国家から法治国家へ（*De l'état légal à l'état de droit*）』一九九二年と共有するとしたうえで、ルドールが第三共和制の成立から第一次世界大戦までの公法理論を内在的に捉えようとする、換言すれば法学的に理解しようとするのに対して、その政治・社会学的な分析を目指すという。(4)確かに、サクリスト『憲法学者の共和国』においては高等教育行政の第一次資料が駆使されているが、その際、これまでの高等教育史研究にしばしばみられるそれぞれの分野における理論的考察の欠如を回避しなければならないという。その結果、「知識社会学的観点から(5)」当時の憲法学者の社会的役割と理論との全体像が提示されるが、そこにおいては政治・社会学的な側面が重視されるあまり、各憲法学者の理論体系の内在的理解が不十分であるという批判がある。(6)本書の筆者は必ずしもそうは思わないが、それよりもここで指摘すべきは公法理論史が対象とされたことの重要性である。すなわち、これまで私法理論史はボヌカーズなどによって論じられてきたが、(7)公法理論については、行政法学史や政治思想史などは存在しても固有の意味の憲法理論史は存在しなかった。憲法理論史が欠如している原因は、すでに述べた（三頁）ように、第三共和制が成立するまで固有の意味の憲法学者がほとんど存在しなかったうえ、これもすでに述べた（六頁）ことであるが、第三共和制期の憲法理論を扱った文献がこれまで少なかったことにある。サクリストは、第三共和制の成立から第一世界大戦までという限られた期間（ただし、これもすでに述べたことであるが、この期間に近代憲法理論が形成さ、展開されたという意味で重要な期間）ではあるが、これまであまり論じられることのなかった憲法理論史を、しかも法学者によってこれまで積極的に論じられることのなかった法学教育（改革）という枠組みの中で実証的に描き出そうとしたのである。[8] もちろん内容という点で賛成できない点は多々あるが、憲法理論と憲法教育との歴史的考察の新しさは評価されなければならない。[9]

第二に、内容の枠組みについてである。第三共和制は共和派と王党派の妥協の産物であり、成立当初は体制としてきわめて不安定であった。そこで、共和派政府は自らと体制を正当化する手段として法科大学（法学部）に憲法講座を設置した。もっとも当初の憲法学は、一方で、私法中心の法科大学（法学部）において特異な法学分野であり、他方で、第三共和制の成立にも影響を与えた政論家との関係で必ずしも独自性を有するとはいえなかった。要するに、憲法学は法学の一分野として自らを確立しなければならなかったのである。ところで、共和派政府は自らと体制を正当化する手段として憲法講座を設置しただけではなく、高等教育行政の人事権を用いて体制派の憲法学者を主としてパリ法科大学（法学部）に送り込んだ。その基準は共和派であることとカトリックでないこととであり、当時、恣意的な人事が強引に行われたことは否定できない。その結果、共和派政府が「パリ法科大学［法学部］の教授達を道具化する」という事態が生じ、パリ法科大学（法学部）の憲法担当者は「共和制国家のレジスト」たることが運命づけられたのである。彼らは左右両翼による批判から「民主的共和制」を擁護しなければならなかったが、その見返りは大きく、パリ法科大学（法学部）の教授ポストに加えて政府関係のさまざまな諸委員（それに伴う政府情報）・専門学校などの非常勤ポスト・社会上層部との接触など、とりわけ地方出身の教授資格保持者にとっては魅力的であった。このような立場を利用して、第三共和制の初期に、憲法学者としての不動の地位を確立したのがエスマンなのである。もちろん、第三共和制下の憲法学者が一枚岩であったわけではない。確かに、反体制勢力の一つである王党派は第三共和制の成立後政治勢力としては急速に衰退するが、しかし、共和制を容認しつつも、とりわけ急進派の政権運営に不満を有するさまざまな改革勢力が台頭してくる。それらに、民主的「共和制国家の憲法秩序に代わる」モデルを提供したのが地方大学の憲法学者である。その結果、「パリと地方のアカデミックな亀裂[10]」は一九世紀末から顕在化し、とりわけドレフュス事件を契機とする自然法論の復活を背景として、カトリック思想の影響を受けた地方大学の法学者の公法理論とパリ大学の「民主的共和制」の理論モデルとの対抗関係は鮮明になる。そしてサクリストによれば、「社会における憲法改革」を掲げる地方大学の憲法学者が第一次世界大戦を境にパリ大学法学部のレジストに取って代わるが、その際注意すべきは、地方大学の憲法学者は共和制を前提とした改革勢力であることから「新たな（autres）レジスト」だということである。さらに、この「新たなレジスト」によってもたらされた「保守革命」はやがてヴィシー体制へとつながるというのがサクリストの見立てである[11]。

以上のような内容の枠組みは第三共和制の前半に関する優れた「旅行案内[12]」ということができ

るであろう。とりわけ、パリ大学法学の憲法学者と地方大学の憲法学者とを二項対立的に捉えて、両者の間でレジストとしての役割の交代があったという描き方は鮮やかである。ただ、図式化は一般に、「人目を引くが、広大で複雑な知的領域を完全にかつ細部に至るまで捉えるには不十分である」[13]といわれるように、そこにさまざまな問題が含まれることは否定できないが、これらの問題についてはすでに述べたように第二章以下で必要に応じて検討することにしよう。

ところで、共和派政府が自らと体制を正当化する手段としてパリ法科大学（法学部）の憲法講座を利用しようとする中で、エスマンが憲法学者としての地位を確立した旨述べたが、では、エスマン憲法学をフランス近代憲法理論の源として位置づけることができるのか。さらに、そもそもエスマン以前の憲法学はどうなっているのか。そこで本書は、エスマンとこれまであまり取り上げられることのなかったエスマン以前の憲法学とについてフランスにおける法学教育に焦点を当てつつ論じることによって、換言すれば、フランスにおける近代憲法理論の形成過程を辿ることをとおして、その源を探ってみたい。第一章では、フランスで初めて憲法講座が設置されたのは一八三四年であり、その初代担当者がロッシであることから、ロッシについて復古王政期までさかのぼって論じたうえで、いかにして憲法講座が設置され、そこでいかなる講義が行われたかについて検討する。第二章では、二月革命後いったん廃止された憲法講座が第三共和制の初期に再興されてからエスマンがパリ法科大学で憲法を担当するまでの憲法学について検討する。これらのエスマン以前の憲法学を前提として、第三章では、エスマンの憲法学について国民主権論を中心に検討する。以上の検討をとおしてフランスにおける近代公法理論史の一端が示されるであろう。

（1）“Adhémar Esmein en son époque Un légiste au service de la République” in Stéphane Pinon et Pierre-Henri Prélot（dir.）, *Le droit constitutionnel d'Adhémar Esmein*, 2009；“La doctrine constitutionnelle et la loi au tournant du XXe siècle”, Parlement(s), Revue d'histoire politique, 2009；“Le droit constitutionnel de la République naissante：collusions entre sphère politique et doctrine au nom du nouveau régime” in Annie Stora-Lamarre, Jean-Louis Halpérin et Frédéric Audren（dir.）, *La République et son droit（1870-1930）*, 2011.

（2）『〜の共和国（*de la République*）』というタイトルの単行本としては、例えば、Robert de Jouvenel, *La République des camarades*, 1914；Albert Thibaudet, *La République des professeurs*, 1927；Daniel Halévy, *La République des ducs*, 1937；Roger Priouret, *La République des députés*, 1959；Christophe Charle, *La République des universitaires*, 1994 など。

（3）Jean-Marie Denquin, “Guillaume Sacriste, La République des constitutionnalistes. Professeurs de droit et légitimation de l'État en France（1870-1914）, Sciences-po Les Presses, 2011, 578p.”, Jus Politicum, revue de droit politique, N° 9, 2013（電子版）, §3（電子版には頁数が付されておらず、引用箇所は段落（§）で示した）.

（4）Guillaume Sacriste, *La République des constitutionnalistes*, 2011, pp. 16-17.

（5）山元一『現代フランス憲法理論』二〇一四年六五五頁。したがって、『憲法学者の共和国』には、「中心に法律家社会を据えて、そこから知識人の社会を媒介にして社会の全体へ目を向け」（上山安敏編『近代ヨーロッパ法社会史』一九八七年二頁（上山執筆））る、すでにふれた（五頁）上山安敏『憲法社会史』に通じるものがある。なお、同書とともにすでに言及したChristoph Schönberger, *Das Parlament im Anstaltsstaat*, 1997は第二帝政期からヴァイマル期の「君主による官僚制的支配機構（Apparat）としての『国家』」（S. 6）における議会の位置づけを論じるものであり、そこに社会学的要素を見出すことはほとんどできない。

（6）Ibid., §§9 et 21-23.

（7）Julien Bonnecase, *La Thémis*（*1819-1831*）*son fondateur, Athanase Jourdan*, 2e éd., 1914 ; Le même, *L'École de l'Exégèse en droit civil*, 2e éd., 1924 ; Le même, *La pensée juridique française de 1804 à l'heure présente*（2 vols）, 1933.

（8）『憲法学者の共和国』に続くものとして、Guillaume Richard, *Enseigner le droit public à Paris sous la Troisième République*, 2015がある。また、『憲法学者の共和国』の影響であろうか、これまで主として社会学系の論者によって高等教育研究の一部として扱われてきた法学教育が、近年法学者によって積極的に論じられるようになりつつある。

（9）それに対して、ibid. は『憲法学者の共和国』を徹底的に批判する。その批判については内容にかかわるのでここでは具体的には述べないが、そもそも、書評という形でこのような批判を行うことにどれだけの学問的意味があるのであろうか。このような批判を行うのであれば、論説という形をとるべきである。

（10）G. Sacriste, *supra note*（4）, p. 390.

（11）註（10）を除く本段は*Ibid.*, pp. 22-25に拠る。

（12）Ibid., §27.

（13）Ibid.

第一章　七月王政とロッシ『憲法講義』

フランスの大学（法科大学〔註（47）参照〕）において初めて憲法講座を担当したのはイタリア出身のロッシである。本章は、彼が一八三五年から一八三七年にかけて行った憲法に関する講義の講義録である『憲法講義（*Cours de droit constitutionnel*（4 vols））』一八六六―一八六七年[1]とこの講義と関係を有する諸情勢や諸問題とを取り上げるが、その前に彼の略歴について述べておきたい[2]。

ロッシは、その国際的な活躍から遍歴者（piligrim）といわるように、政治家・外交官であると同時に、ボローニャ・ジュネーブ・パリで活躍した学者でもあった。以下、重要と思われる事項に関する略年表を掲げておこう（フランスにおける大学関係の経歴については本章第二節でふれる）。

一八〇四年　ボローニャ大学入学
一八〇六年　ボローニャ王立裁判所検事局書記
一八〇九年　弁護士登録
一八一三年　ボローニャ大学教授（民事訴訟法・刑法・刑事訴訟法担当）

一八一五年　北イタリアの暴動に参加し国外追放、その後スイスへ亡命
一八一九年　ジュネーブのアカデミー教授（ローマ法・刑法担当）
一八二〇年　結婚してスイス国籍取得、州議会議員、『立法・法学年報』創刊
一八二九年　『刑法論』出版
一八三二年　臨時同盟会議議員
一八三三年　ギゾーとド・ブローユとの勧めによりフランスへ移住
一八三四年　フランス国籍取得
一八四五年　ローマ大使
一八四八年　大使解任後、首相

ロッシは才能に恵まれた人物であり、辛辣さと挑発的な言辞など際立った彼の個性のせいもあってか敵が多かったようである。彼はイタリア中部のカッラーラの出身（一七八七年）であり、彼の家系は名門かつ裕福で、行政官や司法官を輩出した。幼い頃からさまざまな分野ですぐれた才能を示した彼は、当時法学研究のメッカであったボローニャ大学で法学の諸分野を広く研究し、経済学も学んだ。彼の専門分野は、ローマ法・刑法・憲法・経済学など多岐にわたったが、その後の学者としての業績については経済学が主であり、自由主義経済学の普及に貢献したといわれる。それに対して、法学に関する業績は従たる地位にとどまるが、刑法に関する著作（とくに、『刑

法論（*Traité de droit penal*）』全三巻）はフランス語圏の刑法学説史を論じるうえで重要であるといわれる[3]。

大学卒業後、弁護士として名声を博したロッシは、リセの教授を経て若干二六歳でボローニャ大学教授に任命された。このように法学者としては順風満帆であった彼は、ナポレンによるイタリア支配体制の崩壊とウィーン体制の確立との中で翻弄されることになる。すなわち、ナポレンのエルバ島脱出に呼応してイタリアの独立と統一とを掲げる軍事勢力の指導者の一人となるが、結局ウィーン体制の前にジュネーブへの亡命を余儀なくされたのである。祖国統一の夢破れた愛国者ロッシは、やがてフランスの教壇で国民的一体性を強調することになるであろう。

亡命先のジュネーブで再び静かな学究生活に戻ったロッシであったが、この才能豊かな若きイタリア人がいつまでも放置されるはずがない。彼はアカデミックな世界だけでなく政界でも活躍するようになり、憲法改正案を同盟会議に提案したこともある[4]。ところが、この憲法改正案が不成立に終わったことが彼をスイスに居づらくさせ、また経済的な問題も手伝って、フランスへと向かわせた。フランスへの帰化後の活躍については本章第二節で取り上げるが、その後ローマ大使として祖国に赴任した彼を待っていたのは、二月革命と対オーストリア戦争とによる政治的混乱であった。火中の栗を拾う形で政権を委ねられることになるが、わずか数ヶ月後に革命家によって暗殺されるのである（一八四八年）。死後、彼の名はイタリア統一運動と結びついて記憶されることになるが、学問的業績と政治活動という点から彼の立場を一言でいえば、祖国統一を願う保守的な自由主義者であるということになるであろう。なお、膨大な著述は、一八六三年から一八六七年にかけてイタリア政府の命によって著作集（*Œuvres complètes de P. Rossi*（8 vols））として出版され、(5)『憲法講義』はその一部である。

以上が略歴であるが、ロッシ『憲法講義』について論じる前に、この講義の成り立ちと特徴とについて述べておく必要がある。というのは、講義の内容とこれら二点とは密接な関係にあるからであり、さらにいえば、前者は後者によって規定されているからである。その際、フランス法学とロッシとに対するドイツ歴史法学派の影響から議論を始めなければならない。

第一節　ロッシとドイツ歴史法学派

王政復古から七月王政にかけての時期は、フランス憲法史上の単なる過渡期ではない。この時期は、一七八九年の革命の成果を定着させるとともに、第三共和制下で開花することになる議会主義の制度や運用を準備したという点で重要であり、近年さまざまな側面から再検討されつつある。(6)また、経済については、鉄道の敷設にみられるように緩慢にではあるが産業革命が進展し、それに伴って社会が大きく変容しつつあった。この時期に新しい学問分野として社会学が誕生するが、この現象は、社会の変容に対して階級対立を緩和しつつ社会的改良を行おうとする支配者側の対応の一つであると理解することができる。このような状況の下で、政治・経済の両面で実権を握ったのは上層ブルジョワジーであり、その代表者の一人がギゾーであった(7)。本章第二節一で述べるように、彼こそが憲法講座を設置し、その初代担当者にロッシを指名した人なのである。

一　復古王政と歴史法学派

イギリスに亡命していたルイ一八世によって欽定された一八一四年憲章の目的は、君主制原理＝旧いフランスと革命の成果である自由・平等の理念＝新しいフランスとを和解させ、革命勃発以来四半世紀に及んだ政治的混乱に終止符を打つことであった。イギリスをモデルとした「立憲君主制(8)」、換言すれば「自由な国家の新しい形態(9)」の下で、政治的安定が目指されたわけである。同憲章は一方で、神聖不可侵な君主に立法への関与も含めたさまざまな権限を付与しつつ、他方で、「国民の公権」を保障することによって革命の成果を取り入れ、イギリスの議会制度から貴族院型の二院制を導入した。このような憲章の下で、議会下院で多数を占めた王党派の一部は、君主との対立から、議会多数派の信任を得た大臣が国政の主導権を握るべきであるとして議院内閣制的な主張を行った(10)。このような主張が議院内閣制的な憲章の運用につながったとはいえないが、このような主張においては君主は名目化せざるをえない。それに対して君主の能動性を主張したのがギゾーである。ところが、シャルル一〇世による議会多数派を無視した反動的な憲章の運用を契機に復古王政は崩壊に至るのである。

ところで、復古王政期は、フランス文学史上、ロマン主義が始まる時期である。「ロマン主義は、古典主義によってつくられたさまざまな規範や制約によって抑えられていた人間の自我や感情あるいは官能などを解放し[11]」ようとした。その中にあってこの時期のロマン主義は前期ロマン主義といわれ、ジャコバン独裁とその混乱とから帝制へと至るフランス革命をもたらした合理主義に対する反動であるが、実はロマン主義の源は啓蒙期にあり、それ故、ロマン主義（者）は革命期の無秩序を嫌悪するのである。いずれにしても、（前期）ロマン主義は民族や歴史などによって古典主義を相対化しようとしたが、その際、重要な役割を果たしたのが革命期の亡命者がもたらした多様な情報である。とりわけスタール夫人は重要であり、フランスでの出版が許されず（一八一〇年）、一八一三年にようやくロンドンで出版された彼女の『ドイツ論（*De l'Allemagne*）』はドイツ民族とドイツ文化全般（文学・哲学・宗教など）を論じて、復古王政期の「フランスにおける文学批評、哲学論争のバイブルの観を呈したといわれる[12]」。ただし、復古王政期あるいは前期ロマン主義の時期にフランス文化全体に大きな影響を与えたという点でドイツのみが特別な地位を占めていたわけではない。ところが、法学の領域となるとドイツの影響力は絶大である[13]。

すでに述べたように復古王政は革命以来の政治的混乱に終止符を打つことに成功したとはいえ

ないが、法の領域においてはそれ以前の問題として、革命後の新秩序にふさわしい法学がいまだ確立されていない状況の下で、ナポレオン法典を成立させた政治権力の消滅は「法学の危機」[14]を招来した。革命以来の法学にとってのこのような「暗黒の時代」[15]からフランス法学が脱出することを可能にしたのはドイツ歴史法学派である。というのは、復古王政は革命とその法的帰結であるナポレオン法典とに対抗するために、それらが立脚している普遍的な合理主義あるいは「一八世紀の哲学者達との関係を断ち切って」[16]国民（民族）に固有のものを重視した、というよりも重視しなければならなかったが[17]、フランスに先立ってこのような役割を法学の領域で担ったのがドイツ歴史法学派であったからである。もっとも、ドイツにおいて歴史法学派をもたらした歴史主義（Historismus）の台頭は単なるフランス革命に対する反動ではない、あるいはそれに還元することができない側面を有する。歴史主義には複数の意味があり、具体的には、精神科学における実証主義、歴史的相対主義、あらゆる文化現象を歴史的現象として捉える立場などである[18]。第三の意味の歴史主義は没歴史的な合理主義や不変の人間理性に立脚した啓蒙主義の対極に位置し、それによれば、人間の生活は自然ではなく人間の行為によって形成されるものであるからそこには何らかの歴史的なものが存在し、人間がかかわる事柄は歴史的に理解・説明されなければならない。ただし、第一の意味の歴史主義からすれば、第三のそれは必ずしも反啓蒙主義ではないという点には注意を要する。歴史主義は科学と資本主義とが進展する一九世紀の思潮なのである。また、第二の意味の歴史主義には、すでに、法実証主義における価値相対主義が含まれているといえるであろう。いずれにしても、これら二つの歴史主義は密接な関係にあるが、法学はこのような「歴史主義の影響をもっとも強く受けた領域」[19]であるといわれる。そして、サヴィニー率いるドイツ歴史法学派はヨーロッパ規模の影響力を有したのである。

一八一三年から翌年にかけての解放戦争とナポレン体制の崩壊とをうけて、ヨーロッパをフランス革命以前の状態に復帰させようとするウィーン体制の下で、フランスでは復古王政が、ドイツでは三九の主権国家によって構成されるドイツ連邦が、それぞれ成立した。このうち、ナポレオンとフランス革命が立脚する「誤った合理主義」とによる支配から解放された[20]ドイツでは、このような新しい情勢にふさわしい法制度をめぐって法典論争が生じた。法典論争はもともと、旧体制と普通法であるローマ法とへの復帰を主張する復古的なレーベルクと反動化する世論とに対抗して、ティボーが法を刷新して旧体制への復帰を阻止すべく統一法典の早急な制定を主張したことに始まった。[21]このような法典論争に、サヴィニーはティボーと目的で一致しつつ、それを実現する手段で対立するという形で参戦した。すなわち、「歴史法学の綱領」といわれる『立法および法学にとっての現代の使命（*Vom Beruf unserer Zeit für Gesetzgebung und Rechtswissenschaft*）』一八一四年において、法の刷新の必要性を認めつつ、そのためには法学の革新が先行しなければならないとして、現状での法典編纂は時期尚早であると主張した。ティボーの急進主義に対して漸進主義をもって対抗したわけであるが、その際、両者は必ずしも政治的に革新と保守といった関係にはない。いずれにしても、サヴィニーの参戦の結果、法典編纂の早期実現の是非が注目されるようになるとともに、同書の翌年に創刊された『歴史法学雑誌（Zeitschrift für geschichtliche Rechtswissenschaft）』の創刊の辞にあたる「この雑誌の目的について」において、歴史学派と非歴史学派が、あるいは「歴史的精神と非歴史的精神」[22]が「根本的に異なるもの」[23]として対抗関係にあるとされた。もっとも、実際の法典論争はサヴィニーによるいわば戦略的単純化とは裏腹に複雑であるが、ここでその内容に立ち入ることはできない。ここで問題にすべきは、歴史学派と非歴史学派の対抗関係において示された歴史法学の方法である。

ナポレオン法典に対するサヴィニーの評価はローマ法との関係できわめて低い[24]が、ナポレンの政治権力と法制度（ナポレオン法典）とから解放された後のドイツ（語圏）においては、サヴィニーによれば、「市民法を国民の共同事業とし、そのことをとおしてその［国民の］一体性を新たに強固なものと[25]」しなければならない。したがって、市民法の刷新をとおして国民の統一をはかるという目的ではサヴィニーとティボーは一致するが、法典編纂によってその目的を達成するには、サヴィニーによれば、現状においては、それにふさわしい言語の欠如と法学がそれを可能にする水準に達していないこととから、「称賛に値する法典を編纂する能力がわれわれにあるとは思えない[26]」。そこで、法源は普通法と国内法の結合で足り、「普通法と国内法を法源として実際に使用可能で申し分のないものとすることこそ法学の厳格な歴史的方法（historische Methode）である」[27]。したがって、法源あるいは法学の対象という点ではサヴィニーとレーベルクは必ずしも対立しないが、重要なのは法の刷新と法学の革新とをもたらす「歴史的方法」である。『立法および法学にとっての現代の使命』の時点における「歴史的方法」とは、法は言語と同様に「民族の共同意識（gemeinsames Bewußtsein des Volkes）」によって自然に生成・発達し、有機的統一体を形成するので、歴史的に民族の共同意識にさかのぼることによって有機的統一体としての法の指導原理を発見することであり、その結果として自然法論も含めた非歴史的な方法は否定される。そして、指導原理と的確な概念とによって有機的統一体としての法を体系的に把握することが『法学に対する現代の使命』であり、そのことをとおして国民の統一が実現されるわけである。このうち後者は体系的方法であるが、問題はこれと歴史的方法の関係である。この点サヴィニーによれば、「二重の感覚が法学者とって不可欠である。すなわち、各時代および各法形式に固有のものを敏感に捉えるための歴史的感覚と、各概念および各原理を全体との生き生きした関連および相互作用において考察するための体系的感覚とである」[28]。したがって、サヴィニーの法学方法論が歴史的方法と体系的方法の結合によって構成されていることは間違いないが、本書の筆者は彼の法学方法論をめぐって「膨大なサヴィニー研究の蓄積」[29]に分け入る蛮勇を持ち合わせていない。ここでは、法の各部分に含まれている他の部分を存立させる要素[30]という意味での指導原理との関係で、同書における体系的方法の重要性は否定しえないということを指摘するにとどめる。[31]それに対して、歴史的方法は「ローマ法のみを称賛するものではない[32]」し、それどころか本来「愛国的である[33]」としつつ、その後、彼はローマ法の歴史的研究に邁進するのである。彼はローマ法の研究をとおして歴史的方法を示そうとしたのであろうが、歴史的方法が同書において、あるいは同書の時点で十全に展開されているとは必ずしもいえない。それにもかかわらず、同書が「歴史法学の綱領」としてヨーロッパ規模の影響力を発揮したのは、同書を支えているフランス革命に対する反感・反発が広く共感を呼んだからであり、同書において示された歴史的方法がフランス革命の理論的前提である社会契約論的な発想に立脚した古典的自然法論に対抗しうる発想であると受け止められたからであろう。[34]「『歴史的方法』[は]必ずしも歴史法学にのみ特有のものでは無かった[35]」といわれる所以であり、このことは歴史法学派が歴史主義の法学版であったことからすれば当然である。その意味で、同書において示された歴史的方法は法学方法論であると同時に一種のスローガンであったといえるであろう。そして、「フランスは一八二〇年代に歴史法学派に席捲され[36]」ることになるが、このような事態をもたらした、あるいはフランスの法学界と歴史法学派とを媒介したのが、『歴史法学雑誌』の影響の下で一八一九年に創刊された『テミス』なのである。

二　『テミス』とジュルダン

「『テミス（Thémis）』はフランス文化とドイツ文化の、そして歴史と法のもっとも重要な架け橋の一つであった[37]」といわれるが、その創刊は当時のフランスにおける法学（と法学教育）の現状に対する一種の反動である。当時は註釈学派（Ecole exégétique ou Ecole de l'exégèse）の生成期（一八〇四―一八三〇年）であるが[38]、註釈学派は一九世紀末のフランスの法学界にとってドイツ法学との関係における後進性を象徴するものであり[39]、克服されるべきものであったのに対して、『テミス』が創刊された頃のフランスにとっては必然的な現象であったといえる。すなわち、一八〇四年に制定された民法典はアンシャン・レジームの廃墟の上に形成されるべき新しい社会秩序（所有権に立脚した自立的個人とその交換への参加）のいわば設計図（＝「社会的表象」）であり[40]、このような設計図を手にした当時の人々はそれに修正を加えることなく、それを正確に理解しようとしたし、またそうしなければならなかったのである[41]。ところが、アンシャン・レジームの下で法学教育を受けた当時の法学者や法曹にとってそうすることは決して容易ではなく[42]、その結果として法学者が民法典の初歩的な註釈に終始したのはやむをえないこと、というよりも当然のことであった。註釈学派の生成期は「大革命によってもたらされた社会的変動の法的帰結」との関係で「まったくの試行錯誤の時期」であったといわれる所以である[43]。しかも、民法典は自然法を化体した理性の法典であり、法の解釈において制定法（＝書かれた理性（ratio scripta））に厳格に拘束されることはとりもなおさず自然法を実現することである（loi＝droit）と考えられた[44]。これらのことから、「法学の任務は［排他的な法源である］法律の真意をその最も厳密な論理的構造において捉え、これをその法律の予想する具体的事件に適用すること[45]」であるという註釈学派的な発想はおのずと形成されるわけであり、「当時のフランスの法学者は……純粋な註釈者と理解されたし、またそのように理解されてしかるべきであった[46]」。そして、「社会的表象」としての民法典があるべき社会の公的表現であることから、それを対象とする民法学が法学の中心となるのは当然の成り行きであり、このような事態を確かなものとしたが法学校に関する一八〇四年三月一三日法律である。

民法典の成立と同時に制定された法学校（École de droit）に関する一八〇四年三月一三日法律は、数は十分であるが質という点でさまざまな問題を抱えていた既存の法学教育機関を民法典との関係で刷新しようとするものであり[47]、同法律の下で専門学校（École spéciales[48]）の一つとして設置された「法学校［は］新しい法典にふさわしい法律家養成を第一目的とし、［そこでは、］哲学的、あるいは歴史的言及を一切遮断して、民法とその基礎としてのローマ法を中心[49]」とした法学教育が目指された。具体的には、「民法典の編別に従ったフランス民法」・自然法と万民法との諸原理・フランス法との関係におけるローマ法・「フランス公法および行政との関係における民法」・刑事法および民刑事手続が、原則として三年で教えられることとされた[50]。このような法学教育の特徴は、

「一般教育・研究と職業教育とが分離されることなく一元的に法学〔校〕によって担われてい[51]」ること、私法中心でしかも「民法典の編別」が重視されていること、哲学的考察や歴史がほとんど取り入れられていないことなどである。これらのうち、とりわけ「民法典の編別」が重視されていることは註釈学派へとつながり[52]、七月王政とともに最盛期（一八三〇―一八八〇年）を迎える註釈学派において「帝制期の伝統の支持者が支配的地位を保持する」ことによって、法曹実務と結びついた「民法モデル」が法学と法学教育との改革を一九世紀末まで阻むことになる[53]。その中にあって、いち早く「帝制期の伝統」に反旗を翻したのが『テミス』なのである。

『テミス』は、「帝制期の伝統」から註釈学派へという「広大な波[54]」に対抗して、「法学の刷新」・「法学の再生[55]」を目指して創刊された総合法学雑誌である。ボヌカーズは同誌とその創刊および編集において中心的役割を果たしたジュルダン[56]を一九世紀末の科学学派の先駆者として高く評価する。その際両者は同視されるが、ジュルダンの果たした役割が『歴史法学雑誌』に対するサヴィニーの支配力と比肩しうるものであるか否かはにわかに判断できず、ここでは、とりあえず『テミス』はジュルダンから一定の自律性を有する雑誌であるという前提で議論を進めざるをえない[57]。同誌は一八一九年に創刊され、一八三一年まで存続し、原則として毎年一巻ずつ刊行された。一八二五年・一八二七年・一八二八年には刊行されていない[58]が、一八二七年と一八二八年に休刊せざるをえなかったのは編集において中心的役割を担っていたジュルダンが急死したためである。[59] この役割はドイツ歴史法学派に属するヴァルンケーニッヒ（当時ルーヴァン大学に所属）によって引き継がれたが、その後同誌は三年しか存続しなかった。「ジュルダンの『テミス』から残ったものはもはや名前と思い出のみにすぎない。そして、このように変質したそれは早晩混乱の中で消滅する」[60] ことにならざるをえなかった。やはり、同誌はジュルダンの「作品」であったのである。

『テミス』はドイツ歴史法学派のフランスへの「主要な媒介機関」[61] であるというのが一般的な理解であろう。このような理解に一定の真理が含まれていることは否定できないが、同誌にはそれにとどまらないものがある。歴史法学派との関係における同誌の独自性は「創刊の辞（"Plan de l'ouvrage"）」に明確に表れている。それによれば、同誌の目的は法学の現状を示したうえで、その発展と立法の改善とに寄与することである。このような目的の下、同誌は立法と法の歴史（比較法や哲学の影響などを含む）・判例評釈・内外の法理論・法学教育という四部と補遺とによって構成され、補遺には書評や法曹に関する事項などが含まれる。[62] これらのうち、判例評釈や法学教育は『歴史法学雑誌』[63] にはみられないものであり、『テミス』はとりわけ比較法を重視しているように思われる。このような構成から、同誌の特徴として総合性・ローマ法が特別扱いされているわけではないということ・実用性を挙げることができ、他の点も含めた同誌の特徴は総合性に収斂するといえる。ここでいう総合性には二つの意味があり、一つは法（学）に関するさまざまな事項が取り上げられていることであり、この意味ですでに述べたように同誌を総合法学雑誌として位置づけることができるわけである。もう一つの総合性は重要であり、それは、同誌にとって「法学は一つの全体（un tout）である[64]」ということである。このことはローマ法の位置づけとかかわり、ローマ法（の研究）が同誌にとって付随的なものにとどまるとまでいえるかは疑問であるが[65]、「全体」としての法学の一部であることは間違いない。ではその目的は何かといえば、民法典も含めた既存の立法の改良と将来の立法に対する備えとである。そのためには、「歴史法学派の方法に従った[66]」ローマ法の研究が不可欠であり、その限りで、「『テミス』は歴史法学派の信条（*Credo*）にまったく同調する[67]」。そして、ローマ法とのいわば縦の比較だけではなく、同時代の各国との横の比較、すなわち比較法が重視されるのである。その際、比較の中心点である民法典については、当然であるが、その存在が肯定されている。その結果一方で、同誌は「あらゆる法典化に対する嫌悪[68]」を歴史法学派と共有しない。しかも、民法典の存在を肯定するということは、すでに述べたようにそれが立脚している一七・八世紀の古典的自然法論を同誌は否定しないということを意味する[69]。同誌は二重の意味で「ドイツ歴史法学派のフランス支店（organe français[70]）」ではないのである。ならば他方で、同誌は形成されつつあった註釈学派とどこが異なるのかといえば、すでに述べたように後者が民法典を完結した不磨の大典としてその忠実な解釈に終始するのに対して、同誌はその不完全さを認めたうえでその改良を企てるのであり、その手段としてローマ法と比較法を用いるのである。同誌、とくにジュルダンは初めて法の解釈と法の科学とを区別したといわれる所以であり、同誌の関心はあくまでフランス革命を前提とした現在（民法典を中心とした実定法）と将来とに向かっているのである。とりわけ前者は当時の法学に対する一種に「革命」であり、それだけに同誌はパリ法科大学を中心に形成されつつあった註釈学派による「執拗な（systématique）批判」に曝されることになる。これもすでに述べた（本節二の冒頭）ことであるが、当時の法に携わる者は新しい社会秩序の設計図として制定された民法典の内容をまずは正確に知らなければならなかったことからすれば、このような反応は当然のことであるといえる。それ故、ローマ法と比較法にもとづいて民法典の改良を主張する同誌は「あまりにも先進的であった」ことから同時代の人々には受け容れられなかったのであり、その結果として「忘却の淵」に沈んでしまう運命にあったといえる。そして、同誌の廃刊と時を同じくして註釈学派の最盛期（一八三〇―一八八〇年）が始まることになる。もっとも、民法典が完全無欠のものでない以上、同誌が「成功することは必定であったが、しかしそれははるか将来のことであった」。具体的には一九世紀末あるいは第三共和制の初期であるが、いずれにしても、一九世紀のフランス法学界においてローマ法の研究が主流になることはなかった。その理由は民法典の存在であり、一方で、民法典の解釈に終始する註釈学派が形成されるとともに、他方で、一九世紀後半になると、ローマ法それ自体から民法典を中心に自国の法を歴史的に描き出す法制史へと関心が移行し、その際、同誌は法の歴史に関する雑誌の「モデル」[79]となった。「フランス法の形成と発展とのために、ローマ法を社会のさまざまな……要素との対立や結合において考察する」[80]ことが重視されるようになるのである。後者のような動向は民法典の存在からすれば健全あるいは正常なものであり、それに対する同誌の影響は誰の目にも明らかであろう。

三　ロッシと『立法・法学年報』

『テミス』がフランスで創刊された翌年、それを追うように、スイスの地でロッシが中心となって『立法・法学年報（Annales de législation et de jurisprudence）』が創刊された。彼は同誌をとおして、フランスでもドイツでもないという意味で中立的なスイス（ジュネーブ）の地の利を生かして、しかも「コスモポリタンの精神」[81]の持ち主として不偏不党の立場で、社会における学問的真理を追究しようとしたのである。[82]ただ、同誌は『テミス』と比べて小規模であるだけでなく、短命に終わった。すなわち、創刊の二年後に雑誌名が『立法・経済学年報（Annales de législation et d'économie politique）』へと改められた[83]が、改名の翌年にはウィーン体制の保守的な政治情勢の下で廃刊に追い込まれたのである。わずか三年しか続かなかったが、この雑誌は「ヨーロッパ規模の評価」[84]を得ていたといわれるとともに、内容という点で、「歴史的傾向よりも哲学的、とくに経済学的傾向が強い」[85]といわれる。後者の点については、先行する『テミス』との関係でこの雑誌が存在理由を示すためには当然であるといえるであろう。

『立法・法学年報』の主たる目的は、当時のドイツにおける法学の進展、とくに「法に関する歴史的研究」をフランスに紹介することである。さらに、同誌はイギリスの法制度や各国の立法と法学との現状をも取り上げるとしていることから、『テミス』同様、比較法的傾向を有し、ドイツ歴史法学の単なる紹介にはとどまらない側面を有するが、小規模であることも手伝って『テミス』と比較して歴史法学的な色彩が強いことは否定できない。創刊号では、歴史法学派関係ではサヴィニーの『中世ローマ法史（*Geschichte des Römischen Rechts im Mittelalter*）』全六巻一八一五―一八三一年の抄訳が掲載（廃刊まで連載）され、比較法関係ではロシアの法制度が取り上げられるとともに、消費に関する経済学関係の論文も掲載されている。その中にあってもっとも注目すべきは巻頭論文（前半のみ）のロッシ「文明と科学の現状との関係における法の研究（"De l'Étude du droit dans ses rapports avec la civilisation et l'état actuel de la science"）」であり、同論文は次の三点で重要である。すなわち同論文は、まず約一七〇頁というまとまったものであり、次に歴史法学派、とくにサヴィニーをフランスに紹介し、最後にロッシの存在をフランス国内において認識させた。その結果、ロッシ「自身の学問的綱領論文ともいえる」(88)同論文は、彼の法学を理解するという点でも、また、歴史法学のフランス法学に対する影響という点でも重要であるが、(89)注意すべきは、同論文公表時に彼はフランス国籍を有しなかったということである。同論文は一八世紀以来の法思想・

法学教育・国民的法学の必要性について論じているが、以下では便宜上、一八世紀以来の法思想・国民的法学の必要性・法学教育という順で検討することにしよう。

第一に、一八世紀以来の法思想についてである。サヴィニーは、「一八世紀をとおしてドイツは偉大な法学者をほとんど輩出しなかった」[90]と嘆いているが、ロッシによれば、一八世紀から一九世紀初頭にかけてのヨーロッパにおける法思想はドイツ歴史法学派・自然法論・イギリス功利主義（分析法学）に大別される。ロッシは「折衷主義的な総合力」[91]を発揮してこれら三者を巧みに概観したうえで、歴史法学派の特徴を、自然法論との関係で全体と部分の関係に、功利主義との関係で法源論に、それぞれ求めている。出発点として、「まったく一般的で抽象的な原理」から「永遠で不変の時効にかからない法」を抽出し、何ら論証することなくそれを体系化しようとする自然法論は「幼稚な（primitive）考え方」にもとづくものであり、彼にとって、すでに「少なからず疑わしい」（七―九）。このような自然法論にティボーによる統一法典制定の主張（二一六頁）も含まれるであろうが、ここで銘記すべきは、ロッシが批判の対象としているのは一七・八世紀の古典的自然法論であるということであり、ということは、彼の自然法論批判は古典的自然法論と対抗関係にあるカトリック的な伝統的自然法論を否定するとは限らない[92]。このことはロッシの法理論と憲法学との全体を整合的に理解するうえで決定的に重要であり、以後、必要に応じて言及することになるであろう（とくに、本章第三節註（2）参照）。ところで、歴史法学派の特徴を全体と部分の関係に求めるに際して、彼は本節一で取り上げた「この雑誌の目的について」に依拠する（二九―三一参照）が、「非歴史学派」の意味がサヴィニーとロッシでは必ずしも一致しない。すなわち「非歴史学派」は、サヴィニーにとって「歴史的精神」にもとづいた「歴史的研究」[93]を行わない学派を広く意味するのに対して、ロッシにとっては端的に「哲学学派」（二三）、つまり自然法論を意味する。ここで「歴史的研究」とは、すでに述べた（註（34））ように、過去の「事例の単なる収集」ではなく、過去から現在に至る歴史の中に現在を位置づけることによって現在を捉えようとするものである。その結果、法は「国民（Nation）の全体としての過去をとおして付与され、……国民それ自体の内なる本質とその歴史とに由来する」[94]。このような全体（過去から現在に至る歴史）と部分（現在）の関係は歴史法学派にとっていわば枠組みであり、次に問題にすべきは中身、換言すれば法源論である。法源論における歴史法学派の特徴はすでに述べたように功利主義との比較によって明らかにされるが、ロッシによれば、「観察」（四二）から出発する「経験的な」（三一）理論という点で歴史法学派と功利主義は一致する。ともに対象とするのは、「現在の人間と歴史上の人間」とであり、古典的自然法論が想定するような「抽象的な人間」あるいは「空想上の人間」ではない[95]（三二）。しかし、法の担い手としての、さらに法源としての実在する人間の、いわば種類が、歴史法学派と功利主義では異なる。すなわち法源は、歴史法学派にとっては人民（peuple）であるのに対して、功利主義にとっては権力（者＝立法者）である。換言すれば人民は、歴史法学派においては法の主体であるが、功利主義においては法の客体にとどまる。[96] もちろん、歴史法学派においても人民は法の客体であるが、同時に法の主体でもある。その結果、「人民は法を受け取るのではない。それを作り、利用し、適用するのである。それ〔人民〕は主体であると同時に客体……なのである。……それ〔法〕は国民とともに……のみ存在する」（四六）。ここでは人民と国民が同義で用いられているが、それはともかく、人民＝国民が法源であることから、本来、法は「人民大衆の意識と感情との中にのみ存在する」（四八）のであり、「法の全体系の本質的基盤」は慣習法である（四七）。したがってまず、フランス人ではない彼は、『テミス』あるはジュルダン（三四頁）とは異なり、民法典の存在を前提としないのでそれだけ歴史法学派への依存を強めざるをえない。次に、法の形成から適用に至る過程における人民＝国民は、慣習法の法源であることから、民主的要素というよりも自由主義的要素であるとみるべきであろう。いずれにしても、ロッシはサヴィニーのいう「民族の共同意識」という表現こそ用いないが、[97] 法源論では明らかに『立法および法学にとっての現代の使命』に依拠している。このことは、「法学者が従うべき真の方法のモデル」には「各時代に属するものを明確に区別する真の歴史的精神」と「各理念および各原理と全体との能動的で現実的な関係を捉える優れた体系的精神」（五〇）とが必要であるというとき、いっそう明らかである（一一八頁参照）。「ロッシの方法論（*méthodologie* rossienne）〔は〕歴史的であると同時に体系的なのである」。[98] 以上のことから、歴史法学はいわば時間的有機体性という点で自然法論より、法源論における「人民の要素」（四八）（＝自由）という点で功利主義より、それぞれ優れており、ロッシによれば、法学はこのような歴史法学派によってすでに述べた（二五頁）「法学の危機」という「難局」を乗り切り、「新しい飛躍」をもたらすことができるのである（二六）。

第二に、国民的法学の必要性についてである。ロッシは、ギゾー同様、書斎の人ではなく、理論の現実への適用を求める実際家であり、このことは本章の冒頭で示したロッシの略歴からも窺うことができる。したがって、ロッシにとって「法学と立法は共存関係にあり」、その際、歴史法学は法に関する実務を主導すべきであるが、しかし歴史法学に「排他的特権」が認められるわけではない（五二）。ここには彼の「折衷主義」が表れており、その原因は現実主義にあるとみるべきであろう。このような彼の、一八一〇年代のフランス法学界に関する現状認識によれば、革命以前の古いものと以後の新しいものとの統合が求められている状況において、一方で「スコラ的註釈の貧困」（六四）と、他方で「立法の原理を妄想（rêveries d'un cerveau dérangé）の中に求める」（三九八）自然法論とによって、法学は「危機的状態」（三八三）にある。[100]要するに、新しい時代にふさわしい新しい法学の方法が確立されていないというのである。その結果、とりわけ私法の領域では、「人々の感情・個人の利益・公の事柄、これらの完全な一致をもたらすような改革」（三八四）が求められているにもかかわらず、既存の法理論はこれらの要請に応えることができない。というのは、既存の法理論には「国民的法学（jurisprudence nationale）が本質的に欠如しているからである」。ここで国民的法学とは、国民の需要に対応し、国民の意識を反映する形で徐々に形成されてきた「土着の法体系」を形成しようとするものであり（三八〇）、ローマ法学に対置される。[101] そして、この法体系は「社会体（corps social）全体の必要な基盤である諸原理の集合体」という意味で「社会法」といわれ（四〇五）、「諸原理」は国民の需要（とそれを実現するための手段）を法的に規制するという意味で「立法の諸原理（Principes de Législation）」（三八九）である。これらのうち、社会的とは特定時点の政治社会において共通のという意味である。また、「立法の諸原理」はサヴィニーのいう指導原理（二八頁）に他ならならず、したがって「歴史法学派（jurisconsultes historiques）の方法」によって明らかにされる。すなわち、「既存の制度の原因・それが形成された目的・それが経た変遷とその原因とを実証的に認識する」ことによって明らかにされるのである（四一六）。このように国民的法学は歴史的方法によって可能になるが、しかし国民的法学は歴史的方法のみによって構成されているわけではない。ロッシは一方で、「おそらく歴史的で解釈学的な（historico-dogmatique）方法が最良であろう」（四一九註（21））といいつつ、他方で、歴史的方法・解釈学的方法・哲学的方法の協働（四二六参照）、換言すれば「方法的総合[102]」を強く主張する。ここで「解釈学的方法（méthode *dogmatique*）」とは、既存の実定法の枠内でその意味を明らかにする「註釈的方法（méthode *exégétique*）」によって得られた結果を立法者意思に拘束されることなく原理に従って総合するものである（四〇八）。このうち、前者は体系的解釈と目的論的解釈を合わせたようなものであり、後者は文理解釈と論理解釈を合わせたようなものであるということができるであろう。そしてロッシは、「歴史法学派は……正しい（judicieuse）哲学によって導かれなければ、一種の狂信［同胞を、例えばローマ人に変身させる］をもたらす傾向を有する」（四二四―四二五）という。「正しい哲学」の内容は必ずしも明らかではないが、このような折衷主義的な主張の意図するところは、歴史的方法が自然法論の非現実性に歴史的現実を付与し、解釈学的方法がその帰結を法学的に加工するということであろう。「ロッシの立場は、哲学派と歴史学派の調和を探るというもの(103)」だといわれる所以である。サヴィニー、さらにはドイツ歴史法学派にはない柔軟な思考であるということができるが、ロッシとサヴィニーの間には他にも無視しえない相違が存在する。まず、サヴィニーが法の統一をとおして国民を統一しようとしたのに対して、ロッシは法（学）にこのような役割を負わせない。次に、サヴィニーによるローマ法の歴史的研究が私法中心であるのに対して、ロッシは「これら［三つの］方法を公法に適用することが急務である」（四二四）という。その結果が本章第三節で検討する『憲法講義』であるが、そこで示された法的国家論がパンデクテン法学から帰結されたゲルバーのそれとはまったく異質なものであることは明らかである。このことが意味するのは、確かに歴史的方法という点でロッシはサヴィニーの強い影響下にあるが、その影響は方法論までにとどまっており、実体論にまでは及んでいないということである。このことは本節第三節でおのずと明らかにされるであろう。いずれにしても、ここで確認しておくべきは、ロッシが「歴史法学派に無条件で同調する」わけではないということである。[104]

第三に、法学教育についてである。ロッシはすでに述べたような法学の方法によって「公法と私法との教育を文明の現状と調和させせなければならない」（三八七）として、とりわけ、公法の領域において必要な科目として憲法・経済学・イギリス的な手続法などを挙げている（三七四）。では、一八一〇年代のフランスにおける法学教育の現状はどうなっていたのかというと、本節二（三二一―三二頁）で述べたように、法科大学の下で「民法とその基礎としてのローマ法を中心」とした法学教育が目指され、やがて註釈学派が形成されることになる。その際、ローマ法は必ずしも民法典の源として位置づけられているわけではなく、両者は歴史的に結びつけられていない。サヴィニーは当時のフランスにおける法学教育のこの点を批判して、民法典の「源にまでさかのぼるという原理に従わない」、換言すれば「大河（Strom）を渡るために必要な橋」である「歴史的方法」に依拠することのない民法典に密着した法学教育について、「停滞しているのではなく、常に後退している」として厳しい評価を下している。[105] もっとも、私法中心という点では、すでに述べたようにサヴィニーあるいは歴史法学派と当時のフランスにおける法学教育とは同じであり、「復古王政下のフランスの法学者はほとんど公法とかかわらない」[106]という指摘は彼あるいは歴史法学派にも当てはまる。それに対して、公法を切り捨てた民法への偏重に警鐘を鳴らすという点でロッシと『テミス』は一致し、「私法と公法の関係」[107]は同誌が重視するテーマの一つである。そして、ロッシの場合、法学教育に公法を取り込むことが意味するのは、革命を誘発することのない「健全な理論」（三七七）を法学教育をとおして若い世代に提供することによって革命の勃発を未然に防ぐことである。その結果、「法学校からは革命は生じない[108]」というわけである。法学教育をもって革命の防波堤とするということのような立場は権力を掌握したギゾーの意に適うものであり、このような法学教育観がパリ法科大学に設置された憲法講座の担当者としてギゾーによってロッシが指名された理由の一つであることは間違いない。

（1）第二版が一八七七年に出版されたが、初版と第二版の相違は、後者に Avis de l'éditeur と Index alphabétique が加えられている点であり、本書は初版を用いた（なお、本書の筆者の手元にある初版には、すべての巻頭に、次章第二節二1で取り上げるサン・ジロンの署名（ただし、鉛筆書き）がある）。なお、二〇一二年に初版が抄録（Pellegrino Rossi（Julien Boudon（dir.)), *Cours de droit constitutionnel*）という形で復刊されたが、両者の相違については、次節註（35）参照。

（2）Cf. Henri Baudrillart, *Publicistes modernes*, 1862（新版が翌年に出版されているが、これは増刷版であり、一九七九年に復刊された。本書は一八六二年版を用いた), pp. 405-410 : Alfred Dufour, *Hommage à Pellegrino Rossi (1787-1848)*, 1998, pp. 121-126 : Patrick Arabeyre, Jean-Louis Halpérin et Jacques Krynen（dir.), *Dictionnaire historique des jurists français XIIIe-XXe siècle*, 2e éd., 2015, pp. 889-890（écrit par Alfred Dufour), 青木人志「ボローニャ時代のペッレグリーノ・ロッシ」関東学院法学四巻二号一九九四年など参照。

（3）例えば、G・ステファニ、G・ルヴァスール、B・ブーロック（澤登俊雄・澤登佳人・新倉修訳）『フランス刑事法［刑法総論］』一九八一年三七―三八頁参照。さらに、cf. Philippe Graven, "La politique criminelle néoclassique" in *Des libertés et des peines Actes du colloque Pellegrino Rossi* (*les 23 et 24 novembre 1979*), 1980.

（4）小林武『現代スイス憲法』一九八九年一二頁参照。なお、ロッシのアカデミー教授の地位はかつてビュルラマキが占めていたものであり、カトリックでこの地位を初めて占めたのはロッシである（A. Dufour, *supra note*（2）, p. 27 : Le même, "Pellegrino Rossi et son Cours genevois d'histoire moderne（1833）" in *Mélanges en l'honneur de Carlo Augusto Cannata*, 1999, pp. 195-196）。さらに、北村一郎「『テミス』と法学校――19世紀フランスにおける研究と教育との対立（2・完）」法学協会雑誌一一三巻七号八頁註（15）も参照。

（5）Cf. Julien Boudon, "Introduction à la rééditon", P. Rossi（J. Boudon（dir.））, *supra note*（1）, pp. 40-41（この序文には頁数が付されておらず、数字は本書の筆者が前から付したものである）。

（6）野上博義「フランス復古王政期の知識人と憲法学――フランソワ・ギゾーの憲章解説を中心として――」名城法学四一巻三号一九九二年八―一二頁、井端正幸「フランス自由主義と立憲君主制――試論・P・ロザンヴァロンの問題提起とその検討――」元山健・澤野義一・村下博編著『平和・生命・宗教と立憲主義』二〇〇五年など参照。なお、革命期の混乱から「『契約』という理念で社会を考えることの無力さ」（野上・前掲論文註（6）、九頁）を認識するに至った一九世紀初頭における政論家の課題は、「社会的表象を創出し、契約とは異なる形態における社会的結びつきを考察すること」であったといわれる（Pierre Rosanvallon, *Le moment Guizot*, 1985, p. 77. さらに、cf. pp. 11-15）。

（7）中木康夫『フランス政治史　上』一九七五年三九―八八頁参照。さらに、ジャン・ロム（木崎喜代治訳）『権力の座についた大ブルジョアジー』一九七一年一二一―一二三頁も参照。

（8）Le duc de Broglie, *Vues sur le gouvernement de la France*, 1870, p. VI. さらに、cf. pp. XII-XIII et XXXV-XXXVI. なお、純理派の有力な構成員であるド・ブローユによれば、一七九一年憲法の規定する君主制は「立憲君主制」ではなく、おそらく同憲法が国民主権に立脚しているからであろ、「民主君主制（monarchie démocratique）」（pp. II et VII）である。

（9）Paul Bastid, *Les institutions politiques de la monarchie parlementaire française*（*1814-1848*）, 1954, p. 13.

（10）宮沢俊義『憲法と政治制度』一九六八年一三九―一四一頁。

（11）渡辺一夫・鈴木力衛『フランス文学案内』一九六一年（岩波文庫）一二二頁。

（12）日本フランス語フランス文学会編『フランス文学事典』一九七四年四七三頁（城野節子執筆）。『ドイツ論』の出版をめぐる経緯については、スタール夫人（梶谷温子・中村加津・大竹仁子訳）『ドイツ論1』二〇〇〇年九―一九頁参照。

（13）小野紀明『フランス・ロマン主義の政治思想』一九八六年三五―三六頁参照。同時代のドイツからフランスはどのように見られていたのかといえば、後ほど述べるように、「十九世紀ドイツ［は］歴史学の時代だった」（熊谷英人『フランス革命という鏡』二〇一五年一四頁）といわれ、「あらゆる文化領域……が歴史的に把握されねばならない」（同右・一〇頁）とされていた中にあって、とりわけフランス革命史に強い関心がもたれた。その結果、「一八四八年までは、フランス作家による主要な著作は、ほぼドイツ語で読むことができた」（同右）という状況がもたらされた。その理由は、「フランス革命史は、［ドイツの］ありうるかもしれない未来世界を映しだす鏡にほかならなかった」（同右・一一頁）からである。フランスのドイツに対する関心は片思いではなかったのである（もっとも、双方の関心の対象は異なるが）。さらに、西川長夫「フランス革命とロマン主義」宇佐美斉編『フランス・ロマン主義と現代』一九九一年も参照。

（14）Donald R. Kelley, *Historians and the Law in Postrevolutionary France*, 1984, p. 72.

（15）*Ibid.*, p. 85.

（16）P. Rosanvallon, *supra note* (6), p. 18.

（17）第三章第二節二3で述べるように、その結果主張されたものの一つが有機体説であるが、国家理論として有機体説が主張されるのは「危機の時代」においてであるといわれる（Michel Bouvier, *L'État sans politique*, 1986, p. 45）。

（18）ヘルベルト・シュネーデルバッハ（舟山俊明・朴順南・内藤貴・渡邊福太郎訳）『ドイツ哲学史　1831―1933』二〇〇九年四八―五七頁参照。

（19）D.R. Kelley, *supra note* (14), p. 76.

(20) Friedrich Carl von Savigny, *Vom Beruf unserer Zeit für Gesetzgebung und Rechtswissenschaft*, 1814 (Nachdruck, 2000), S. 73 und 1.
(21) 法典論争、とくにティボーについては、井上琢也「ティボーと初期自由主義運動(二・完)――法典論争再検討の手がかりとして――」法学論叢一二六巻二号一九八九年参照。また、レーベルクについては、河上倫逸『ドイツ市民法思想と法理論』一九七八年四四五―四四八頁参照。
(22) Friedrich Carl von Savigny, "Ueber den Zweck dieser Zeitschrift", Zeitschrift für geschichtliche Rechtswissenschaft, 1815, S. 14.
(23) Ibid., S. 1.
(24) Vgl. F.C.v. Savigny, *supra note* (20), S. 55ff.
(25) *Ibid.*, S. 152.
(26) *Ibid.*, S. 49. 法典を編纂する能力が「欠如しているとすれば、改善しようとしている今日の状況を法典がかえって悪化させることは必定であり」(S. 45)、サヴィニーによれば、その結果として編纂される「凡庸な法典ほど法に関するよどんだ捉え方を支配的にするものはない」(S. 24)。要するに彼は、過去を無視した恣意的立法 (vgl. ibid., S. 9f.) だけではなく、現状を無視した恣意的立法をも恐れたのである (vgl. *ibid.*, S. 13f.; ibid., S. 3ff.)。
(27) *Ibid.*, S. 117.
(28) *Ibid.*, S. 48.
(29) 勝田有恒・山内進編著『近世・近代ヨーロッパの法学者たち』二〇〇八年三〇七頁(河上倫逸執筆)。
(30) *Ibid.*, S. 22.
(31) 指導原理については、一方で、それがローマ法から抽出された場合、その自然法的な性質を否定することはできないであろう。他方で、それによる法の体系化はパンデクテン法学へとつながることから、その法実証主義的な可能性を否定することはできない。パンデクテン法学と古典的自然法論(とくに、プーフェンドルフ)の関係が取りざたされる(拙著『法人・制度体・国家――オーリウにおける法理論と国家的なものを求めて――』二〇一五年八六頁註（70）参照）所以である。cf. Pellegrino Rossi, "De l'Étude du droit dans ses rapports avec la civilisation et l'état actuel de la science", Annales de législation et de jurisprudence, 1820（同論文は Pellegrino Rossi, *Mélanges d'économie politique, d'histoire et de philosophie*, t. II, 1857 に収録されているが、本書は初出に拠った）, p. 391（以下、本節の（ ）内は同論文からの引用頁である）. サヴィニーの初期の法学方法論については、サヴィニー（服部栄三訳）『法学方法論』一九五八年四九―七八頁を、晩年のそれについては、サヴィニー（小橋一郎訳）『現代ローマ法体系　第一巻』一九九三年七―三〇頁を、それぞれ参照。また、歴史的方法と体系的方法の関係をめぐる法学方法論の変遷については、さしあたり、竹下賢『実証主義の功罪』一九九五年二一三―二二一頁参照。

（32）F.C.v. Savigny, *supra note*（20）, S. 117.

（33）F.C.v. Savigny, supra note（22）, S. 7.

（34）部分が全体の中に位置づけられるように、現在は過去から現在に至る歴史の中に位置づけられる。したがって、サヴィニーによれば、「歴史はもはや［過去の］事例の単なる収集ではなく、われわれの固有の状況に関する真の認識に至ることができる唯一の途である」(ibid., S. 4)。ここでは空間的な有機体的発想が時間的なそれへと拡張され、その結果として歴史的方法は二重の意味で古典的（＝個人主義的）自然法論に対抗しうるのである。

（35）河上・前掲書註（21）、二二七頁。

（36）D.R. Kelley, *supra note*（14）, p. 85. なお、サヴィニーの主著はすべて一九世紀後半にはフランス語に翻訳されている（cf. Olivier Jouanjan, "Présentation", *L'esprit de l'École historique du droit*（Annales de la Faculté de droit de Strasbourg, Nouvelle série, N° 7）, 2004, p. 12 note 11）。

（37）D.R. Kelley, *supra note*（14）, p. 92.

（38）註釈学派の変遷については、野田良之「註釈学派と自由法」尾高朝雄・峯村光郎・加藤新平編『法哲学講座　第三巻』一九五六年二二〇―二二六頁参照。

（39）Julien Bonnecase, *La Thémis（1819-1831）son fondateur, Athanase Jourdan*, 2e éd., 1914, pp. 132-133.

（40）Jacqueline Gatti-Montain, *Le système d'enseignement du droit en France*, 1987, pp. 27-34.「フランス民法典は……

『私法』の一般法……にとどまるものではなく、全法体系の根本法であった」といわれる（水林彪「近代民法の本源的性格――全法体系の根本法としてのCede civil――」民法研究五号二〇〇八年四九頁）が、具体的には、三八―四三頁参照。

(41) ドイツにおいても民法典成立（一九〇〇年）後に註釈学派的な現象が生じた（J. Bonnecase, *supra note* (39), p. 142）が、市民革命とそれによってもたらされた「新しい社会状態」（p. 147）との有無という点で独仏は異なる。すなわち、一九世紀初頭のフランスにとって民法典は形成されるべき市民社会の「創設行為」（J. Gatti-Montain, *supra note* (40), p. 33）であったのに対して、二〇世紀初頭のドイツでは市民社会はすでに存在していたのである。

(42) Cf. André-Jean Arnaud, *Les juristes face à la société du XIXe siècle à nos jours*, 1975, pp. 50-53, 野田・前掲論文註（38）、二二一頁参照。さらに、cf. François Gény, *Méthode d'interprétation et sources en droit privé positif*, 2e éd., t. I, 1919（2e tirage, 1932. 同書は一九九五年に復刊されたが、本書は一九三二年版を用いた）, pp. 22-24.

(43) J. Bonnecase, *supra note* (39), pp. 108-109. さらに、cf. p. 115, 水林翔「フランスにおける権利概念の展開――フランス革命から第三共和政を中心に――」一橋法学一五巻二号二〇一六年三五八―三五九頁も参照。

(44) 前掲拙著註（31）、五八頁。ただし、山口俊夫『概説フランス法　上』一九七八年七〇頁参照。

(45) 野田・前掲論文註（38）、二〇四頁。さらに、ポルタリス（野田良之訳）『民法典序論』一九四七年一―二三頁も参照。

(46) Alfons Bürge, "Ausstrahlungen der historishen Rechtsschule in Frankreich", Zeitschrift für Europäisches Privatrecht, 1997, S. 643.

(47) Alphonse de Beauchamps, *Recueil des lois et règlements sur l'enseignement supérieur*, t. I, 1880, p. 134. 法学校は、ユニヴェルシテ（Université）の組織に関する一八〇八年三月一七日デクレによって法科大学（Facultés de droit）と改名された。なお、同デクレの下における高等教育機関（単科大学）としては、法科大学以外では、神学大学・医科大学・理科大学・文科大学がある（pp. 171-172）。また、同デクレにおけるユニヴェルシテとは総合大学ではなく、「フランス全土の初等から高等までの教育を一元的に管理する行政機関」（前田更子「一九世紀前半フランスにおける公教育と国家——七月王政期のユニヴェルシテをめぐって——」史学雑誌一〇九編六号二〇〇〇年一頁および四—五頁)、あるいは教育施設と教員(初等教育の教師を除く)を統合する「国家的な教育団体」(今野健一『教育における自由と国家』二〇〇六年九〇—一〇八頁)という意味である。

(48) 専門学校は、公教育に関する一八〇二年五月一日一般法律において、「完璧で深淵な研究と有益な学芸の発展」とのために設置が予定されていたものであり、一〇種類想定されていた(*ibid.*, p. 84)が、実現されたのは前註で述べたように五種類にとどまる。

(49) 野上博義「七月王政期のフランス法学と法学教育」上山安敏編『近代ヨーロッパ法社会史』一九八七年二一八頁。

(50) *Ibid.*, p. 137. さらに、北村一郎「『テミス』と法学校——19世紀フランスにおける研究と教育との対立(1)」法学協会雑誌一三三巻六号二〇一六年一五—二一頁も参照。このうち、「フランス公法および行政との関係における民法」については、兼子仁「一九世紀におけるフランス行政法学の形成——ドゥ・ジェランドーからE・ラフェリエールまで——」兼子仁・磯部力・村上順『フランス行政法学史』一九九〇年八九—九〇頁参照。

(51) 前掲拙著註(31)、六三頁。

(52) ボヌカーズによれば、「註釈学派の出現は法典化の必然的帰結であった」(Julien Bonnecase, *L'École de l'Exégèse en droit civil*, 2e éd., 1924, p. 11)。

(53) J. Gatti-Montain, *supra note* (40), p. 27.「民法モデル」においては、「民法典の講義が法科大学の内部で行われる教育の中心を構成し」、「民法学がまさしく[法学と法学教育との]ピラミッドの頂点を構成する」(Guillaume Sacriste, *La République des constitutionnalites*, 2011, pp. 43 et 39)。そして、「教育・研究と職業教育とが分離されていない、その結果として「法学は教育を前提にして考えられ」るという状況の下では、「法学批判はすぐれて法学教育批判」となる(野上・前掲論文註(49)、二一八頁)が、法学教育については改めて本節三で取り上げることにしたい。

(54) Julien Bonnecase, *La pensée juridique française de 1804 à l'heure présente*, t. I, 1933, p. 350.

（55）*Ibid.*, pp. 352 et 356.

（56）ジュルダンはパリ法科大学卒業後、同大学の教授ポストを得るべくコンクール（コンクール制については、野上・前掲論文註（49）、二一九—二二二頁参照（ただし、これは一九世紀半ばのものであるが、コンクールそれ自体は法学校以来行われていた（cf. A. de Beauchamps, *supra note* (47), pp. 140-141）））に臨んだが失敗した。その目的は同大学における法学教育をとおして「法学を刷新する」（J. Bonnecase, *supra note* (54), p. 352. さらに、cf. p. 361）ことであり、そのためのもう一つの手段として彼が選んだのが『テミス』の創刊であった。彼について詳しくは、北村・前掲論文註（50）、三二—三六頁参照。

（57）ジュルダンが創刊においても編集においても中心的役割を担っていたことは間違いないようであり（J. Bonnecase, *supra note* (39), pp. 166 et 198-218）、その意味で『テミス』は「彼の作品」（Le même, *supra note* (54), p. 356）であり、彼は「テミスの魂」（Philippe Rémy, "《La Thémis》 et le droit naturel", Revue d'histoire des facultés de droit et de la science juridique, 1987, p. 145）であるといえる。他の有力なメンバーについては、vgl. Leopold August Warnkönig, "Der Rechtsgelehrte Dr. Jourdan in Paris und sein Verhältniß zur Reform der Rechtswissenschaft in Frankreich", Zeitschrift für geschichtliche Rechtswissenschaft, Bd. Ⅶ, 1831, S. 50.

（58）一八二二年には二巻が刊行され、一八三〇年から翌年にかけて一巻が刊行されたので、一二年間で一〇巻が刊行されたことになる。ただし、ここで巻とは、原則として毎月刊行される分冊を合本したものである（北村・前掲論文註（50）、四九—五〇頁参照）。

（59）新しい資料の発掘や外国政府との交渉などのための東奔西走がジュルダンの命を縮めたようである（cf. J. Bonnecase, *supra note* (54), p. 359）。

（60）J. Bonnecase, *supra note* (39), p. 239. また、「フランスの雑誌」から「ベルギーの雑誌」へと変わったともいわれる（pp. 364-369）。

（61）D.R. Kelley, *supra note* (14), p. 85.

（62）"Plan de l'ouvrage", Thémis, 1819. 第八巻（一八二六年）までの目次については、北村・前掲論文註（50）、五一—

五八頁および七九—八〇頁参照。

(63) Vgl. F.C.v. Savigny, supra note (22), S. 12f. 法学教育との関係における『テミス』の特異性は、同誌が法科大学の人事に強い関心を示していることであり (cf. J. Bonnecase, *supra note* (39), pp. 359-360)、このことと関連して、註(56) および (75) 参照。

(64) *Ibid.*, p. 255.

(65) Cf. *ibid.*, pp. 253-254.

(66) J. Bonnecase, *supra note* (54), p. 353.

(67) *Ibid.*, p. 356. サヴィニーは『テミス』の創刊を「歓迎」したうえで、第一巻と第二巻とのローマ法関係の論稿を中心に簡単な論評を加えている (Friedrich Carl von Savigny, "Thémis, ou bibliothèque du Jurisconsult. Tome 1. (Livraison 1-5.) Tome 2. (Livr. 6.) Paris, au bureau de la Thémis, rue git-le-coeur, N. 4. 1819. 1820. 8.", Zeitschrift für geschichtliche Rechtswissenschaft, Bd.Ⅳ, 1820)。この論評の文面には表れていないが、『テミス』の創刊に象徴されるようなフランスにおける動向は彼の自尊人とナショナリズムとを満足させたことであろう。

(68) J. Bonnecase, *supra note* (39), p. 256.

(69) *Ibid.*, p. 249. すべての寄稿者がこのような立場に立っていたとは断言できない (cf. Ph. Rémy, supra note (57), pp. 156-160) が、少なくともジュルダンについては、微妙な箇所はあるが、そのようである (Athanase Jourdan, "Coup d'œil sur l'histoire de la science du droit", Thémis, t.Ⅱ, 1820, p. 74. さらに、cf. Athanase Jourdan, "Considération sur l'état actuel de la science du droit en France, et revue de quelques ouvrages de droit romain", Thémis, t.Ⅲ, 1821, pp. 367-368)。

(70) *Ibid.*, pp. V et 244. それに対して、cf. Ph. Rémy, supra note (57), pp. 150-152.

(71) J. Bonnecase, *supra note* (54), p. 355. さらに、cf. Le même, *supra note* (52), pp. 205-208. ジュルダンは事実の観察を無視して一般的な定義から出発する「教義学的方法」に対して既知のものから未知のものへと向かう「分析的方法」を主張する (Le même, *supra note* (39), pp. 354 356)。前者を演繹的方法と、後者を帰納的方法と、それぞれ言い換えることができるであろう。後者のような方法が法学方法論として主流になるには一九世紀末を待たなければならなかった（前掲拙著註（31）、六七―六八頁参照）。

（72）J. Bonnecase, *supra note* (39), p. 164.

（73）*Ibid.*, p. 163. さらに、cf. Jean-Louis Halpérin, *Histoire du droit privé français depuis 1804*, 2e éd., 2012, p. 63.

（74）J. Bonnecase, *supra note* (39), p. 151. さらに、cf. Édouard Laboulaye, "De la méthode historique en jurisprudence et de son avenir", Revue historique de droit français et étranger, 1855, p. 1 ; Raymond Saleilles, "Le Code civil et la méthode historique" in *Le Code civil 1804–1904*, t. I, 1904 (rééd., 2003), pp. 122–123.『テミス』の長生したメンバーや協力者はそれなりの社会的地位を得たが、すでに述べた（註（59））東奔西走のために夭折したジュルダンはボヌカーズ（J. Bonnecase, *supra note* (39)）によって取り上げられるまで「まったく不当にも忘れられていた」(Joseph Charmont et Arthur Chausse, "Les Interprètes du Code civil" in *supra note* (74), p. 136)。

（75）前掲拙著註（31）、六六―六七頁参照。『テミス』とパリ法科大学の対立は一八二二年のコンクールでジュルダンが後者に受け容れられなかったことによって決着がついていたといえる。その原因は、彼に対する特定の教授の敵意・政府による忌避・民法典に対する立場の相違などにあったようである (J. Bonnecase, *supra note* (54), pp. 360–361)。いずれにしても、註釈学派の生成期から最盛期へという流れの中で、「『テミス』は初めから確実な失敗を運命づけられていた」(Le même, *supra note* (39), p. 371) のであり、「まさしく彼の早すぎる死がフランスにおける法学の歴史に新しい時代を切り開くことを阻止した」(L.A. Warnkönig, supra note (57), S. 44) のである。

（76）J. Bonnecase, *supra note* (54), p. 355.『テミス』は比較法や法制史のその後の雑誌のモデルとなった (D.R. Kelley, *supra note* (14), pp. 91–92) こと、さらに「『歴史的方法と比較法的方法』あるいは『歴史と比較法』が一九世紀末から二〇世紀初頭にかけてのフランス法学界における新しい共通の方法論となったこと」（同右・七三頁）からすれば、『テミス』は同時代人から「黙殺され」（野上・前掲論文註（49）、二一七頁）たか否かとはかかわりなく、一九世紀のフランス法学を知るうえで不可欠の存在であるといわなければならない (cf. J. Bonnecase, *supra note* (39), p. 158)。

（77）　一九世紀前半のフランス法学界におけるローマ法に関する最初の単行本は、おそらく、André-Marie-Jean-Jacques Dupin, *Précis historique du droit romain*, 1809 であろう。同書は elementary text（D.R. Kelley, *supra note*（14）, p. 86）というよりも一種の豆本（約一〇〇頁）であり、当時広く読まれたようであるが、その学問的意義が大きいとはいえない。次に挙げることができるのは Jacques Berriat-Saint-Prix, *Histoire du Droit romain*, 1821 であり、同書はローマ法の概説（ロッシによれば、「法学者の書棚にあるであろう欠落を埋める」に足るとはいえない（Pellegrino Rossi, "*Histoire du Droit romain, suivie de l'Histoire de Cujas ; par M.* Berriat-Saint-Prix, *Professeur de Procédure civile, et de Droit criminel, à la Faculté de Droit de Paris. Paris* 1821, *in-8*", Annales de législation et de jurisprudence, t. II, 1821, p. 398））と「キュジャス伝」とから成り、後者はその後のキュジャス研究にとって重要である（cf. Xavier Prévost, *Jacques Cujas (1522–1590) jurisconsulte humaniste*, 2015, p. 11. 一六世紀の人文主義法学を代表するキュジャスについては、さしあたり、勝田・山内編・前掲書註（29）、九九―一一二頁（西村隆誉志執筆）参照）。そして、Charles Giraud, *Histoire du droit romain*, 1841 に至ってようやくローマ法の本格的な概説書ということができる。後ほど取り上げるサヴィニーの『中世ローマ法史』（全六巻）が完結したのが一八三一年であることから、ローマ法の研究においてフランスがいかにドイツに遅れをとっていたか明らかであろう。

（78）　その典型が、『テミス』の後継誌である Revue historique de droit français et étranger の創刊（一八五五年。同誌については、北村・前掲論文註（4）、四三―五〇頁参照）者であるとともに、フランス法制史の創始者であるラフェリエールである（ラフェリエールについては、三六―三七頁参照）。彼は、*Histoire du droit français*（2 vols）, 1836・1838（第二版は、*Essai sur l'histoire du droit français*（2 vols）, 1859）において「素描」（Firmin Laferrière, *Histoire du droit français*, t. I, 1852–1853, p. V）したローマ時代から革命後のフランスに至る法の歴史を、フランス法制史の金字塔である *Histoire du droit français*（6 vols）, 1852–1858 において壮大なスケールで描き出そうとしたが、後者は未完に終わった。また、彼が創成期の行政法学界に体系書を残したことは本章の末尾で述べるとおりである。

（79）　D.R. Kelley, *supra note*（14）, p. 91.『テミス』「の影響は、一九世紀前半だけでなく、全一九世紀に及ぶ」といわれる（同右・二頁）。

(80) Firmin Laferrière, *Histoire du droit français*, t. I, 1836, p. XI.

(81) H. Baudrillart, *supra note* (2), p. 406. ただし、ロッシは雑誌創刊の年にスイス国籍を取得している。さらに、四二三も参照。

(82) "Avant-propos", Annales de législation et de jurisprudence, 1820, pp. VII-VIII.

(83) 「新しい協力者」を得て「より幅広い構想を採用した」（"Prospectus", Annales de législation et d'économie politique, 1822, p. III）『立法・経済学年報』は『テミス』と比べて見劣りしない規模のものとなり、『立法・法学年報』と比べて経済学的傾向を強めた。なお、一八二二年には『立法・法学年報』も刊行されている。

(84) J. Boudon, supra note (5), p. 3. さらに、北村・前掲論文註（4）、一五―一六頁も参照。

(85) D.R. Kelley, *supra note* (14), p. 85.

(86) supra note (82), pp. V-VI. さらに、cf. Claire Cuvelier, Delphine Huet et Clémence Janssen-Bennynck, "La science française du droit constitutionnel et le droit comparé : les exemple de Rossi, Barthélemy et Mirkine-Guetzévitch", Revue du droit public, 2014, pp. 1542-1543（écrit par Cl. Janssen-Bennynck）.

(87) J. Boudon, supra note (5), pp. 3-4. さらに、cf. François Guizot, *Mémoires pour servir à l'histoire de mon temps*, t. III, 1872, p. 121.

(88) 野上博義「一九世紀フランスにおける法の歴史的研究と法典編纂」名城法学四八巻四号一九九九年四〇頁。

(89) 後者の点について、ロッシは「フランスにおける［サヴィニーの］紹介者の一人」であり、「文明と科学の現状との関係における法の研究」は「大きな反響を呼んだ」といわれる（P. Rosanvallon, *supra note* (6), p. 45 note 1）。

(90) F.C.v. Savigny, *supra note* (20), S. 48.

(91) Bruno Schmidlin, "L'éclectisme philosophique de Rossi dans sa conception d'une nouvelle étude du droit" in *supra note* (3), p. 66. 折衷主義は「ロッシの思想全体を特徴づける」（A. Dufour, *supra note* (2), p. 31）思考様式である。

(92) 古典的自然法論と伝統的自然法論の対抗関係については、前掲拙著註（31）、八七―八八頁註（77）参照。「神が人間の心に書き込んだ」（七）自然法という記述がみられるが、この記述は、理解の仕方しだいでは、伝統的自然法論との微妙な関係を示すことになるといえるであろう。

（93） F.C.von Savigny, supra note（22）, S. 15.

（94） Ibid., S. 6. 二六参照。

（95） Cf. Jean Brissaud, *Manuel d'histoire du droit français*（*sources-droit public-droit privé*）, t. I, 1898, pp. 359-360.

（96） ロッシは、功利主義におけるこのような法源論に、おそらくベンサムを念頭に置いて、法典化を主張する要因があるとみているようである（五四―五五参照）が、ベンサムが法典化を主張する背後には、「歴史的諸条件と風土を全く異にするさまざまな諸国民が、……一つのほぼ同じ《法典》によって平和と幸福とを実現することができる」というコスモポリタニズムが存在したようである（西尾孝司『ベンサム『憲法典』の構想』一九九四年一八二頁）。このような立場には、統一法典の早急な制定を主張したティボーにおける自然法的な要素に通じるものがあり、このことは、ベンサムは「法実証主義者ではなかった」（大塚滋『説き語り　法実証主義』二〇一四年二三四頁）という理解の傍証の一つになるのではないか。

（97） ロッシによれば、社会的制度は「国民の感情」と「国民の土地」とに立脚している（二六九）。

（98） Alfred Dufour, "Pellegrino Rossi publiciste" in *supra note*（3）, p. 221.

（99） Cf. P. Rosanvallon, *supra note*（6）, pp. 28, 37 et 149-150.

（100） すでに述べた（三〇頁）ように一八一〇年代は註釈学派の生成期であることから、「スコラ的註釈」は註釈学派のそれではなく、後ほど述べる一般的な意味における註釈的方法を意味するであろう（さらに、六三も参照）。

（101） さらに、cf. A. Dufour, *supra note*（2）, pp. 33-34.

（102） Guillaume Richard, *Enseigner le droit public à Paris sous la Troisième République*, 2015, p. 488.

（103） 野上・前掲論文註（88）、四〇頁。

（104） Pio Caroni, "Pellegrino Rossi et Savigny. L'école historique du droit à Genève" in *supra note*（3）, p. 38.

（105） F.C.v. Savigny, *supra note*（20）, S.139f. このような厳しい評価の背景には、「歴史的方法」の欠如に加えて、ローマ法との関係における民法典に対する低い評価（二七頁）が存在する。それに対して、ロッシは経済的自由主義の立場から、あるいは民法典と経済状況のズレ（Firmin Laferrière, *Essai sur l'hisoire du droit français*, t. II, 1859, p. 415）から「民法典の部分的改定」（野上・前掲論文（88）、三九頁）を主張する（cf. Pellegrino Rossi, "Observation sur le droit civil français considéré dans ses rapports avec l'état économique de la société" in Pellegrino Rossi, *Mélanges d'économie politique, d'histoire et de philosophie*, t. II, 1857（rééd.））、一九世紀前半の代表的民法典改正論者である（Ferdinand Larnaude, "Le Code civil et la nécessité de sa Révision" in *Le Code civil 1804-1904*, t. II, 1904（rééd., 2003）, pp. 901-902）。さらにそれ以前の問題として、彼は法典よりも個別的立法を重視する「法典編纂反対論［者］として理解される」（同右・四一頁）が、刑法に領域については、cf. Pellegrino Rossi, *Traité de droit pénal*, t. III, 1829, pp. 245-281. なお、サヴィニーのロッシに対するは高い（同右・四五頁註（17））。

（106）H. Stuart Jones, *The French state in question*, 1993, p. 19.

（107）supra note（62）, p. 5.

（108）J. Boudon, supra note（5）, p. 10.

第二節　憲法講座の設置

一八三〇年憲章は協約憲法という点で、換言すれば正統性という点で一八一四年憲章と異なるが、その内容は後者を一部修正したものであり、内容という点からすれば、前者は後者の「ほとんどそのままのコピー[1]」であるといわざるをえない。その結果、前者においては、君主の地位・権限が相対的に低下したのに対して、議会の権限は若干強化され（ただし、主として下院）、選挙権もやや拡大された。また、政治勢力においては、一方で、かつての王党派のうち正統王朝派が凋落したことによりアンシャン・レジームへの復帰は不可能となり、他方で、多数を制した立憲派の内部では君主の地位をめぐって対立を孕みつつ、七月王政の後半には純理派の中心メンバーであるギゾーの支配が確立した。彼は、一八三〇年憲章の規定する制限選挙にもとづく制限君主制の下で、「王権に一定の能動性を認めながら、内閣を中心に議会との調和を図るという憲章上の制度の運用(2)」を実行に移すことができ、ここに彼の理想＝革命の到達点が実現したといわれる。二元的に対峙する君主と議会とを内閣が結びつけるという、オルレアン型議院内閣制的な憲章運用の出現であり、彼は、このような憲章運用をとおして「自由な統治を確立することによって、……革命の時代を終わられることを切望した(3)」のである。そして現に、「七月王政は……ギゾーに豊かな政治的キャリア、素晴らしい社会的昇進をもたらした(4)」。

一　ギゾーと憲法講座

憲法講座設置との関係でギゾーについて論じる前に、彼が属する純理派についてふれておかなければならない。純理派（doctrinaires）は、復古王政下において立憲王党派の一つとして出発し、右派支配の時期には政権から排除されていたが、七月王政下において政権の中枢を占めるに至った。ギゾー以外の中心メンバーは、ロワイエ＝コラールやド・ブローユなどであるが、特別なリーダーが存在したわけではなく、純理派は政治的党派というよりも、「政治的行動の基礎となる教養をみいだそうとする人たち[5]」から成るいわば知的・政治的なサークルである。その政治的主張は、君主制原理＝旧いフランスと革命の成果である自由・平等の理念＝新しいフランスとを和解させて、自由・平等を一定の権威と秩序との下で実現することであり、その理論的手段の一つが理性主権（souveraineté de la raison）論である。すなわち純理派は、議会による無制限な支配や多数派による圧政などといった革命期におけるさまざまな弊害を緩和ないし除去するには、主権の行使に制限を課すだけでは不十分であり、その保持者を変更する必要があるとして、「より抽象的でより遠い主権者[6]」を求めて「理性と正義との神的主権[7]」あるいは「理性の、正義の、法の主権[8]」を持ち出すのである。このように抽象的な存在を主権者とする理性主権論は一種の主権棚上げ論であり、その意味で「主権に関する妥協的な理論[9]」であるといえる。その政治的役割は、君主主権と国民主権の妥協の産物である国家法人説が一九世紀後半から二〇世紀初頭のドイツで果たした役割と同じである。しかも、主権の帰属主体を理性とすることによって抽象化すれば、現実に主権者の意思を表明し、主権を行使する存在が必要となる。理性主権は理性＝主権者を代表する機関（＝代表者）を必要とするのであり、当然機関理論を伴わなければならず[10]、この点でも理性主権論は国家法人説に近いといえる。そして、理性主権は社会に散在する理性が抽出されるような代表機関の構成を要求し、代表機関に対する実定憲法による権限付与をとおして無制限な主権の行使が制限される。すなわち、理性主権は権力が具体的存在に集中することを排除する形での機関間の権限分配を憲法上要求し、その結果として主権論は権力分立論へと転換される。かくして、理性主権においては、主権の帰属主体（理性）とその行使主体（憲法上の機関）とが分離され、憲法学が対象とすべきは後者であり、前者は問題にしないという意味で、法実証主義への途が開かれるのである。(11)

ところで、すでに述べた内閣が主導権を握る形での憲章運用をギゾーが理想としていたか否かについては争いがあるが、(12)彼の憲法構想については、実は、どの時点に力点を置くかによってその内容は変化する。少なくとも彼は復古王政の後半には憲法構想を確立していたといわれるが、すでに述べた理性主権論を前提に、後ほど取り上げる一八三四年八月二二日の君主への上奏との関係でその内容をごく簡単に要約すれば次のようになるであろう。彼によれば、アンシャン・レジームへの回帰を阻止しつつ、ジャコバン支配のような無政府的デモクラシーやナポレオン支配のような権威的デモクラシーを回避することができるのは、君主制と代表制を結合させた立憲君主制あるいは議会君主制である。このような立憲君主制あるいは議会君主制における君主の役割は、分裂した社会を反映したさまざまな政治勢力が拮抗する中にあって体制を擁護するための防波堤であるが、重要なのはもう一つの要素の代表制である。すなわち、主権は実在する個人や集団ではなく理性に帰属し、現実の権力行使はこの理性主権に合致する場合に正当であり、理性主権にもっとも適した制度が代表制である。というのは、代表制は意思あるいは権力を移転させるのではなく、能力ある者のみが参加する制限選挙をとおして社会に散在する理性を抽出し、それを政治制度、具体的には下院に反映させるからである。ただ、彼の憲法構想において中心的役割を果たすのは、あくまで議会を基盤として形成される内閣であり、内閣によって君主と議会が結びつけられ、国家としての一体性が確保されるのである[13]。

いずれにしても、すでに述べたように七月王政の後半にギゾーの支配体制が確立したことは事実である。となると、彼にとって一八三〇年憲章は、一七八九年から四半世紀にわたる君主制→共和制→帝制→君主制という体制の変転を終わらせることができるという意味で一応理想の憲法ということになるであろう。そこで彼は、一八三四年に、フランスで最初の憲法講座をパリ法科大学に設置して、同憲章を中心とする憲法の講義をとおして体制を磐石なものとしようとした。憲法講座は彼にとって「体制を根づかせるための優れた手段[14]」であったのである。しかし、同憲章を講義の対象とすることは法学の中に政治的喧騒を持ち込むことになるなどとして、憲法講座の設置に対して反対の声が上がった[15]。それに対して、当時公教育相であった彼は君主への上奏（一八三四年八月二二日）で次のように主張した。

講義の対象と形態は、［一八三〇年］憲章と憲章が確立した政治制度および個人の自由の保障との説明である。

それはわれわれにとって、もはや人々の議論に委ねられた単なる哲学体系ではない。それは承認された成文法であり、民法やわが国立法のあらゆる他の分野と同様に、説明され註釈されうるものであり、またそうされなければならない。この教育は壮大かつ詳細であり、わが国公法と歴史の教訓とにもとづき、他国との比較分析にまで及ぶ可能性を有する。そしてこの教育によって、堅固で実証的な知識が、無知に由来する誤りと浅薄な観念に由来する軽率さとに取って代わるであろう。(16)

憲法講座を担当することになるロッシは、当然、この報告の枠内で講義を組み立てなければならないわけである。

憲法講座は一八三四年八月二二日の王令(17)によって設置された。そして、前年にギゾーの推薦によってコレージュ・ド・フランスの経済学の教授となっていたロッシは、同月一三日の国籍付与をまって、パリ法科大学の一部の教授による強い反対(18)を押し切って、「信念と才能を有する権威」(19)として再びギゾーの推薦によって同月二三日に憲法講座の担当に任命された。

では、なぜロッシなのか。形式的理由として挙げることができるのは法学教育の位置づけであろう。すなわち、法学教育をもって革命の防波堤とするというロッシの立場（四五頁）が、憲法講座をもって「体制を根づかせるための優れた手段」としようとするギゾーの思惑と一致したのである。(20)その際、問題なのは法学（教育）の内容であるが、この点、両者は完全に一致するわけではない。確かに、フランス革命を前提として自由主義的な立場から法を歴史的に捉えて古典的自然法論を批判するという大枠において両者は一致するが、しかし、すでにこの大枠においても歴史観という点で本節二で指摘するように両者の間には微妙なズレが存在する。さらに重要なのは、古典的自然法論を批判した後、何によって実定憲法体制を正当化するのかである。もちろんギゾーは理性主権論によってそうするのであり、その下で必要とされる「能力」[21]よって制限選挙が正当化されるが、実は、次節二3で述べるように、ロッシは制限選挙の正当化には必ずしも積極的に与しない[22]。この点ロッシは、「確かに（男子）普通選挙には賛成しないが、……しかし選挙権と被選挙権との厳しい制限を遺憾とする。しかも、このような〔ギゾーとの〕潜在的な不一致は理性主権の拒否を意味するであろう[23]」。ここに、『憲法講義』において理性主権も含めて主権について論じられることがほとんどない理由の一つが存在するとみるべきである。その結果として、一八三〇年憲章の存在が前提とされるが、ロッシはその存在を積極的に正当化しようとしないのである。理性主権をめぐって両者に間にこのような重大な相違が生じる原因の一つは、ロッシが「依然としてカトリックである[24]」、さらにいえば「聖トマス・アクィナスの直系[25]」であるのに対して、プロテスタントであるギゾーにとっての理性はカントの強い影響下にあることから[26]、両者の間には理性の捉え方をめぐってかなりの相違が存在することにあるのではないか。このような相違を、一八三〇年前後の時点でギゾーがどこまで認識していたのか明らかではないが、純理派とロッシのつながりはロッシがスイス時代にド・ブローユと知り合ったことに始まるようである。[27]そして、ギゾーはド・ブローユをとおしてあるいはロッシの著作をとおして、ロッシをヨーロッパにおける「高等教育の師[28]」の一人であると認識するようになり、ロッシのパリ旅行などを利用して会談を重ね、七月王政成立後ド・ブローユとともにロッシをフランスに招聘すべく活動した。ただ、ギゾーがロッシを憲法講座の担当に指名した背景には、以上のような両者の政治的・思想的親和性だけではなく、ロッシ家の家計を助けるという卑近な理由もあったようである。[29]ということは、ギゾーは憲法講座を、ロッシをフランスに引き留めるための手段としても用いたということになるが、結局ロッシは同講座を十数年間担当することとなり、その間、一八三六年にはアカデミー会員、一八三九年には貴族院議員、一八四三年にはパリ法科大学長となった。そして、一八四一年にはレジオン・ドヌール勲章を授与された。[30]「イタリア人の中でもっともフランス的であり、フランス人の中でもっともイタリア的である[31]」といわれる所以である。このような厚遇は二月革命とともに失われるが、同様の、あるいはそれ以上の厚遇をエスマンは第三共和制下で得ることになるであろう。

二　ロッシ『憲法講義』の特徴

すでに述べたように憲法講座は七月王政を正当化するためにギゾーによって創られ、彼の強い推薦によってロッシがその初代担当者に任命されたことからすれば、ロッシの「人格は講座とその教育とから切り離すことはできない[32]」。ただ、彼は受講生から外国人として嫌われ、言葉の問題もあり、講義は一時中断されたこともあった。ギゾーの高い評価とは裏腹に、学生の評判はあまり良くなかったようである[33]。

ロッシによる憲法の講義は一八三四年一一月から一八四五年三月まで行われた。次節で検討する講義録である『憲法講義』は、一八三五年から一八三七年にかけて行われた講義の受講生による速記を他のノートによって補正したものである[34]。『憲法講義』は「開講の辞」と一〇五講義から成る。第一講から第二二講では総論と国家の歴史とが、第二三講から第六七講では人権（裁判制度と軍事組織を含む）が、第六八講から第一〇五講では統治機構が、それぞれ論じられている[35]。すでに述べたギゾーの上奏との関係で講義内容の特徴を指摘すれば次のようになるであろう。

第一に、ギゾーの上奏からすれば、講義の内容として、当時の現行憲法である一八三〇年憲章が中心とされ、同憲章の一条から一一条で「国民の公権」が規定されているので、講義では統治機構だけではなく人権も取り上げられなければならない。実際、人権に関する部分が『憲法講義』の全体の約半分を占めているのに対して、統治機構に関する部分はその三分の一強にとどまる。このことからすれば、確かに、政治制度を中心とした形ばかりの註釈に甘んじていたそれまでの憲法学は、憲法講座の設置によって「自立性のある学科として正式に確立される[36]」ことになるであろう。しかし、この自立性には彼との関係でおのずと限界があるといわざるをえない。

第二に、ギゾーの上奏によれば、講義は、すでに述べたように、「わが国公法と歴史の教訓とにもとづき、他国との比較分析にまで及ぶ可能性を有する」ものでなければならない。ここでは、歴史的観点と比較法的観点が要求されている。前者について、ロッシは、「時間と事実の連鎖を完全に断ち切る出来事は存在しない」（開・LVII）として、「歴史の中に現に存在するものの説明を求める」（開・LXIV）と述べ、法学における歴史研究の重要性を強調している。そして、国家の歴史については古代にまでさかのぼって論じ、各人権や各政治制度については歴史的考察から議論を始めている。その結果、『講義』の三分の一を歴史的分析に費やしたP・ロッシは、フランス憲法学の教育における歴史的伝統の明白な創始者である[37]といえるであろう。このような彼の歴史観には「二つの刻印[38]」が存在するといわれる。一つは、前節一で取り上げたドイツ歴史法学派における民族に固有の歴史であり、それによって一七・八世紀の古典的自然法論が否定される。ところが、もう一つはヨーロッパ規模の進歩的文明史であり、これはギゾーの強い影響を受けたものである[39]。その結果、ロッシはドイツ歴史法学派とフランス純理派を体現することになり、この点はこれまでたびたび指摘してきたロッシの折衷主義の表れであるということができる[40]。問題はこの「二つの刻印」が矛盾しないかであるが、彼が「自由と国家理性を両立させる[41]」進歩的歴史観に傾斜していることは否定できないであろう。比較法的観点について、ある意味でモンテスキュー以来の伝統[42]に則って、ロッシは頻繁にイギリスに言及している。とくに、陪審制（第三〇講―第三二講）・人身の自由（第四一講―第四五講）・議会制度（第八〇講―第九一講）などはそうであるが、もちろん、これらはイギリスの単なる礼賛（anglomanie）[43]にとどまることなく、批判すべきところは批判している。そして、イギリスの実質的意味の憲法が歴史的に政治制度を形成するとともに国民の権利・自由を獲得してきたことからすれば、イギリスを比較の主たる対象とすることがおのずとロッシに歴史的方法を重視させたともいえ、歴史的観点と比較法的観点は密接な関係にあるといえるであろう。[44]ただ、両者を比較した場合、後者は『憲法講義』において「副次的に」[45]しか用いられていないといわざるをえず、さらに、前節三で取り上げた「文明と科学の現状との関係における法の研究」以来、比較法の方法が積極的に考察されているとはいえない。[46]したがって、『立法・法学年報』の「創刊の辞」や編集に表れている（三七頁参照）ように、比較法がロッシの（憲）法学において「本質的な位置を占めている」[47]ことは否定できないが、「結局、彼は比較法学者である以前に、何よりも歴史家である」[48]といえるであろう。

第三に、法実証主義についてである。私法の領域では、一九世紀初頭における民法を中心とした法典編纂事業の完成をうけて、すでに述べた（三五頁）ように七月王政期には註釈学派が最盛期を迎えた。これもすでに述べた（三〇―三二頁）ことであるが、註釈学派においては、民法を中心とする法典は自然法を成文化したものであり、法学者や法曹が考慮すべき法源はこれらの法典以外には存在しないと考えられた。それに対して、公法の領域では、憲法が変転するだけではなく、公法それ自体が法典編纂の対象とされなかったことから、「当初から、註釈学的傾向が支配する余地はなかった」[49]。このような状況の下で、すでに取り上げたギゾーの上奏によれば、一八三〇年憲章は「民法やわが国立法のあらゆる他の分野と同様に、説明され註釈されうるものであり、またそうされなければならない」。この上奏の背後にあるのは、「憲章は単なる道具などではなく、あらゆる国家機関の権限の源[50]」であるという意味での法実証主義的発想、さらにいえば憲章実証主義的発想であり、このような発想を実行に移したのが憲法講座の設置なのである。もっとも、だからといって彼を含めた純理派をもって「真の〔法〕実証主義者[51]」とすることはできない。というのは、純理派にとって、現に存する政治体制とその運用とを正統（当）化するのはそれらが存在するという事実ではなく理性だからである[52]。ところで、ロッシが『憲法講義』の中で法実証主義的方法について意識的に論じている部分は見当たらない。この点、サヴィニーから継受した歴史的方法の中に法実証主義の契機（前節註（31）参照）を見出すことは可能である（開・LII—LVII参照）。また、各人権・各政治制度について、歴史的考察に続いて現行制度が詳細に説明されているあたりに、法実証主義的態度が表れているといえるであろう。それよりも注目すべきは、すでに述べたように『憲法講義』の中に主権に関する言及がほとんど存在しないということである。その結果、ギゾーの上奏どおり同憲章の存在を前提として議論がなされており、このことは「源としての主権と行使としての主権とを区別することであり、……法実証主義の世界に足を踏み入れることである」[53]。本章の末尾で述べるように、このような既存の政治体制と法制度とを前提とするという意味での法実証主義的発想が『憲法講義』の主な限界の一つなのである。

（1）モーリス・デュヴェルジェ（拙訳）『フランス憲法史』一九九五年九二頁。
（2）井端正幸「フランス七月王政下の議院内閣制と官吏議員――いわゆる『オルレアン型議院内閣制』の一側面――」龍谷法学一四巻二号一九八一年一一〇頁。
（3）François Guizot, *Mémoires pour servir à l'histoire de mon temps*, t.Ⅷ, 1872, p. 521.
（4）Jean-François Jacouty, "La monarchie de Juillet de Guizot : idéal politique d'une fin de l'histoire?" in Robert Chamboredon（dir.）, *François Guizot（1787-1874）: Passé – Présent*, 2010, p. 125.
（5）小川晃一『トクヴィルの政治思想』一九七五年七二頁。さらに、野上博義「フランス復古王政期の知識人と憲法学――フランソワ・ギゾーの憲章解説を中心として――」名城法学四一巻三号一九九二年二六頁註（8）も参照。純理派の成り立ちについては、cf. Gabriel Rémond, *Royer-Collard son essai d'un système politique*, 1933, pp. 23-24.
（6）Guillaume Bacot, *Carré de Malberg et l'origine de la distinction entre souveraineté du peuple et souveraineté nationale*, 1985, p. 131.
（7）Prosper de Barante, *La vie politique de M. Royer-Collard*, t.Ⅱ, 1861, p. 463.「理性のそれら［諸原理］」（t.Ⅰ, 1861, p. 410）ともいわれる。
（8）François Guizot, *Du gouvernement de la France depuis la Restauration et du ministère actuel*, 1820, p. 201. Le même, *Des moyens de gouvernement et d'opposition dans l'état actuel de la France*, 1821, p. 149 にも同じ表現が見出される。さらに、cf. Prosper Duvergier de Hauranne, *De la réforme parlementaire et de la réforme électorale*, 1847,

pp. 172-173 ; I. Tchernoff, *Le parti républicain sous la Monarchie de Juillet*, 1901, pp. 13-23.

（9） Charles Edward Merriam, *History of the Theory of Sovereignty Since Rousseau*, 1900（reprinted, 1999）, p. 74. さらに、カール・シュミット（阿部照哉・村上義弘訳）『憲法論』一九七四年七四—七七頁も参照。

（10） 野上・前掲論文註（5）、三三—三四頁参照。さらに、cf. Joseph Barthélemy, *L'introduction du régime parlementaire en France sous Louis XVIII et Charles X*, 1904（rééd.）, p. 23 note 1 ; Éric Maulin, *La théorie de l'État de Carré de Malberg*, 2003, p. 53 note 1.

（11） Alain Laquièze, *Les origines du régime parlementaire en France*（*1814-1848*）, 2002, pp. 112 et 116. 主権主体として「集合的で抽象的な」国民と「個別的で具体的な」人民とが区別されるようになるのは革命期ではなく、理性という主権の抽象的な帰属主体を析出した純理派においてであるという議論にはここではふれない（この議論については、拙稿「ノモス主権と理性主権」龍谷紀要二九巻二号二〇〇八年一一—一三頁参照）が、主権論におけるこのような「決定的転換点」（G. Bacot, *supra note*（6）, p. 137）が純理派にあるというのは現在のフランス憲法学界における常識である。それに対して、辻村みよ子『選挙権と国民主権』二〇一五年二三五—二五六頁参照。

（12） 野上・前掲論文註（5）、二九—三三頁参照。さらに、cf. J. Barthélemy, *supra note*（10）, pp. 25-26 ; Dominique Bagge, *Les idées politiques en France sous la restauration*, 1952, p. 99.

（13） 井端正幸「フランス復古王政期の憲法思想の一側面——フランソワ・ギゾーの選挙権論の展開を中心に——」沖縄法学二九号二〇〇〇年四一—四二頁、および同「フランソワ・ギゾーの『代表制』論の形成（二）・（三・完）——復古王政期前半を中心に——」龍谷法学二〇巻四号・二一巻一号一九八八年。さらに、cf. Maurice Barbé, *Étude historique des idées sur la souveraineté en France de 1815 à 1848*, 1904, pp. 123-136 ; Jacky Hummel, "Guizot, théoricien de la légitimité", Revue du droit public, 2006, pp. 904-906. とりわけ、ギゾーとロワイエ＝コラールは、前者が権力の協調を重視するのに対して、後者が君主の優位を重視するという点で、異なる（*ibid*., pp. 138-139. さらに、cf. Marcel Prélot et Georges Lescuyer, *Histoire des idées politiques*, 9e éd., 1986, pp. 540-548 ; Jean-Jacques Chevallier, *Histoire de la penée politique*, 1993, pp. 770-772）。

（14）Julien Boudon, "Introduction à la rééditon", Pellegrino Rossi (Julien Boudon (dir.)), *Cours de droit constitutionnel*, 2012, p. 10（この序文には頁数が付されておらず、数字は本書の筆者が前から付したものである）. さらに、cf. Louis Favoreu et al., *Droit constitutionnel*, 18e éd., 2016, pp. 14-15（écrit par Jean-Louis Mestre）.

（15）Pierre Lavigne, "Le comte Rossi, premier professeur de droit constitutionnel français（1834-1845）" in *Histoire des idées et idées sur l'histoire : études offertes à Jean-Jacques Chevallier*, 1977, p. 174.

（16）François Guizot, *Mémoires pour servir à l'histoire de mon temps*, t. III, 1872, pp. 380-381. ギゾーはこの上奏に先立って、公教育相として議会（五月九日）において、憲法講座は政治哲学ではなく「実定憲法の教育であり、民法典と同じ意味における成文法としての憲章の教育である」と答弁していた（Le même, *Histoire parlementaire de France*, t. II, 1863, p. 261）。

（17）Alphonse de Beauchamps, *Recueil des lois et règlements sur l'enseignement supérieur*, t. I, 1880, p. 705.

（18）Cf. J. Boudon, supra note（14）, pp. 13-14. その理由はロッシが外国人であることやフランスの学位を有しないことである（cf. Gabriel Colmet-Daâge, "M. Rossi à l'école de droit", Séances et travaux de l'Académie des sciences morales et politiques, 1886, pp. 111-113）が、このような反対の背後にはパリ法科大学と『テミス』の対立（三五頁参照）が存在する。すなわち、『立法・法学年報』の廃刊後彼は『テミス』に合流し（Donald R. Kelley, *Historians and the Law in Postrevolutionary France*, 1984, p. 85. さらに、北村一郎「『テミス』と法学校――19世紀フランスにおける研究と教育との対立（1）」法学協会雑誌一三三巻六号二〇一六年七三―七四頁も参照）、一部の『テミス』系の論者はパリ法科大学に受け容れられたことから、パリ法科大学は彼の採用をめぐって『テミス』派と反『テミス』派に割れてしまい、後者は彼の採用に強硬に反対し、結局、この人事は訴訟にまで発展した（Julien Bonnecase, *La Thémis（1819-1831）son fondateur, Athanase Jourdan*, 2e éd., 1914, pp. 366-367 note 1. コンセイユ・デタの判決については、cf. A. de Beauchamps, *supra note*（17）, pp. 705-706）。さらに、cf. Jean-Louis Halpérin, "Un gouvernement de professeurs : réalité ou illusion?" in Jean-Louis Halpérin（dir.）, *Paris, capitale juridique（1804-1950）*, 2011, p. 65.

（19）F. Guizot, *supra note*（16, *Mémoires pour servir à l'histoire de mon temps*, t.Ⅲ）, p. 380.

（20）革命後の法学教育は帝制期に形成され、その機関である法科大学（三一—三二頁および四四—四五頁参照）は、王政復古期を経て註釈学派が優勢になるのと並行して、七月王政期（とくに、その前半）に「その基盤を固めた」（野上博義「七月王政期のフランス法学と法学教育」上山安敏編『近代ヨーロッパ法社会史』一九八七年二二一頁）。したがって、七月王政下の法学教育は復古王政下のそれの延長線上にあり、ということは、『テミス』やロッシによる私法偏重であるとの批判は前者にも当てはまるが、七月王政半ばのパリ法科大学は、ローマ法・民法・商法・民事訴訟法・刑法・憲法・行政法・国際法・法制史などの講座（同右・二二〇頁）を設置することによって不完全ながらこの批判に応えた。それに対して、七月王政までの法学教育を規定している、さらにいえば制約しているのはそれが法曹教育を前提としているという事実（前節註（53）参照）であるが、この事実は時間の経過とともに強固なものとなり、この前提は自明のものとなった。その結果もたらされたのが法学の学問性（いわば、scientificité）の欠如と教授人事の閉鎖性とである。すなわち、法学は研究よりも教育が重視され（拙著『法人・制度体・国家——オーリウにおける法理論と国家的なものを求めて——』二〇一五年一〇二頁註（170））、法科大学の教授はパリ法科大学を頂点とし地方の法曹実務を底辺とする法曹界からコンクール（前節註（56）参照）をとおして自己調達された。これらの点を批判したのが、フランスにおけるもっとも熱心なサヴィニーの信奉者であるとともに歴史的方法を第三共和制下の法学へと中継したラブレーである（同右・六六—六七頁参照。ラブレーについては、北村一郎「『テミス』と法学校——19世紀フランスにおける研究と教育との対立（2・完）」法学協会雑誌一三三巻七号二〇一六年四三—四四頁参照）。サヴィニーとの関係や歴史的方法（cf. Édouard Laboulaye, "De la méthode historique en jurisprudence et de son avenir", Revue historique de droit français et étranger, 1855, pp. 2-4）という点で『テミス』につらなる論者として位置づけることができるラブレーは、ドイツ歴史法学派を念頭に「法学を『学問化』する」（野上・前掲論文註（20）、二二三頁）ためには法学教育のさらなる拡大が必要であり、それと連動して教授人事を法曹界以外に開放しなければならないと主張した。具体的には、前者については、法学教育には法哲学・比較立法・経済学など（cf. Le même, *De l'enseignement du droit en France et des réformes dont il a besoin*,

1839, pp. 28 et 37-38）が必要であるとされ、この点は比較法を重視する『テミス』（本書三三頁参照）や経済学の素養を有し哲学的考察を推奨するロッシ（同右・二〇頁および四三頁参照）に近いといえるであろう。後者については、これらを含んだ幅広い科目を法科大学で教えるには法科大学「教授市場の開放」（野上・前掲論文註（20）、二二三頁）が必要となるが、ラブレーの主張は、直截にいえば、この「市場」をラブレーもやがてその会員となる（一八四五年）学士院に開放するということである。このような改革論が、最盛期を迎えた註釈学派の下で法曹教育を前提とした「民法モデル」の法学教育が確立された七月王政期に受け容れられることはなく、法学が法曹教育から一定の自律性を得て「学問化」されるには第三共和制の成立を待たなければならないことは次章で述べるとおりである。

（21）「この能力という概念はギゾーの全政治哲学の要石である」（Pierre Rosanvallon, *Le moment Guizot*, p. 96）。さらに、cf. Prosper Duvergier de Hauranne, *Des principes du gouvernement représentatif et de leur application*, 1838, pp. XV-XVI.

（22）制限選挙との関係で注目すべきはロッシのデモクラシー観であろう。この点、一八二〇年代から一八三〇年代にかけてのフランスにおけるデモクラシーの概念に踏み込むことはできないが、確認すべきは、当時デモクラシーが意味したのは社会的状態であり、政治体制ではなかったということである。このような状況の下でデモクラシーの意味を社会的状態から政治体制へと転換させたのがトクヴィル『アメリカの民主主義』であり（Alexis Keller, "Libéralisme et démocratie dans la pensée politique de Pellegrino Rossi et d'Antoine-Elysée Cherbuliez" in Luigi Lacchè (a cura di), *Un liberale europeo : Pellegrino Rossi (1787-1848)*, 2001, pp. 43-44 et 50, さらに、宇野重規『デモクラシーを生きる』一九九八年三四－三五頁も参照）、同書に関する彼の書評（Pellegrino Rossi, "De la démocratie en Amérique par M.A. de Tocqueville", Revue des Deux Mondes, t. XXIII, juillet-sep., 1840）は興味深い。デモクラシーについて社会的状態と理解する彼はもちろんヨーロッパにおける民主化を積極的に主張するわけではないが、彼によれば、「市民的平等（égalité civile）」（ibid., p. 888）の実現という意味での民主化は理性の「力の十全かつ自由な行使」（ibid., p. 887）の不可避の帰結である。ここで「市民的平等」とは「正義に関する永遠の諸原理の適用」(ibid., p. 888) であり、「換言すれば、特権の廃止と共通法の確立」(ibid., p. 903) とである。したがって、次節一3で述べるように、それは「状態の平等 (égalité des conditions)」= 結果の平等と対比される機会の平等であり、彼は、「事実上の平等」(ibid.) ともいわれる「状態の平等」(= 社会的状態としてのデモクラシー) に関する幻想を戒めつつ、一方で「市民的平等」はヨーロッパにも存在し、他方でアメリカにおける「市民的平等」と「状態の平等」との接近は社会の成熟とともに消滅するであろうとして、「アメリカがその仕方でヨーロッパに向かうのであって、ヨーロッパがアメリカのようになることはありえない」(ibid., p. 904) と強弁する (cf. A. Keller, supra note (22), p. 52)。

(23) J. Boudon, supra note (14), p. 36. このように主張する同じ論者が、ロッシが「文明と科学の現状との関係における法の研究」において理性主権論に与しているかのように述べる (p. 37) が、同論文において、古典的自然法論を批判する文脈の中で、理性のみに依拠することは「純粋に人間的な部分を社会的な部分から切り離す」(Pellegrino Rossi, "De l'Étude du droit dans ses rapports avec la civilisation et l'état actuel de la science", Annales de législation et de jurisprudence, 1820, p. 401) ことになると主張されていることからすれば、彼はむしろ理性主権論に批判的であると理解すべきであろう (さらに、cf. ibid., pp. 398-400)。

(24) P. Lavigne, supra note (15), p. 173.

(25) Patrick Arabeyre, Jean-Louis Halpérin et Jacques Krynen (dir.), *Dictionnaire historique des jurists français XIIe-XXe siècle*, 2e éd., 2015, p. 889 (écrit par Alfred Dufour).

(26) Cf. Lucien Jaume, "Guizot et la philosophie de la représentation", Droits, 1992. さらに、cf. H. Stuart Jones, *The French state in question*, 1993, p. 23. ロワイエ = コラールについては、vgl. Georg Antonescu, *Royer-Collard als Philosoph*, 1904, S. 19ff.

(27) F. Guizot, *supra note* (16, *Mémoires pour servir à l'histoire de mon temps*, t. III), p. 121. さらに、cf. Pierre Rosanvallon, *La monarchie impossible*, 1994, pp. 162-163 ; P. Rosanvallon, *supra note* (21), p. 286 ; Laurent Theis, *François Guizot*, 2008, pp. 247-248. 具体的には一八一三年のようであり (J. Boudon, supra note (14), p. 5 note 2)、

ド・ブローユは、『回想録』によれば、同年に経済学の研究に着手したことになっているが、そこにロッシの名前は出てこない（cf. Le feu duc de Broglie, *Souvenirs*, t.II, 1886, p. 379）。ある論者は、ロッシは純理派の影響によって功利主義的な反自然法論から自然法論へと立場を変えたという（Henri Baudrillart, *Publicistes modernes*, 1862（新版が翌年に出版されているが、これは増刷版であり、一九七九年に復刊された。本書は一八六二年版を用いた）, p. 417）が、このような理解はさまざまな点で問題である。第一に、前節三（三九—四〇頁）で述べたように、彼はすでに「文明と科学の現状との関係における法の研究」において功利主義には与しない。第二に、実定憲法体制の正当化という点について、彼には、これもすでに述べたことであるが、伝統的自然法論の可能性が残されているのに対して、純理派が古典的自然法論を批判しつつカント的な理性を持ち出す（さらに、第三章第二節註（70）も参照）のは矛盾であるといわれても仕方がないのではないか。結局、彼と純理派は一八三〇年憲章の存在を前提とするという点では一致するが、その先については呉越同舟といわざるをえないであろう。

（28） F. Guizot, *supra note*（16, *Mémoires pour servir à l'histoire de mon temps*, t.III）, p. 121.

（29） Cf. *Ibid.*, pp. 122–123 ; G. Colmet-Daâge, supra note（18）, p. 110 ; J. Boudon, supra note（14）, p. 6. さらに、一二三頁も参照。

（30） P. Lavigne, supra note（15）, pp. 173 et 175 ; J. Boudon, supra note（14）, pp. 6–7. ロッシはギゾーおよびド・ブローユと良好な関係を維持したようであるが、ロワイエ＝コラールとはそうではなかった（ibid., p. 17. さらに、cf. Émile Boutmy, "Des précautions à prendre dans l'étude des constitutions étrangères", Séances et travaux de l'Académie des sciences morales et politiques, 1884, pp. 122–123）。なお、ロッシの著作はフランス時代のものよりも若い頃のものの方が「学問的に優れている」と評する論者（P. Lavigne, supra note（15）, p. 178）が存在するが、その原因の一つとして、すでに述べた職務に加えて、政府のさまざまな委員や役職の兼任に伴う激務を挙げることができるであろう。また、ロッシは、一八三九年から一八四四年まで、『両世界評論（Revue des Deux Mondes）』の時事評論（Chronique de la quinzaine）を担当した（ギゾーの尽力によって得られたポストのようである（Douglas Johnson, *Guizot*, 1963（reprinted, 1975）, p. 191））が、当時の同誌は政治・経済を中心とした総合雑誌という創刊の趣旨（“Avertissement”, t. I, 1829）とは異なり、すでに文芸的色彩（ロマン派）を強めていた。

（31）　Charles de Mazade, “Pellegrino Rossi l'Italie et la papauté”, Revue des Deux Mondes, t. XXXVI, nov.-déc., 1861, p. 719.「文化的および政治的観点からすれば、ロッシはまったくのフランス人とみなされるべきである」ともいわれる（Mario Sbriccoli, “Pellegrino Rossi et la science juridique” in *Des libertés et des peines Actes du colloque Pellegrino Rossi* （*les 23 et 24 novembre 1979*）, 1980, p. 179）。

（32）　P. Lavigne, supra note（15）, p. 173.

（33）　Cf. F. Guizot, *supra note*（16, *Mémoires pour servir à l'histoire de mon temps*, t. III）, pp. 123-125.「純理派風の（à la sauce doctrinaire）君主制イデオロギー」が共和主義者の反発を招いたともいわれ（J. Boudon, supra note（14）, p. 15）、結局、講義は翌年まで中断された（G. Colmet-Daâge, supra note（18）, pp. 115-116）。

（34）　Armend Porée, “Préface”, Pellegrino Rossi, *Cours de droit constitutionnel*, t. I, 1866（以下、本節における同書からの引用は（巻・頁）という形で示したが、第一巻の「開講の辞（Leçon d'ouverture）」のみ（開・頁）とした。各巻の出版年については、凡例五参照）. さらに、野上・前掲論文註（5）、一四頁註（15）も参照。

（35）　人権と統治機構については、実際の講義では、後者が先に論じられたようである（J. Boudon, supra note（14）, p. 16）。なお、復刊版（前節註（1）参照）において割愛されているのは次の部分である。第一巻のうち、第三講および第四講、第七講―第一五講、第一八講―第二四講。第二巻のうち、第三〇講―第四〇講、第四六講―第五〇講。第三巻のうち、第五一講―第五九講、第六三講―第六七講義。第四巻には割愛なし。各巻の目次はオリジナル版と同じ。復刊版は、主として、憲法学の対象以外（フランス革命までの国制史・陪審制度・軍事制度など）と人権に関する歴史的部分とを割愛するという方針で編集されているようである。

（36）　G. Bacot, *supra note*（6）, p. 142.

（37）　P. Lavigne, supra note（15）, p. 176.

（38）　Alfred Dufour, “Pellegrino Rossi et son Cours genevois d'histoire moderne（1833）” in *Mélanges en l'honneur de Carlo Augusto Cannata*, 1999, p. 197.

（39）Cf. P. Rosanvallon, *supra note*（27）, pp. 163–164 ; ibid., pp. 198 et 200 ; Alfred Dufour, "Rossi historien et/ou philosophe de l'histoire" in L. Lacchè（a cura di）, *supra note*（22）, pp. 10–11 et 21–22. ギゾーについては、フランソワ・ギゾー（安士正夫訳）『ヨーロッパ文明史』二〇〇六年（新装版）二―一二頁参照。もっとも、彼はさまざまな観点から『テミス』の批判の的となっていた（cf. D.R. Kelley, *supra note*（18）, pp. 90–91）。

（40）ロッシは「合理的方法と歴史的方法の交差点」（Guillaume Richard, *Enseigner le droit public à Paris sous la Troisième République*, 2015, p. 430）に位置しているともいわれる。また、彼の折衷主義の背後には「コスモポリタンの精神」（H. Baudrillart, *supra note*（27）, p. 406）が存在するといわれるが、この「精神」はヨーロッパ規模の進歩的文明史と無関係ではないであろう。

（41）A. Dufour, supra note（38）, p. 206.

（42）宮沢俊義「大陸に於ける英国憲法研究の先駆」同『憲法の思想』一九六七年参照。

（43）アングロマニーについては、cf. Gabriel Bonno, *La Constitution Britannique devant l'opinion française de Montesquieu à Bonaparte*, 1932, pp. 273–275.

（44）エスマンは憲法を論じるにあたって「歴史と比較法」という方法論を採用した（Adhémar Esmein, "Préface", Le même, *Éléments de droit constitutionnel*, 1896）が、ロッシをイギリス憲法の紹介者の一人として挙げるにとどまり、自らの方法論とロッシのそれとの関係については言及しない（p. 31）。さらに、前掲拙著註（20）、一〇七頁註（207）も参照。いずれにしても、一八三五年から一八三七年にかけて、ロッシが「政治哲学的な講義を行なっていた」（樋口陽一『近代立憲主義と現代国家』一九七三年一三頁）といえないことは明らかであり、それどころか、憲法講座を設置したギゾーによれば、「私の意図するところは法科大学に政治哲学講座を設置することではない」（F. Guizot, *supra note*（16, *Histoire parlementaire de France*, t. II）, p. 261）。

（45）Claire Cuvelier, Delphine Huet et Clémence Janssen-Bennynck, "La science française du droit constitutionnel et le droit comparé : les exemples de Rossi, Barthélemy et Mirkine-Guetzévitch", Revue du droit public, 2014, p. 1549（écrit par Cl. Janssen-Bennynck）. この論者によれば、比較法的手法は『憲法講義』全体の中で一〇パーセント弱

しか用いられていないとのことである。

(46) Ibid., p. 1545（écrit par Cl. Janssen-Bennynck).

(47) Ibid., p. 1541（écrit par Cl. Janssen-Bennynck).

(48) Ibid., p. 1552（écrit par Cl. Janssen-Bennynck).

(49) 碧海純一・伊藤正己・村上淳一編『法学史』一九七六年一九八―二〇〇頁および二〇五頁（山口俊夫執筆）。逆にいえば、註釈学派は「民法を支配しただけではなくて、一般的に法典化されたあらゆる法の分野をも支配した」（野田良之「註釈学派と自由法」尾高朝雄・峯村光郎・加藤新平編『法哲学講座　第三巻』一九五六年二〇一頁註（1））。

(50) 野上・前掲論文註（5）、三四頁。ただし、ギゾーにとって、憲章は目的それ自体ではなく、あくまで、旧いフランスと新しいフランスとを和解させて、自由・平等を一定の権威と秩序との下で実現するという目的を達成するための手段にとどまる（cf. D. Bagge, *supra note*（12), pp. 130 et 140）。

(51) G. Bacot, *supra note*（6), p. 135.

(52) 法実証主義は多義的であるが、ハートによれば、法実証主義とは「次にあげる主張の一つ以上を指し示すもの」である。第一に、法は人間の命令である。第二に、法と道徳は別のものである。第三に、法的概念の分析・研究は法の歴史的・社会学的研究や道徳的・社会的評価などとは区別される。第四に、法体系は論理的に完結した体系であり、あらかじめ定められた法的ルールによってのみ正しい判決が導き出される。第五に、道徳的判断は証拠によって合理的に論証することはできない（H・L・A・ハート（矢崎光圀監訳）『法の概念』一九七六年二九三頁）。それよりも興味深いのは、これらの考察が「本文の中ではなく、注の中で」なされ、「なるべく目立たないようにしているとしか思えない」という指摘である。「なぜ目立たなくしたかというと、これらの主張の中に、実定法だけを対象とし、自然法なるものの存在は認めないとする、法実証主義の根幹に関わる実定法一元論が加えられていない」からである（大塚滋『説き語り　法実証主義』二〇一四年一二七頁（さらに、一四七―一五〇頁も参照））。この指摘からすれば、彼は必ずしも法実証主義者ではないということになるが、この点には踏み込まない。いずれにしても、理性主権論の背後には政治から恣意や偶然を排除して政治に合理性や規則性を追求しようとする思潮が存在する（P. Rosanvallon, *supra note*（21）, pp. 20–21）ということは否定できないであろう。

（53）A. Laquièze, *supra note*（11）, p. 164. さらに、安藤隆穂『フランス自由主義の成立』二〇〇七年三三五頁も参照。

第三節　ロッシ『憲法講義』

ロッシによれば、一七八九年以後の「フランスの制度は本質的に市民的平等と国民的一体性［によって構成される］制度である。これらが根本的基礎であり、社会組織と政治組織の調整原理である」（三・四三六）。すなわち、フランス革命がもたらしたものは市民的平等に立脚した社会組織と国民的一体性を実現するための政治制度とであり、個人は市民的平等に立脚した社会におけるさまざまな活動をとおして発展し、国家がこのような社会の秩序を維持することによって国民的一体性は確保される。一七八九年の「人および市民の権利の宣言」一六条における「権利の保障」と「権力の分立」が目的と手段の関係にあるように、ロッシのいう社会組織と政治制度も目的と手段の関係にある。そこで本節では、市民的平等に立脚した社会とそこにおけるさまざまな権利とについて検討したうえで、このような社会を実現するための政治制度について考察することにしよう。

一　社会と人権

1　社会と国家

ロッシによれば、人間は常に精神的向上（hauteurs morales）を求める存在であるが、それが実現されるのは他者との関係においてである（開・XLVI）。その結果、人間が存在すれば同時に何らかの集団が存在し、集団が存在すればそこには必ず権力が存在する。そして、法はこの「社会的権力（pouvoir social）」によって秩序が維持されている状態の中に存在する（開・XLIX）。したがって、人間と集団と社会的権力と法はすべて同時に存在するのであり、これらのうちのどれか一つが存在しなければ他の三つも存在しない。このような四者の密接で有機的な関係によって、人類は維持され、発展するのである。この点を若干敷衍すれば、社会的権力と社会的秩序は手段であり、目的は個人の自由を実現することである。個人は自由な活動をとおして幸福を追求し、この幸福の総体が結果として人類の発展となる。その際一方で、「個人の自由は、その行為によって人類の発展と幸福との障害とならない限り正当」であり、他方で、「社会体（corps social）の活動は……個人の活動を阻害し、人を国家の単なる手段と化そうとしない限り正当である」（開・L―LI）。

ところで、このような集団は、当然、複数存在するが、ロッシにとって、その中で最大規模の集団が国家であるというわけではない。確かに、社会状態は人間にとって義務であり、この義務が国家の基礎である。この意味で、「国家は人間の自然法則（loi naturelle）」（一・二）であり、「国家形成の主要な要因は社会性という人間の本性にある」（一・一九―二〇）。しかし、政治的結社としての国家は、偶然的結集の結果でもなければ、物理的必要性を満たすためのものでもない。国家は、単なる「個人の物理的集積ではない」（一・二）のである。国家は個人と人類が発展するための手段であるが、そこには精神的理念あるいは権利義務の理念が含まれている。このように、国家を国家たらしめているのは一定の理念（idée）であるとすれば、国家を個人に還元することはできない。ギリシア人がいるからといってギリシア国家が存在するわけではないのである。国家の「この一体性、この固有の個体性、……この現実の実在性」（一・六）を支えるのが一定の理念であるが、ここで理念とは、ロッシによれば、「精神的個体性（individualité morale）の創出」（一・四）である。ここで「精神的」とは、国家を構成する「各個人の人格性が、国家の存在にある意味で移され……あるいはその構成員の人格性に参与し、あやかり、それを分有する限りで、国家もまた人格性を帯びる」という意味であろう。このような人格性と個体性の統一体としての集団が国家であり、個人は国家の構成員であることによって精神的に発展することができる。したがって、国家のために個人を犠牲にすることもなければ、個人のために国家を否定することもない。以上のような、「アリストテレスの古典的自然法」論に根差した、明らかにトミスム的要素の濃厚な彼の国家観は、原子的な個人が社会契約によって国家を創出するといったルソー的な国家観とは根本的に異なる。国家と国家に属する個人とは、過去・現在・未来にわたる運命共同体なのである（一・五─六）。

すでに述べたように、集団には法が存在し、国家には権利義務の理念が存在するが、ロッシによれば、国家は、法の支配によって全体的一体性と固有の生命とを獲得するという意味で、事実の領域ではなく法の領域に属する。そして、国家は実在する法人であり、市民社会に属する権利義務の総体である（一・三）が、しかし国家には権利義務には還元することができない固有の理念が存在する。そこで、次に問題にすべきは、国家を前提とした法である。

2　法と権利

ロッシによれば、個人・家族・社会体・公権力の四つの要素が織りなす関係を規律するのが法であり、法は伝統的な分類に従って私法と公法に分けられる。私法とは、諸個人の関係および個人と家族の関係を規律し、公法とは、社会組織・政治権力の組織および両組織の関係を規律する（開・LI および LXV─LXVI）。法が規律する関係に着目した法の分類方法の問題点はともかく、この分類を前提に権利が分類される。

権利は、まず、私権と政治的権利に二分される。私権は婚姻関係や親子関係において認められる権利であるが、注意すべきは、これらの権利が常にロッシのいう私権であるとは限らないということである。すなわち、彼のいう私権は、「恣意と特権に委ねられていないすべての市民社会において認められ保障されるべき」(開・LXVI) 権利に限定されるのである。次に、政治的権利とは、「公権力の行使に関する権利であり、……公の事柄への参加にとって必要な条件の具備と結びついた権利」(同) である。具体的には、選挙権・被選挙権・陪審員に選任される権利などであるが、これらの権利は女性や未成年者などには認められない。ロッシが財産による選挙権の制限を認めていることは二3で述べるとおりである。

ところで、たとえば人身の自由や表現の自由などはこの二分法には納まらない。一方で、これらは、諸個人の関係や個人と家族の関係において成立するわけではないので私権ではない。また、能力による制限が政治的権利にはあるがこれらにはないので、これらは政治的権利ではない。さらに、政治的権利と私権は内容を変更することができるが、これらの内容を変更することはできない。仮にこれらの内容を変更すれば、ロッシによれば、「社会の仕組みが大きく変容してしまう」(開・LXIX)。他方で、これらは私権および政治的権利との共通点を有する。すなわち、政治的権利の保障が充実すればこれらの保障はより確実となり、両者は手段と目的の関係にある。また、私権とこれらとの共通の目的は人類の進歩であり、両者はそのための手段である。以上のことから、ロッシはこれらを公権 (droits publics) とし、私権と政治的権利に公権を加えて権利の三分法を採用する。そして彼によれば、公権の「萌芽は人間の本性の中にあるが、その発展には多かれ少なかれ発達した社会が必要であり、この意味でこの権利は社会的権利（droits sociaux）[3]であるといえるであろう」（一・一〇）。

3　平等（第一七講）

ロッシにとって、以上のような諸権利の前提条件として必要なのが平等である。彼によれば、各人が自由に活動することは「われわれの本性の構成原理」（一・二五〇）である。人間はこの活動をとおして社会でさまざまなものを獲得するが、この活動の結果を保障するのは公権力である。「私法によって保障された事実と権利の関係の下で、また公法によって保障された権利と行為の下で、……社会の法が万人にとって同じであり、万人に同じ権利を認め、同じ保護・保障・可能性を与えるとき、市民的平等の原理が確立される」（一・二五三）。法との関係で平等な個人は、社会における自由な活動によってさまざまなものを獲得するが、当然、活動の結果は同じではない。一九世紀前半に活躍した彼が要求するのは、いわゆる機会の平等であり、結果の平等ではない。彼は結果の平等を「状態の平等（égalité des conditions）」と称し、このような平等を実現すれば機会の「平等を破壊するであろう」という（一・二五五）。さらに、このような平等は社会の活力を奪い、人類を貧困に陥れる「奴隷の平等」（一・二五六）[5]であるとして、このような平等に対して嫌悪と敵意を示している。[4]自由主義経済を信奉する彼にとって、結果の平等は社会的権力による恣意的な富の再分配なのである。要するに、「状態の不平等は事実であり、〔機会の平等は〕原理・法である」（一・二五七）。

ロッシのいう市民的平等が認められたからといって、公権の総体が大きくなるわけではない。市民的平等は「不動の原理」（一・二六〇）であり、「人類それ自体の構成原理に立脚している」（一・二六二）。それに対して、公権の種類や総体は社会の状況に応じて変化する。また、市民的平等が認められたからといって、政治的平等が認められることにはならない。というのは、「社会的権力の組織化は常に能力の問題を伴う」（一・二六一）からである。しかし、市民的平等・公権・政治的権利の間には密接な関係があり、市民的平等が存在し、政治的能力が多くの人々に認められるようになれば、公権もより多く認められるようになることは間違いない。

4　憲　法

以上のような、平等な個人に対して私権・公権・政治的権利が認められている社会を意識的にもたらしたのが、一七八九年のフランス革命である。と同時に、革命はこのような社会を維持・発展させ、国民的一体性を実現するのにふさわしい公権力を組織した。その際、「平等と社会的自由が目的であり、公権力の組織が手段」（開・LXX）であるが、このような目的と手段の結合が「八九年の理念」（開・LXXII）なのである。そして、「市民的平等と国民的一体性という二つの基礎の上に社会を組織することは、国家を組織するにあたっての真の新しさである」(一・二四八)。これらの基礎が、「わが国憲法の実定法上の原理」(開・LXXIII)であり、「わが国憲法の指導原理」(開・LXXV)である。

ロッシにとって、憲法とは本来、「国家の組織を形成し、その活動と生命とを規律する法の総体」であり、「憲法を有しない国家は存在しない」。この場合、憲法とは固有の意味の憲法である(一・六)。しかし彼によれば、「今日、この憲法という言葉はより狭い意味で用いられ、……個人の権利と人の自然的自由とを保障するのにもっともふさわしいと思われる社会的および政治的組織の法」(一・七)を意味する。[6] この場合、憲法とは近代的または立憲的意味の憲法であり、この意味での憲法の構成要素は、「社会組織と政治組織、国民と権力、目的と手段」(開・LXX)である。つまり、この意味での憲法とは、法の前に平等な個人に対して自由＝権利が認められる社会組織と国民的一体性を実現する政治制度とから成り、両者の関係は前者が目的であるのに対して後者は手段である。このような関係は一八三〇年憲章にも当てはまるが、同憲章の規定する政治制度については次節で述べることにして、ここでは同憲章の保障する権利について簡単にふれておこう。

一八三〇年憲章は、一条から一一条で「国民の公権」について規定しているが、ロッシによれば、その中でもっとも重要なのは一条の「法の前の平等」である。「フランスの社会組織はある規整原理によって支配されており、この規整原理とは、憲章それ自体の冒頭に明記されている市民的平等である」(一・二六五)。そして、この平等という規整原理から公権が派生するわけであるが、「公権は、国の基本法によって保障された自由以外の何ものでもない」(二・一二)。ここで彼がいいたいことは、公権は同憲章によって国民に与えられた権利であるということではない。そうではなくて、公権が平等に成立する社会組織が存在し、同憲章はこの公権を成文化したにとどまるということであり、「公権の総体が存在し、社会組織が存在する」(一・二六五)のである。したがって、彼のいう公権とは、形式的意味の憲法によって与えられた権利でもなければ自然権でもなく、現に社会に存在する、あるいは革命を経たフランスに定着しつつあった権利・自由を成文化したものであり、この意味で彼の権利概念は「まったく歴史的で社会学的」[7]である。彼は、同憲章によって保障されたこのような公権を、外的行為の自由・内面を表明する自由・物質的幸福を追求する自由に分類した(二・一三―一四、および三・一九七)うえで、次のような順序で詳細に説明している。人身の自由(第二六講―第二九講および第三七講―第四五講)、信教の自由(第四六講―第五〇講)、表現の自由(第五一講―第五八講)、教育の自由(第五九講)、請願(第六〇講および第六一講)、結社の自由(第六一講)、財産権(第六二講―第六七講)である。この三分法は、同憲章の一条から一一条で規定されている「国民の公権」に沿うように形成されているようであり、現在のわれわれがいうところの人身の自由・精神的自由・経済的自由に対応し、国民の権利・自由に関する同憲章の他の条項をも取り込んだ人権の体系化の一例といえるであろう。[8]

そこで節を改めて、公権が平等に成立する社会組織を実現するための手段としてロッシが提示する政治制度について検討することにしよう。

二　政治制度

1　国民政府と特権政府

ロッシによれば、「社会は選択事項ではなく、人類の自然法則である」（二・七〇）。社会はその基礎を人間の本性に有し、個人の発展にとって必要な存在であるので、社会の秩序は個人にとって必要であり、社会の秩序を維持するために社会的権力が必要である。しかし、権力はより大きな権力によってしか抑制できないので、ある権力によって他の権力から国民の権利・自由を直接守ることはできない。すなわち、権利・自由の「直接的保障はもはや可能ではない」（三・三一一）のであり、国民の権利・自由を侵害しないような権力の組織が必要となる。

そこで、ロッシは統治の指導原理によって国民政府と特権政府を区別する。国民政府（gouvernements nationaux）とは、一般利益と社会全体の発展、市民的平等の尊重、そして各人の発展手段、つまり権利の尊重を指導原理とする。それに対して、特権政府（gouvernements spéciaux ou de privilége《ママ》）とは、特定階級の発展を指導原理とする。この区別は指導原理によるものであり、君主制とか共和制といった国家形態とは関係がない（三・三一二―三一三）。

特権政府の原因としてはさまざまなものが考えられるが、ロッシによれば、その主要なものは奴隷制・政治組織の単一性・代表制の欠如である。代表制については二3で述べるので、ここでは前二者について簡単にふれておこう。まず、「社会制度としての奴隷制」を保持する政府は、奴隷を人として扱わない「以上、万人の権利を平等に保護する政府ではない」（三・三二五）。このような政府の目的はその支配下にある一部の人の利益を実現することである。次に、政治組織の単一性とは、要するに国政に多様な利益が反映されない、逆にいえば一つの原理が権力を支配する結果、その原理の「排他的利益のために公の事柄が搾取される」（三・三二七）ような支配の仕組みである。彼によれば、例えば、戦争の結果支配者が被支配者を支配する場合であるとか、複数の階級が存在するにもかかわらず特定の階級が全体を支配する場合である。後者の場合は表現を換えれば、混合政体の欠如といえるであろう。結局、奴隷制は政治組織の単一性の一形態であり、奴隷制と政治組織の単一性を否定するのが、「市民的平等・国民に保障された公権の総体・政治的権利の行使」（三・三二四―三二五）である。

国民政府と特権政府を区別する基準は、権力を行使する人の範囲ではなく、あくまで権力を行使する目的である。もちろん、「たとえ政府が原則として一般利益に立脚していても、社会的権力を排他的に行使するのが国家の一部、わずかの一部である限り、その政府は早晩特権政府へと変質するであろう」（三・三二四）。しかし、国民政府および特権政府の区別は国家形態とは関係がないこと、二3で述べるようにロッシが財産による制限選挙を主張していることから、権力を行使する目的によってしか両者は区別できない。それに対して、一部の人々による権力の行使が特権政府を招くことに対する一種の防波堤となるのが市民的平等、すなわち形式的平等である。一部の人々による権力の行使が形式的平等を否定するに至らない限り、この権力が実現を目指すのは全体の利益であり、この権力の主体は国民政府である。この意味においても、彼にとって市民的平等は生命線なのである。

ロッシによれば、市民的平等に立脚した社会組織と、それを実現するための国民的一体性を備えた政治制度との形成に大きな役割を果たしたのが、「君主制原理であり、王権である」(三・三五八―三五九)。そこで、君主制について検討しなければならない。

2　フランスの君主制

君主制原理が他の社会勢力を併呑した場合が絶対君主制(アンシャン・レジーム下のフランス)であり、それと協力した場合が制限君主制(イギリス)である(三・三七一)が、ここではこれらの成り立ちについて述べる余裕はない。ここで重要なのは、「市民的平等と国民的一体性というきわめてフランス的な二大原理を統合するのにもっとも適した」(四・二二四)近代的で立憲的な君主制である。具体的には、一七八九年の革命を経た復古王政、とくに七月王政である。

このような君主制の構成原理は、ロッシによれば、男系男子による世襲制と代表制とであるが、前者についてはここではふれないことにしよう。後者について彼は、フランスの君主制は「代表制に立脚し、制限的で立憲的である」（三・三七四）とか、「君主制は代表制に立脚し、立憲的である」（三・三七七）と述べている。彼は、代表制に立脚した君主制と制限君主制と立憲君主制とを同義で用いているようである。代表制それ自体については二3で分析することにして、以下では代表制の前提である権力分立と王権の役割とについて検討することにしよう。

第一に、権力分立についてである。ロッシは、「社会的権力は、その作用の形式に応じて、異なる三つの観点から考察されるべきである」（三・三七七）として、社会的権力を、立法権、執行・行政権（pouvoir exécutif et administratif 以下、単に執行権という）、司法権に分ける。立法権は国家（gouvernement social）の意思を決定し、執行権は国家の意思を実現するとともに公の事柄を管理し、司法権はさまざまな争いを解決する。立法権と執行権については、前者が意思の決定で後者がその実現という点で異なる。それに対して、立法権と司法権については、決定という点では同じであるが、決定のレベル（ordre）が異なり、前者が一般的な事柄（affaire）を決定するのに対して、後者は特殊な事柄を決定する（三・三七七—三七八）。このような三権の相違から、「立法権は始原的権力（pouvoir initial）である」（三・三七八）といえるであろう。(9) 三権には各々一定の固有の権限領域が存在するが、三権を何のかかわりもなく並べただけでは、権力間の対立や権力の活動停止という問題が生じる。「歯車を全体として噛み合わせることなく単に並べただけでは機械はできない」（三・二三三）のであり、「一つの権力が他の権力に依存することなく、各権力がその権限領域で……活動の自由を有するように」（三・三七九）三権を配置しなければならない。ところが彼は、三権の間に有機的な結びつきが存在しつつ決定的な対立は生じないような三権の配置それ自体を求めるのではなく、王権の中に三権を統合する機能を求める（調整機能については二3で取り上げる）。

そこで第二に、王権の役割についてである。ロッシによれば、「一体性の原理は君主制原理の中に存在し」（三・三八〇）、王権が三権に関与することによって権力分立を維持しつつ国家としての一体性が確保される。一八三〇年憲章の場合、執行権は君主に帰属する（一二条）が、立法権は君主と議会の協働行使であり（一四条）、裁判官は君主によって任命される（四八条）。その他にも、君主はさまざまな形で立法・執行・司法に関与し、「憲章の制定者は、……王権をもって政治機構に一体性をもたらす手段としているのである」（四・二二三）。しかし、このような統合機能を有する王権に対しては制限が必要である。この点彼は、立法・執行・司法の観点から「国民（pays）は国政の運営についていかなる役割を有するのか」（三・三八一）と問いを立てたうえで、立法権の考察へと議論を進めている。これは民主制原理による君主制原理の制限を意味するが、おそらく、彼が念頭においているのは、立法権については選挙、執行権については大臣の責任、司法権については陪審制であろう。陪審制についてここでふれる余裕はないが、選挙については二3で、大臣の責任については二4で、それぞれ検討することにしよう。

3　代表制

ロッシは代表制について多くを語らない。数少ない代表制に関するまとまった記述は次のようなものである。「代表制の原理とは、国民（pays）全体がそのすべての部分から派遣された人をとおして公の事柄の審議へ参加することである。さらに重要なのは、国家のある部分に認められた権利が等しく他の部分にも帰属し、排他的に一部が支配し他の部分が従属しないということである」（三・三二八）。後者の点から、代表制が国民政府の一形態であることが窺える。前者の点から、国民と代表者の関係が問題となるが、彼によれば、「この原理と選挙の原理とを混同してはならない」（三・三二七）。さらに、「国家が一定規模以上の場合、代表制によってのみ、すべての市民が審議に参加することができる。まさしくこのことから、代表制は選挙とは別のものである」（三・三一八）。したがって、代表制の核心部分は審議への参加で、誰が参加するかは代表制とは別の問題である。そして、選挙という選出手続は「全国民の……代表」（共和暦三（一七九五）年憲法五二条）を選ぶための便宜的な手段にすぎない。議員が「全国民の……代表」であるという一七九五年憲法五二条が規定する「原理は、単一政府、国民的一体性という偉大な原理を享受する国民の政府に関する限り、常に真である」(10)（四・二）。一八三〇年憲章の下においても、下院議員は全国民の代表であり地方の代表ではない。それに対して、選挙区の命令委任（mandat impératif）を認めることは、国家の内部に独立した権力を容認することであり、国民的統一の破壊を招来する。[11]彼によれば、命令委任が認められないから、「選挙会は審議することができない」（四・七）のであり、下院議員は選挙区に対して、したがって国民に対しても「法的責任」（同）を負わない。

このように、命令委任の禁止が導き出されるのは、代表制が選挙と無関係であるということからよりも、国民的一体性との矛盾からである。この点をギゾーと比較すればロッシの代表制論のある特徴が浮かび上がる。すなわち、ギゾーの場合、各人の政治的能力から制限選挙が正当化され、この正当化を導き出すために代表制と選挙が分離される。[12]それに対して、ロッシの場合、どちらかといえば、国民的一体性から命令委任の禁止が導き出され、その効果として代表制と選挙が分離される。ギゾーが制限選挙を重視しているのに対して、ロッシは国民的一体性を重視しているといえるであろう。この特徴は、二4で述べるようにロッシがギゾーに比べて君主の役割をより重視している点にも表れており、本章の冒頭で述べた祖国統一の願いの表れであろうか。

いずれにしても、代表制と選挙の関係が否定される以上、選挙人の範囲は代表制の原理とは関係なく決められる。ロッシは、一八一四年憲章が選挙人の要件として三〇〇フランの直接税の支払いを要求していた（四〇条）のに対して、一八三〇年憲章は年齢要件以外を法律事項とした（三四条）ことから、財産による制限選挙は憲章の要求ではなく法律、すなわち一八三一年四月一九日法律の要求であるとしている[13]（三・三九四）。

なお、これは前節（六四頁および六九頁）で指摘したことであるが、ここでいま一度確認すべきは、代表制や選挙制度の前提となる、あるいはそれらの内実を規定するであろう主権をめぐるさまざまな問題は、『憲法講義』ではほとんど扱われていないということである。

4　執行府の責任

二2で述べたように、王権は、立法・執行・司法の三権に何らかの形でかかわることによって、分割された国家権力を統合する。王権は、「すべての国家権力が唯一の全体を形成するために協働することになる中心」（四・二二二）なのである。このような統合機能に加えて、王権は調整機能を有する。すなわち、ロッシはコンスタンを引き合いに出して、立憲君主制における王権の中に、第四の権力として「中立的で調整的な権力」（四・二二五）の存在を認める。「中立的で調整的な権力」は立法・執行・司法の三権ではなく、王権の中にあって、「大きな混乱を回避する必要があるたびに、他の権力の活動を規制し秩序を回復する」（同）作用を営む。ロッシはこのような作用の一例として、議会と内閣が対立した場合における内閣の更迭と議会の解散とを挙げている。ロッシのこのような「『協働』理論」について、ある論者は、議会による過剰な介入が権力の不均衡をもたらすことが危惧され始めたこの「時代を反映したもの」であるとする[14]が、次の二点からすれば、必ずしもそのようにはいえないであろう。第一に、そもそも、国家形態とは関係なく、権力間の調整を行う何らかの機能が国家には必要であるという構想は革命期までさかのぼりうるということ、第二に、七月王政下の代表的人物であるギゾー[15]が内閣を中心とした制度運用を構想していたのに対して、王権の調整機能に加えてその統合機能も含めれば、ロッシは君主の役割を重視しているということである。

いずれにしても、ロッシによれば、王権は統合機能と調整機能を有するが、一八三〇年憲章が国民の公権を認めている以上、「フランスの君主制は制限された立憲君主制である」（四・二二六）。その際、君主が制限を受けるのは、君主に付与された権限が限定されているからだけではなく、加えて、その権限行使に条件が要求されるからである。君主の権限行使に対する制限として彼が挙げるのは内閣制度と大臣の責任である。内閣制度についてはほとんど論じられていないので、ここでは大臣の責任のみの検討にとどめざるをえない。

一八三〇年憲章一二条によれば、「君主の身体は神聖かつ不可侵である。大臣は責任を負う」。君主は神聖かつ不可侵であるが故にその責任を追及することはできない。にもかかわらず大臣の責任が認められなければ、執行権は「絶対権力」（四・三六七）と化してしまう。そこで、「権力の担い手の責任という原理は制限君主制の基本原理の一つである」（四・三七二）以上、大臣の責任が必要となるが、大臣の責任は君主の不可侵性を保障する制度でもある。そして、ロッシが大臣の責任を認めなければ「代表制という構築物の全体がほぼ完全に崩壊するであろう」（四・三六七―三六八）と述べていることからすれば、後ほど指摘するように彼は大臣の責任を代表制の構成要素の一つとしているようであるが、問題は大臣の責任の中身である。

ロッシは、大臣の刑事責任と政治責任とを区別したうえで、政治責任では不十分な場合に刑事責任が追及されると考えているようである（四・三八二）。ただし、次の点は明らかではない。すなわち、政治責任がすべての大臣の行為に及ぶのに対して、刑事責任は大臣の行為が特定の要件を満たした場合に限って追及されると考えているのか、あるいは、はじめから刑事責任の対象となる行為と政治責任の対象となる行為とは異なると考えているのかという点である。この点はともかく、大臣の刑事責任については、一八三〇年憲章では、下院が訴追し、貴族院が裁判するということのみが規定され（四七条）、その他は法律事項とされている（六九条二号）。『憲法講義』の時点では、大臣の刑事責任に関する法律は制定されていなかったようであり、大臣の刑事責任についてはこれ以上ふれないことにしよう。

そこで大臣の政治責任についてであるが、ロッシによれば、「大臣の責任追及は、代表制におけるもっとも重大な行為の一つであり、……単なる司法的行為ではなく、すぐれて政治的な行為である」（四・三八〇）。ここでも、彼が大臣の責任を代表制の構成要素の一つと考えていることが明らかである。[16]「大臣の責任追及は……すぐれて政治的な行為である」という部分は、責任追及の過程が政治的行為であるとも読める。しかし、「刑事責任とはかかわりのない、純粋に政治的な責任、道義的で政治的な責任の余地がある」（四・三八一）という記述からすれば、彼はこの部分で、大臣の行為それ自体の中に政治責任が存在することを認めているといわざるをえない。したがって、大臣の政治責任は「大臣の行政的無能さの結果[17]」、つまり行政能力のない大臣の刑事責任を追及することができないことの結果といった消極的な性質のものではない。いずれにしても、大臣の任命権を有する（一八三〇年憲章一三条）君主だけではなく、議会も「内閣への協力を拒否し、信任を拒否する」（四・三八一）ことによって、大臣の政治責任を追及することができる。議会が大臣の政治責任を追及する具体的な手続として、君主への勅語奉答、さらに重要法案や予算案の否決が挙げられている。ただし、彼が大臣の政治責任に、法的に辞職を強制することができるような効果を認めているか否かは明らかではない。政治責任は曖昧であり、この曖昧さによって国家機関間の対立が緩和されるといった指摘（四・三八二）からすれば、そのような効果までは認めていないのではないか。となると、彼が大臣の個別責任と内閣の連帯責任とを区別していることは事実である（四・三七二―三七五）が、総辞職を惹起するような内閣の政治的な連帯責任まで想定しているとは思えない[18]。このことは次の歴史的事実からすれば当然であろう。すなわち、大臣の政治責任と刑事責任とはすでに復古王政下の政論家の間で区別されていたが、前者は当時、「特定の方法を用いて具体化される法的現象[19]」とはみなされていなかった。さらに、七月王政は、第三共和制下で開花することになるフランス議院内閣制の核心的手続である問責質問（interpellation）の形成期であるが、当時の問責質問には内閣の総辞職をもたらすような法的効果は伴わなかったのである。[20]したがって、フランスにおいては、議院内閣制は復古王政期に導入されて、七月王政期に憲法運用として定着したという一般的な理解[21]は「極端に過ぎる[22]」といわざるをえないであろう。

ある論者によれば、大学における公法の研究は七月王政下で発展し、パリ法科大学における憲法講座の設置を契機として、憲法が行政法の体系書の中でより多く扱われるようになった。そしてこの論者は、当時の重要な著作として、ラフェリエール『公法・行政法講義（*Cours de droit public et administratif*）』一八三九年とベリア＝サン＝プリ『註釈一八三〇年憲章（*Commentaire sur la Charte constitutionnelle*）』一八三六年を挙げている。[23]そこで以下では、これらの著作にふれつつ、ロッシ『憲法講義』を当時の状況の中に位置づけるとともに、この講義が後世に与えた影響を示すことをもって本章の結びとしたい。

ギゾーが属する純理派の目的は、革命の成果である自由と平等とに立脚した社会を、アンシャン・レジーム、ジャコバン派、ナポレオンといったさまざまな独裁から死守しつつ発展させることであった。そのためには、何よりも主権の無制限性・無制約性が否定されなければならない。重要なのは、主権の帰属主体ではなくその内実あるいは行使なのである。しかし、両者は密接不可分の関係にあり、純理派は、主権の帰属主体を抽象的な理性とすることによって、現実には主権を行使することができない理性と現実に主権を行使するもの（代表者＝機関）とを分離し、その結果として現実の主権の行使を制限しようとした[24]（六〇―六一頁）。主権論については前節二3の末尾で確認したようにロッシは黙して語らないが、この点、ラフェリエールは純理派に近い立場から社会契約論批判にもとづいて主権の無制限性・無制約性を否定している。

パリ法科大学に行政法講座が設置されたのは一八一九年であり、七月王政に至って地方の法科大学にも行政法講座が普及するとともに、その担当者が行政法の体系書を競って出版するようになった。このような状況の下で、すでに述べた（本章第一節註（78））ようにフランス法制史の創始者でもあるレンヌ大学のラフェリエールによる『公法・行政法講義』は「当時大いに好評を博した」といわれる[25]。もともと行政法講座の名称は「公法と行政法」[26]とされ、当初はそこで公法＝憲法も論じられていたが、その後政治的な理由から公法＝憲法は排除された[27]。それに対して彼は、公法と行政法を分離すれば後者の存在理由を奪うことになるし、公法と哲学的原理を分離すれば前者から学問的基礎を奪うことになるとして、同書の導入部分で公法と自然法について論じている[28]。彼によれば、公法の対象は領土を支配するための社会的権力の組織と分配とであるが、理性主権との関係で重要なのは自然法に関する議論である。彼は、ホッブズが個人の独裁に、ルソーが集団の独裁に、それぞれ陥るのは、「社会の源を、人間の本性それ自体ではなく、恣意的な取り決めに求める」からであるとして、社会契約論的な発想を批判する。国家の成り立ちを「恣意的な取り決め」、すなわち社会契約に求めることは、契約当事者の自由な意思、すなわち無制限な意思を前提とすることであり、この「意思によって……常に現前し、常に支配的な」主権が出現する。しかし、国家は人間の意思による偶然の産物ではなく、人間の本性にもとづく事実である。そして、人間は本来自由であり、自由との関係で平等であるが、自由が平等に認められるためには、他人の自由を侵害する自由の行使は認められない。その結果、人間によって形成される社会は個人の自由を否定しない権利義務関係＝法を内包しており、このような社会を創り出す主権は社会に内包される法によって拘束される。「力［＝意思］の主権に取って代わり、万人による独裁と個人による独裁とを排除するのは、権利と義務［＝法］の主権」であり、道徳の世界における理性の主権は、政治の世界における憲法の優位として現象するのである。

以上のようなラフェリエールの主権論は、その前提となっている社会契約論批判にもとづく国家観が前節一１で述べたロッシのそれとほぼ同じであることから、ロッシの主権論の欠如を補うであろうものとして興味深いだけではなく、主権論以外の憲法理論におけるラフェリエールと純理派やロッシとの類似性を予測させる。それに対して、「民主派の弁護士」とされるベリア＝サン＝プリの『註釈一八三〇年憲章』はコンメンタールの形式を採用し、同憲章の条文順に歴史も含めた条文の解釈と条文を具体化した現行制度の解説とを行っているが、その内容はギゾーやロッシとはかなり異質である。

『註釈一八三〇年憲章』は、そのタイトル・ページに「私は近くにいる」とあるが、匿名で出版されたものである。その哲学的立場はベンサムの最大多数の最大幸福であり[34]、この点ですでにラフェリエールやロッシとは異なる。ベリア＝サン＝プリは、「憲法とは、人々が支配されるべき方法を規定する規範の総体である[35]」としたうえで、一八三〇年憲章と一七九一年憲法の強いつながりを認める。そして、権力分立については、一方で機関間の分離が強調され、他方で機関間の相互作用はそれに反するとして否定的に捉えられているが、予算に関する権限（一八三〇年憲章一五条および四〇条）を根拠に下院の優位が主張される[36]。さらにベリア＝サン＝プリは、下院議員の選挙について、法的拘束力を伴わない委任を認めるとともに、より踏み込んで男子普通選挙を主張している[37]。以上のことから、彼は、一七九一年憲法の立脚する国民主権をいわゆる人民主権に近づけて理解したうえで、一八三〇年憲章がこのような主権に立脚していると考えているようである。一八三〇年憲章のこのような理解は七月王政下では決して主流とはいえないが[38]、やがて二月革命の原動力の一つとなるであろう。

それに対して、純理派が七月王政下の憲法・政治思想における主流であるといえるか否かはともかく[39]、ロッシ『憲法講義』は純理派を代表するギゾーの影響をあまりにも強く受けすぎているという批判がある[40]。この批判は一方で、『憲法講義』がギゾーの君主への上奏の枠内で行わなければならなかった以上もっともである。しかし他方で、ラフェリエールの憲法理論が純理派に近いことからすれば、この批判が正鵠を得たものであるか否かはにわかに判断できない。というのは、純理派が七月王政下の憲法・政治思想において一定の支配力を有していたとすれば、『憲法講義』はギゾーの影響というよりも、当時の一般的な憲法理論ということになるからである。「ロッシは自由主義学派の理論を教授したのである」[41]。ただそうだとすれば、『憲法講義』に一定以上の独自性があるとはいえないことになるが、そもそも『憲法講義』の意義は独自性の有無や前節二(六七頁)で指摘した講義の歴史的方法にあるのではないといえるかもしれない。すなわち、その意義はむしろ、『憲法講義』以前の憲法理論が、「法律家であるよりはむしろ政治家・文筆家として知られた人々によって述べられ、十分に体系づけられたものではなかった」[42]状況において、「フランス革命に由来する公法を初めて体系化すること」[43]によって近代憲法学の原型を示したことにあると考えるべきである。

最後に、ロッシ『憲法講義』が後世に与えた影響についてである。「公法学者としてのロッシの業績はこれまで十分研究されてきたとはいえない」[44]といわれるが、ある論者は、『憲法講義』が後世にあまり影響を与えなかったのは、フランスにおけるロッシの立場がアカデミックであるよりも政治的であったからであると評している[45]。この評価が妥当であるか否かはともかく、確かに講義内容は一応の体系性を備えているが、しかし例えば、代表制といった個々の分野における理論性の欠如は否めない。その意味で、『憲法講義』が速記録であるという点を考慮しても、講義内容の理論的水準は必ずしも高いとはいえない。個々の分野において理論的展開が十分なされない原因の一つは、ギゾーの君主への上奏による講義内容の枠づけである。その結果、『憲法講義』は理論的展開が不十分なまま実定憲法体制に密着し、その崩壊とともにその妥当性を失い、「ギゾーの期待にもかかわらず、註釈学派的憲法学は育たなかった」(47)のである。さらに、フランスにおいて立憲君主制が発展しなかったことも、『憲法講義』の後世への影響を弱めた原因であろう。(48)

フランスにおける憲法講座の「生みの親」はモンテスキューであり、その「育ての親」はギゾーであるといわれる。(49)ただ、憲法講座は第三共和制までは発育不全であった。すなわち、憲法講座はロッシなきあと一八五二年にいったん廃止され、(50)第三共和制の初期まで再開されず、再開後もしばらくの間は担当者が頻繁に交代した。(51)このような状況とロッシが憲法講座を担当していた期間とを考慮すれば、「一九世紀において、〔ロッシ『憲法講義』が有する〕歴史的および理論的広がりの故に、ロッシがフランスにおける憲法教育の唯一の専門家であった(52)」といっても過言ではないであろう。

(1)　水波朗『トマス主義の憲法学』一九八七年二七七頁。さらに、cf. Henri Baudrillart, *Publicistes modernes*, 1862（新版が翌年に出版されているが、これは増刷版であり、一九七九年に復刊された。本書は一八六二年版を用いた）, pp.

413-414.

（2） Alfred Dufour, "Pellegrino Rossi publiciste" in *Des libertés et des peines Actes du colloque Pellegrino Rossi* (*les 23 et 24 novembre 1979*), 1980, p. 231. ここで「古典的」とは、当然、先の拙著『法人・制度体・国家――オーリウにおける法理論と国家的なものを求めて――』二〇一五年（八七―八八頁註（77））でいうところの「伝統的」という意味であり、したがって、このような国家観と本章第一節三（三八頁）で述べた自然法論批判との間に「内的矛盾があるわけではない」(ibid.)。なお、このような国家観は、憲法に関する断章（fragment）において、より鮮明である（cf. Pellegrino Rossi, *Mélanges d'économie politique, d'histoire et de philosophie*, t. II, 1857 (rééd.), pp. 24-31)。

（3） ここでいう「社会的」は、オーリウが「社会的憲法」という場合の「社会的」と同義であり（前掲拙著註（2）、四一三頁註（86）参照）、すでに述べたロッシのいう「社会組織」はオーリウのいう「社会的憲法」にあたる。その結果、ロッシは国家（政治制度）と社会（社会組織）を二元的に捉えて（cf. P. Rossi, *supra note* (2), pp. 49-50）、それぞれに政治的権利と公権を対応させるが、このような発想の源はシエースのようである（Paul Bastid, *Sieyès et sa pensée*, 1939 (rééd. 1978), p. 553)。ただ、わが国では、シエースにおける、能動市民―能動的権利（政治的権利）と受動市民―受動的権利（自然的・市民的権利）と区別の背後に存在する国家と社会の二元論はあまり注目されてこなかった（杉原泰雄『国民主権の研究』一九七一年一八二―二〇二頁、および浦田一郎『シエースの憲法構想』一九八七年四八―九七頁参照）。いずれにしても、フランス憲法史上「国民の公権」という用語が初めて用いられたのは一八一四年憲章であり、エスマンによれば、ロッシの「公的または社会的権利」（一・一〇）という「用語は広くフランスに普及した」（Adhémar Esmein, *Éléments de droit constitutionnel*, 1896, pp. 374-375. さらに、cf. Marcel Prélot et Jean Boulouis, *Institutions politiques et droit constitutionnel*, 11e éd., 1990, pp. 59-60）こと、また、ロッシのいう公権は「『公的自由』という近代的概念にほぼ正確に対応する」（Philippe Braud, *La notion de liberté publique en droit français*, 1968（rééd. 2011. 同書は二〇一五年にも復刊されたが、本書は二〇一一年版を用いた）, p. 10）ことからすれば、革命期における国家と社会の二元論に支えられた人権論はロッシや政論家を媒介として第三共和制下の憲法理論へと伝えられ、エスマン（具体的には、cf. Adhémar Esmein *Éléments de droit constitu-*

tionnel français et comparé, 5e éd., 1909, pp. 988–1108. この部分（「個人権の規整」）は第五版において新たに追加された部分である）を媒介として（Pierre-Henri Prélot, "Esmein ou le droit constitutionnel comme droit de la liberté" in Stéphane Pinon et Pierre-Henri Prélot (dir.), *Le droit constitutionnel d'Adhémar Esmein*, 2009, p. 113）現在の公的自由論に至っているといえるであろう。

（4） 後年ロッシは、「状態の平等」は「現在どこにも存在しないし、過去にも決して存在しないし、将来にも決して存在しないであろう。というのは、それが人間の本性に、法に反するからである。それは正義に反するのである」という（Pellegrino Rossi, "De la démocratie en Amérique par M.A. de Tocqueville", Revue des Deux Mondes, t. XXIII juillet-sep., 1840, p. 903）。égalité des conditions という表現はトクヴィル『アメリカの民主主義』でも用いられており、「アメリカの伝統的表現で言えば『機会の平等』」であるといわれる（松本礼二『トクヴィル研究』一九九一年二九頁）が、このような意味で用いられる場合には、「条件の平等」と訳されるべきであろう（ただし、大石眞『憲法講義Ⅱ〔第2版〕』二〇一二年七二―七三頁参照）。『アメリカの民主主義』第一巻が出版されたのが一八三五年一月であることからすれば、『憲法講義』に対するその影響の有無あるいは程度は興味深い（前節註（22）参照）。なお、復古王政期のギゾーは大衆社会＝平等社会の出現を前提としてそれに適合した新しい統治技術を模索していたが、一―1の冒頭でふれた「社会的権力」という表現は、当時のギゾーが大衆社会における社会的需要を満たすことができる権力という意味で用いたものである（Pierre Rosanvallon, *Le moment Guizot*, 1985, p. 43 note 2）。

（5） それ故、ロッシは結果の平等＝「状態の平等」を実現するための「国家によるあらゆる介入」に反対する（A. Dufour, supra note (2), p. 234）。さらに、cf. Henry Michel, *L'idée de état*, 3e éd., 1898 (rééd., 1973), pp. 340–341 ; Ivo Rens, "Rossi économiste" in *supra note* (2).

（6） この意味での憲法は、「通常、成文法である」（一・七）。cf. Paul Bastid, *Les institutions politiques de la monarchie parlementaire française* (1814–1848), 1954, p. 4.

（7） P. Rosanvallon, *supra note* (4), p. 45. このような権利概念にはドイツ歴史法学派の影響がみられ、ロッシに対するドイツ歴史法学派の影響については第一節三で論証したが、注意すべきは、ドイツ歴史法学派においては「自由な精神」の宿る近代的成文法が軽視される傾向にあったという点では、彼はドイツ歴史法学とは異質だ（cf. C. Bon-Compagni, "Introduction", Pellegrino Rossi, *Cours de droit constitutionnel*, t. I, 1866, pp. XIV-XVI）ということである。

（8）ロッシの公権論の特徴の一つは、内面を表明する自由の一つとして結社の自由が取り上げられていることである。一八三〇年憲章と七月王政とにおいても結社の自由は認められていなかったことからすれば、結社の自由を講義で論じる、しかも結社は「人間の本性にその基盤を有し」、「人類の自然法則（loi naturelle）である」（二・六九および七〇）というように強く肯定的に論じる（開・L、ならびに三・一八三―一八六および一九三―一九六参照。さらに、cf. Pellegrino Rossi, "De l'Étude du droit dans ses rapports avec la civilisation et l'état actuel de la science", Annales de législation et de jurisprudence, 1820, p. 401）ことは、同憲章と七月王政とに対する批判を意味するであろう（Julien Boudon, "Introduction à la rééditon", Pellegrino Rossi (Julien Boudon (dir.)), *Cours de droit constitutionnel*, 2012, p. 20（この序文には頁数が付されておらず、数字は本書の筆者が前から付したものである））。復古王政から七月王政にかけての結社の自由については、cf. Paul Nourrisson, *Histoire de la liberté d'association en France depuis 1789*, t. I, 1920, pp. 213-349, 高村学人『アソシアシオンへの自由』二〇〇七年九九―一二五頁参照（結社に対する規制を強化する一八三四年反結社法について、彼は内容を簡単に解説するのみで、評価は加えない（三・一九二―一九三））。なお、請願権（四五条）は三分法においては外的行為の自由に分類されているが、その説明は内面を表明する自由の一つとしてなされている。

（9）したがって、法律に「固有の二つの性質」は「始原性と一般性」である（四・二四九）。cf. Éric Maulin, *La théorie de l'État de Carré de Malberg*, 2003, pp. 248-249.

（10）主権原理と代表制とに関する一七九五年憲法の重要性については、cf. Guillaume Bacot, *Carré de Malberg et l'origine de la distinction entre souveraineté du peuple et souveraineté nationale*, 1985, pp. 104-108.

（11）クリストフ・ミュラー（大野達司・山崎充彦訳）『国民代表と議会制』一九九五年五三頁参照。これは、一七九一年憲法の制定過程でシエースが示した考え方でもある（cf. Raymond Carré de Malberg, *Contribution à la Théorie générale de l'État*, t. II, 1922（rééd., 1962. 同書は二〇〇四年にも復刊されたが、本書は一九六二年版を用いた), pp. 253-255)。

(12)　井端正幸「フランス復古王政期の憲法思想の一側面――フランソワ・ギゾーの選挙権論の展開を中心に――」沖縄法学二九号二〇〇〇年四四―四七頁。

(13)　同法律の制定過程については、小田中直樹『19世紀フランス社会政治史』二〇一三年四八―五五頁参照。

(14)　Alain Laquièze, *Les origines du régime parlementaire en France* (*1814-1848*), 2002, p. 162.

(15)　樋口雄人「バンジャマン・コンスタンの中立権理論について――そのフランス議院内閣制理論史における位置づけの試み――」憲法論叢七号二〇〇〇年九〇頁。さらに、田中治男『フランス自由主義の生成と展開』一九七〇年四二頁も参照。ただし、その調整の対象には、国家の諸権力だけではなく、全体としての「政治体の構成原理」も含まれる(マルセル・ゴーシェ(富永茂樹・北垣徹・前川真行訳)『代表制の政治哲学』二〇〇〇年三五―四一頁)。

(16)　一九世紀前半には régime parlementaire や parlementarisme という用語はあまり用いられず、その理由はこれらの用語が、イギリスでみられたように、君主の弱体化を含意するからである(J. Boudon, supra note (8), pp. 38-39)。これらの用語が普及するのは一般に思われているように復古王政期から七月王政期にかけて(P. Bastid, *supra note* (6), pp. 13-14)ではなく、第二帝制期のようである。このような状況の下で、ロッシにおける代表制(système de représentation)と議院内閣制の関係は、本文で述べたことからすれば、代表制は議院内閣制の代用というよりも、代表制の中に議院内閣制的な要素が含まれるというように理解すべきであろう。したがって、代表制という用語が「議院内閣制とまったく同視されるということはありえない」(A. Laquièze, *supra note* (14), p. 22)とまでは、彼については、いえない。

(17)　A. Laquièze, *supra note* (14), p. 160. cf. Marcel Morabito et Daniel Bournaud, *Histoire constitutionnelle et politique de la France* (*1789-1958*), 2ᵉ éd., 1992, p. 236.

(18)　それに対して、cf. H. Baudrillart, *supra note* (1), pp. 420-421.

(19)　A. Laquièze, *supra note* (14), p. 155.

（20）　問責質問については、さしあたり、モーリス・デュヴェルジェ（拙訳）『フランス憲法史』一九九五年二〇三頁訳註［39］参照。なお、デランドルによる、七月王政下における問責質問の初めての事例とその議院規則化とに関する叙述は興味深い（Maurice Deslandres, *Histoire constituionnelle de la France*, t. II, 1932（rééd., 1977）, pp. 275–277）。さらに、cf. Jules Poudra et Eugène Pierre, *Traité pratique de droit parlementaire*, 1878, pp. 785–786 ; Eugène Pierre, *Traité de droit politique, électoral et parlementaire*, 5e éd., 1924（rééd., 1989）, p. 791. また、復古王政期のある議論では、大臣の政治責任の根拠を「大臣の行政的無能さ」とすることから大臣の個別責任が導き出された（Louis Michon, *Le gouvernement parlementaire sous la restauration*, 1905, p. 439）が、この議論からすれば、内閣の連帯責任を積極的に肯定することは難しいであろう。

（21）　このような理解の始まりは、Joseph Barthélemy, *L'introduction du régime parlementaire en France sous Louis XVIII et Charles X*, 1904 であり（とくに、cf. rééd., p. 303）、このような理解においては、復古王政は議院内閣制の「形成期」と、七月王政はその「適用期」と、それぞれいわれる（Joseph-Barthélemy et Paul Duez, *Traité élémentaire de droit constitutionnel*, 1926, pp. 174–179 ; *Traité de droit constitutionnel*, nouvelle éd., 1933（同書は一九八五年と二〇〇四年に復刊されたが、本書はオリジナル版を用いた）, pp. 171–177）。

（22）　A. Laquièze, *supra note*（14）, p. 22. フランスにおいて議院内閣制が定着し、さらに第三共和制へとつながるという意味で重要なのは第二帝制の後半である自由帝制期であると思われるが、この点についてはさしあたり、cf. Henry Berton, *L'évolution constitutionnelle du second empire*, 1900, pp. 680–705, 前掲拙訳註（20）、一〇二―一〇七頁など参照。

（23）　G. Bacot, *supra note*（10）, pp. 142–143.

（24）　A. Laquièze, *supra note*（14）, p. 112. さらに、樋口雄人「復古王政期フランスにおける『主権』論——ロワイエ＝コラールのそれを中心に——」法政論叢三五巻二号一九九九年も参照。なお、わが国では、純理派の理性主権と尾高朝雄のノモス主権との類似性が指摘されている（野村敬造「国民主権と代表の原理」岩波講座『現代法２』一九六五年一八九―一九〇頁、小嶋和司「『主権』論おぼえがき〈その一〉」同『憲法と政治機構』一九八八年一九頁、および樋口陽一『憲法I』一九九八年七六—七七頁など。とくに、高橋和之『国民内閣制の理念と運用』一九九四年一八一—一八二頁註（39）および一九〇頁註（5）、ならびに拙稿「ノモス主権と理性主権」龍谷紀要二九巻二号二〇〇八年一三—一四頁）。

（25）兼子仁「一九世紀におけるフランス行政法学の形成——ドゥ・ジェランドーからE・ラフェリエールまで——」兼子仁・磯部力・村上順『フランス行政法学史』一九九〇年一三〇頁。最終改訂版は第五版（一八六〇年）であり、本書は第二版（一八四一年）を用いた。ラフェリエールの行政法学については、一三〇—一三四頁参照。なお、この（フィルマン）ラフェリエールは、コンセイユ・デタ副院長を務めた実務家であるエドワール・ラフェリエールの父であり、憲法学者（パリ大学法学部）であるジュリアン・ラフェリエールの祖父である。ただし、エドワールはジュリアンの父ではなく叔父である（Patrick Arabeyre, Jean-Louis Halpérin et Jacques Krynen (dir.), *Dictionnaire historique des jurists français XIIe-XXe siècle*, 2e éd., 2015, p. 587（écrit par Jean-Jacques Clère））。

（26）Alphonse de Beauchamps, *Recueil des lois et règlements sur l'enseignement supérieur*, t. I, 1880, p. 427.

（27）同右・一二一—一二三頁および八九—九四頁、山口俊夫『概説フランス法　上』一九七八年一一五頁、ならびに拙著『法人・制度体・国家——オーリウにおける法理論と国家的なものを求めて——』二〇一五年一一三—一一四頁。さらに、野上博義「フランス復古王政期の知識人と憲法学——フランソワ・ギゾーの憲章解説を中心として——」名城法学四一巻三号一九九二年四三頁も参照。

（28）Firmin Laferrière, *Cours de droit public et administratif*, 2e éd., 1841, p. VIII.

（29）*Ibid.*, p. 3.

（30）*Ibid.*, p. 12.

（31）*Ibid.*, p. 4.

（32）ラフェリエールについてさらに詳しくは、水林翔「近代フランス憲法思想の再構成（2・完）——一九世紀前半期及び第三共和制初期を中心に——」一橋法学一六巻一号二〇一七年一三一—一四〇頁参照。

（33）Louis Favoreu et al., *Droit constitutionnel*, 18e éd., 2016, p. 16（écrit par Jean-Louis Mestre）. このベリア＝サン＝

プリは本章第一節註（77）で取り上げたジャック・ベリア＝サン＝プリ（パリ法科大学）の息子である（P. Arabeyre, J.-L. Halpérin et J. Krynen (dir.), *supra note*（25）, p. 97（écrit par J.-L. Halpérin））。

（34）例えば、Félix Berriat-Saint-Prix, *Commentaire sur la Charte constitutionnelle*, 1836, p. 260.

（35）*Ibid.*, p. 1.

（36）*Ibid.*, pp. 90-91.

（37）*Ibid.*, pp. 214-215 et 238-240. このような主張は当時としては例外的である（cf. Alexis Keller, "Libéralisme et démocratie dans la pensée politique de Pellegrino Rossi et d'Antoine-Elysée Cherbuliez" in Luigi Lacchè (a cura di), *Un liberale europeo : Pellegrino Rossi（1787-1848）*, 2001, p. 47）。

（38）A. Laquièze, *supra note*（14）, p. 114 note 3. ただし、ある論者によれば、ロッシとベリア＝サン＝プリも含めた一八三〇年以降の君主制論者は、「一種の『憲法によって作られた主権』」という意味での「憲法にもとづく人民主権」に立脚しており、この点は「一般的な時代精神である」（Maurice Barbé, *Étude historique des idées sur la souveraineté en France de 1815 à 1848*, 1904, pp. 226-227）。もっとも、この論者のいう「人民主権」はいわゆる国民主権に近いといわざるをえない（cf. *ibid.*, pp. 220-221）。

（39）社会契約論に批判的なラフェリエールの発想はフランスにおける一九世紀初頭の自由主義の特徴の一つである（本章第一節註（6）参照）。この場合、国家の成り立ちにおいて社会契約を否定するということは、国家や法は人間が創るものではなく、法は「特定の社会的および精神的状態を記録し表現するものであり、いまだ存在しないものを創り出すものではない」ということになり（P. Rosanvallon, *supra note*（4）, pp. 44-46）、この意味で社会契約論に批判的な発想は「反法実証主義」的である。

（40）Pierre Lavigne, "Le comte Rossi, premier professeur de droit constitutionnel français（1834-1845）" in *Histoire des idées et idées sur l'histoire : études offertes à Jean-Jacques Chevallier*, 1977, p. 175.

（41）C. Bon-Compagni, supra note（7）, p. XIV.

（42）碧海純一・伊藤正己・村上淳一編『法学史』一九七六年二〇六頁（山口俊夫執筆）。

(43) P. Bastid, *supra note* (3), p. 552. すでに述べた(三頁)ように、ロッシは法科大学その他の法学教育機関で最初に憲法を教えた人ではないし、憲法講座が設置される以前から行政法の担当者が自らの講義の一部として憲法を論じていた。さらに、革命期については、cf. Jean-Louis Mestre, "Les emplois initiaux de l'expression ≪droit constitutionnel≫", Revue française de Droit constitutionnel, 2003, pp. 467-469 et 471.

(44) A. Dufour, supra note (2), p. 213.

(45) 第三共和制憲法が制定されてからエスマン『憲法原理』一八九六年が出版されるまでの約二〇年間にはロッシ『憲法講義』は憲法学の「モデル」となったといわれる(Antoine Saint Girons, *Manuel de droit constitutionnel*, 2e éd., 1885, p. 3. さらに、cf. Émile Boutmy, "Des précautions à prendre dans l'étude des constitutions étrangères", Séances et travaux de l'Académie des sciences morales et politiques, 1884, p. 362)が、次章第二節の冒頭で述べるようにこの時期の憲法学がエスマンによって低く評価されたことから、『憲法講義』後世にあまり影響を与えなかった。また、彼によれば、『憲法原理』に対しては、方法論(前節註(44)参照)と人権の分類(本節註(3)参照)とを除いて、『憲法講義』が大きな影響を与えたとはいえない。さらに、cf. Pierre Rosanvallon, *La démocratie inachevée*, 2000, p. 231. その結果、『憲法講義』の後世に対する影響は彼によって遮断されたといえなくもない。それに対して、彼に対するロッシの影響を重視するものとして、Antoine Chopplet, *Adhémar Esmein et le droit constitutionnel de la liberté*, 2016, pp. 40-41.

(46) P. Lavigne, supra note (40), p. 175.

(47) 樋口陽一『近代立憲主義と現代国家』一九七三年七四―七五頁。もっとも、一八四五年にロッシがローマ大使に任命されてイタリアに帰還した後彼の代理を務めた同僚のコルメ＝ダージュ(Gabriel Colmet-Daâge, "M.Rossi à l'école de droit", Séances et travaux de l'Académie des sciences morales et politiques, 1886, p. 122)は、ロッシは原理から出発して一八三〇年憲章を説明したと評している(p. 117)。

(48) ではなぜ、ロッシ『憲法講義』はドイツ第二帝政成立後の形成期の国法学に影響を与えなかったのであろうか。その理由としては、ロッシの歴史的方法がラーバントに代表される法実証主義国法学によって否定されるべきものであったこと、また、『憲法講義』のリベラルな性質などが考えられる。なお、憲法学の内容と憲法学も含めた法学の方法とは別であり、後者について、ロッシにおける歴史性と論理性の融合は一つのモデルとして「社会科学に長く影響を及ぼすに値するであろう」（H. Baudrillart, *supra note*（1）, p. 454）といわれるが、「歴史と比較法」が一九世紀末から二〇世紀初頭にかけてのフランス法学界における新しい共通の方法論となった（本章第一節（註（76））とき、このような状況に対してロッシがどの程度影響を与えたかは、間接的な影響を与えたことは間違いないとしても、にわかに判断できない。

（49）　碧海他・前掲書註（42）、二〇七頁（山口執筆）、および山口・前掲書註（27）、一一五頁。

（50）　したがって、憲法講座を廃止したのは第二共和制ではなく第二帝制であるという点には注意を要する（cf. J. Boudon, supra note（8）, p. 17）。ところが、ロッシ『憲法講義』が出版されたのは後者の自由帝制期であり、この事実はさまざまな点で意味深長であるといわざるをない（cf. p. 45）。

（51）　その経緯については、cf. Guillaume Sacriste, “Adhémar Esmein en son époque Un légiste au service de la République” in S. Pinon et P.-H. Prélot（dir.）, *supra note*（3）, pp. 13–15.

（52）　P. Lavigne, supra note（40）, p. 177.

第二章　第三共和制の成立と憲法学

形式的意味の憲法はその制定時における政治勢力の縮図である。ということは、多くの場合そこには何らかの妥協が含まれているが、第三共和制憲法ほどその妥協的性質の露骨な憲法も珍しいのではないか。同憲法制定に至る経緯の概略を示せば次のようになるであろう。

普仏戦争の敗北による事実上の第二帝制の崩壊をうけて共和制が宣言された（一八七〇年九月）。休戦条約の締結（一八七一年一月）を経て、講和条件を審議するための国民議会議員選挙が行なわれた（同年二月八日）が、この選挙の争点は和平か抗戦かであり、和平を掲げた王党派が平和を求める農村部の票によって圧勝し、国民議会はパリから遠く離れたボルドーで招集された（同月一二日）。そこで執行権の首長（chef du pouvoir exécutif）に選ばれたのは、七月王政下で君主の地位をめぐってギゾーと争ったティエールであった（同月一七日）。王党派は、ティエールが「君臨すれども統治しない」君主の存在を否定しないであろうと判断したのである。その後、彼は大統領（Président de la République）の称号を付与され、大統領の行為は大臣によって副署されるとともに、大統領およびその内閣は議会に対して責任を負うものとされた（一八七一年八月三一日法律）。ところが彼は、国家形態の問題は講和条約締結後に委ねるということを議会に承認させた（ボルドー協定）後、屈辱的な和平を拒否して徹底抗戦を主張する愛国的なパリ市民から成るパリ・コミューン（同年三―五月）の鎮圧をとおして、民衆の革命的な暴発を回避するには共和制が不可避であると判断するようになった。それに対して、補欠選挙で勢力を増しつつあった共和派に危機感をいだいた王党派は、大統領を彼から正統王朝派のマク＝マオンへと交代させるとともに、純理派の一人であるド・ブローユを首相に選んだ（一八七三年五月）。そして、誰を君主にするかで対立していた王党派は、とりあえずマク＝マオンの大統領としての任期を七年として（一八七三年一一月二〇日法律）、王政復古の機会を待つことにした。その後、一八七五年になるとようやく公権力の組織に関する法律案が審議されるようになり、その第一条は「共和国政府は両議院および大統領によって構成される」と規定していたが、この法律案は否決された。そこで、オルレアン派のヴァロンが、「大統領は両議院の合同した国民議会における絶対多数によって選出される。大統領の任期は七年であり、再選可能である」という修正案を提出し、この修正案が賛成三五三票・反対三五二票でかろうじて可決された（同年一月三〇日）。そこには共和制は明示されていないが、国家元首が大統領とされている以上、この時点で実質的に第三共和制憲法が成立したわけである。(1)

以上のような第三共和制憲法の成立過程で注目すべき点は、七月王政下における立憲王党派の影響である。立憲王党派は第二共和制と第二帝制の権威帝制期（一八五二―一八六〇年）との休眠期間を経て自由帝制期（一八六〇―一八七〇年）に復活し、七月王政下の政治思想・政治制度・その運用などをオルレアン派として第三共和制に伝えた。(2) その結果、穏健右派であるオルレアン派と穏健左派である保守的な共和派との妥協の産物として成立した第三共和制憲法は「ルイ＝フィリップなき一八三〇年憲章であり」(3)、第三共和制は君主を大統領に置き換えることによって共和制化された七月王政であったのである。ただ、七月王政には存在しなかったものが第三共和制には存在した。すなわち、第二共和制憲法（二四条および二五条）によって導入され、一八四九年三月一五日選挙法によって具体化されて以来基本的に維持されてきた（男子）普通選挙である（公権力の組織に関する一八七五年二月二五日法律一条）。第二帝制下の普通選挙とプレビシットとを通じて、国民は国政への関与を実感するようになっていたのである。

第一節　共和派の共和国と憲法講座の創設

法学の一分野として（実質的意味の）憲法を大学で教えるということが、それを担当する人の主観とはかかわりなく、現に存在する憲法体制を正当化する効果を伴うということは否定できないであろう。七月王政下で権力の座についたギゾーは憲法講座を設置することによってそれを意識的に狙ったし、第三共和制下の共和派も同様である。その際、本書は第三共和制下の憲法講座の設置を第二帝制下で正式に廃止された憲法講座（前節註（50）参照）の単なる再開とは捉えない。その理由は国家形態の相違に加えて、第三共和制の初期に憲法講座の設置に至る固有の諸事情である。二月革命の再来を予感させたパリ・コミューンの混乱と無秩序とを経験した共和派は、その「心理的外傷」(4)から、憲法体制の擁護＝秩序維持という目的から憲法講座の設置を目指した。ところが、共和派内部の主導権争いやその時々の主要な政治課題との整合性などから、憲法講座の設置は容易に実現しなかった。その間、時間の経過とともに憲法講座設置の目的も微妙に変化していく。そこで本節では、憲法講座の設置に影響を与えた第三共和制初期の出来事を概観したうえで、憲法講座の設置に至る経緯とその目的とについて述べることにしよう。

一　共和派の共和国

一方で、正統王朝派のマク＝マオンは、制定に至る経緯から、第三共和制憲法が二元型（オルレアン型）議院内閣制を規定しているという前提で同憲法を運用しようとした。他方で、一八七一年の補欠選挙以来、共和派が議席を伸ばし、王党派が議席を減らすという傾向は明確になっていた。この対立が決定的となったのが一八七七年の五・一六事件である。

第三共和制憲法の下における初めての代議院議員選挙が一八七六年二月下旬に行なわれ、共和派が過半数を制した。このような情勢の下で、マク＝マオンは出版法制をめぐる問題で議会多数派に与した共和派の首相を罷免して（一八七七年五月一六日）翌日再びド・ブローユを首相に任命し、続いて代議院を解散した（六月二五日）。選挙の結果再び共和派が過半数を制したにもかかわらずマク＝マオンが王党派の内閣を組織したため、王党派の大統領―内閣と共和派の代議院多数派との対立が再燃したが、今回は彼が屈服せざるをえなかった。[5]その結果、解散権も含めた大統領の憲法上の権限の名目化が生じたのである。さらに一八七九年には、元老院でも共和派が過半数を制するとともに、彼の辞職をうけて大統領の権限を限定的に解釈するグレヴィーが大統領に就任するに至り、大統領・首相および上下両院は共和派によって掌握された。共和派による共和国の支配が確立したわけである。このような事態を形式的意味の憲法のレベルで確定したのが、共和制を憲法改正の対象とすることはできないとする一八八四年の憲法改正であった。以上の過程で見逃してはならないは、オルレアン派の一部である大資本の利益を代表する勢力が共和制を容認する（保守的共和制）ことによって、妥協にもとづく時宜に適した政策を打ち出す日和見主義者（オポルチュニスト）と結びつき、第三共和制における政治権力を掌握したという事実である。そして、それを有権者として支えたのは保守的な農民層であった。[6]

しかし、いまだ揺籃期にある第三共和制が不安定さを払拭したとはいえない。一九世紀末から二〇世紀初頭にかけて、ブーランジェ事件とドレフュス事件[7]との試練を経なければならないのであり、これらの試練を経ることによって第三共和制の政治的基盤となる急進派が日和見主義者から分離され、それに取って代わるのである。その結果、第三共和制は名実ともに確立されるわけであるが、実は、ブーランジェ事件はすでにふれたパリ・コミューンとともに憲法講座の設置との関係で重要である。

第一に、ブーランジェ事件についてである。一八八六年一月、フレシネ内閣の陸相となったブーランジェ将軍は、軍隊の民主化や対独強硬路線などによってパリを中心に異常な人気を博した。彼は翌年の内閣交代によっていったん地方の軍団司令官に左遷されたが、汚職事件で内閣が倒れたことを契機に、左右のさまざまな不満分子が彼を核として野合し、反体制運動へと発展した。このような情勢において、彼が各地の補欠選挙にほぼ同時に立候補して次々と当選したとき、ルイ＝ナポレオンによるクーデタの再来かと思われた。その機は熟していた（一八八九年一月）にもかかわらず、結局、ブーランジェの不決断から事件は竜頭蛇尾に終わり、ブーランジェはベルギーへ亡命せざるをえなくなった。煽動された大衆の不満が対独ナショナリズムと結びついて反議会主義運動へと発展し、第三共和制を転覆の一歩手前まで追い詰めたのである。

第二に、ドレフュス事件についてである。ドレフュス事件とは、簡単にいえば、ドイツ大使館への軍事機密の漏洩をめぐる冤罪事件である。しかし、機密を漏洩したとされたのがユダヤ人の砲兵大尉ドレフュスであったことから対独ナショナリズムと反ユダヤ主義が結びつき、ブーランジェ事件を乗り越えたばかりの第三共和制に暗い影を落とすことになった。彼が逮捕された一八九四年から、一八九九年に再審における有罪判決を経て大統領の特赦によって救済され、一九〇六年に最終的な無罪を勝ち取るまで一〇年以上にわたって、知識人を中心に人道主義と正義を掲げたドレフュス派と、愛国心と国益に訴えた反ドレフュス派とによって国論が二分される状態が続いたのである。その結果、知識人の間に共和制擁護の立場が広まる一方で、カトリック勢力が動員されたこともあり国民の間に存在する根深い亀裂が表面化した。その間、共和制擁護に結集した共和派内部では、日和見主義者がかつて保守勢力やカトリック勢力と結びついていたことから、共和制化の徹底（王党派の排除・大資本批判・政教分離など）を求めてきた急進派（radicaux）が主導権を握った。中間階層に広く支持された「かれらこそが、フランスにおける議会中心主義と自由放任主義（laisser-faire）の思想の担い手となったのであ」り[8]、以後、第一次世界大戦に至るまで第三共和制は安定期を迎えるとともに、「フランス公法理論の黄金時代」[9]が到来することになるが、後者をもたらした要因の一つが憲法講座の設置である。憲法講座の設置に至る経緯については本節二で述べることにして、ここではそれに先立って、憲法講座の設置、換言すれば憲法学の法学教育への導入を規定した枠組みについて触れておかなければならない。

憲法講座の設置を規定したのは反教権主義政策（anticléricalisme）と高等教育改革である[10]。この二つには重なる部分とそうでない部分とがあり、後者は高等教育改革に固有の要素である。その結果、憲法講座の設置を規定した要因は三つあることになる。第一に、反教権主義政策についてであるが、カトリック勢力と王党派の共謀による共和制の転覆を恐れた共和派は、反教権主義政策の一つとして教育界からカトリック勢力（とくに、初等・中等教育を担っていた修道士）を排除しようとした。そのもっとも重要な帰結が初等教育の無償・義務・ライシテの原則を確立したフェリー法（一八八一年・一八八二年）の制定であり、共和派が推進した教育の世俗化とは教育界からのカトリック勢力の排除に他ならない。実は、第三共和制の初期は、フランス近現代史において、例外的にプロテスタントが大きな影響力を行使した時期なのである。[11]いずれにしても、世俗化された初等・中等教育の担い手を養成する大学も世俗化されなければならず、大学の世俗化＝非カトリック化が第二の要因である。第三に、高等教育改革に固有の要素についてであるが、これには物質的・制度的側面と内容に関する側面とがある。高等教育改革をめぐっては、普仏戦争で敗北した要因はドイツとの関係における学問的後進性にあるとして、高等教育改革の実現を対独ナショナリズムに訴える手法が一部で用いられたが、このような主張の信憑性は疑わしい。[12]それに対して、一九世紀後半におけるフランスの大学が施設や制度の面で他の欧米諸国の大学と比較してかなり立ち遅れていたことは事実であり、その結果、当時のフランスの大学はその間に進展した産業化と民主化とに対応できなくなっていた。そこで一方で、このような状況に応じた新しい教科・科目の導入によって高等教育の多様化と現実主義化を図るとともに、他方で、既存の分散した単科大学（facultés）を主要都市に配置された総合大学（universités）へと統合して国民統合の精神的基盤の一つとすることが目指された。その結果、大学の近代化はある程度成し遂げられたが、後者の点は必ずしも成功したとはいえないといわれる。それに対して、前者の点は高等教育の内容にもかかわるが、高等教育の内容との関係で重要なのは科学主義が社会科学の領域に導入されたということである。すなわち、高等教育改革の担い手である高等教育行政の官僚の多くは高等師範学校の出身であり、彼らは自らの学生時代である第二帝制下において支配的であった科学主義を社会に適用しようとしたのである。その結果、観察にもとづいた経験的方法と帰納的方法とが学問における唯一可能な方法とみなされ、当時の社会学の台頭はこのような流れに乗ったものであったが故に、とりわけデュルケムの社会学は「第三共和制の公定教育学」[13]になりえたのである。となると、民法典を核とする制定法から演繹的にあらゆる解決を導き出そうとする註釈学派が支配する民法学を中心とした法学と法学教育とは何よりも改革されなければならない。それにもかかわらず、高等教育改革において中心的役割を果たしたリアールによれば、「法科大学においては、これまでのところ、改革の動きにはスピード感がなく、広がりもない。……そこにおける法は成文の法律であり、それ故、その任務は法律の解釈を教えることであり、……純粋の法学者は幾何学者である。純粋に法学的な教育は純粋に弁証的である[14]」。

二　憲法講座の創設

民法学を中心とした法学と法学教育とは、前章第一節二（三二頁および三四―三五頁）で述べたように、半世紀以上前に『テミス』がすでに批判していたものである。このような法学と法学教育とが民法典が制定された直後の帝制期から復古王政期にかけて形成されたことは当然である（三〇―三二頁）としても、問題はそれらが七月王政期以降の産業革命と第二帝制下における社会の近代化とを経た後もなお存続しているということである。もちろん、その間に法の歴史的研究や法学教育の多様化は主張されてきたが[15]、法学と法学教育との抜本的改革は一九世紀後半における註釈学派の凋落にもかかわらず実現されなかった。その結果、高等教育の中で法学「教育はもっとも貧弱である[16]」といわれるに至ったのである。となると、法学教育においては方法論の転換と科目の多様化とが求められることになるが、本節の冒頭で述べたように、第三共和制の初期に共和派が憲法体制の擁護＝秩序維持という目的から憲法講座の設置を目指したことからすれば、憲法学がこのような法学教育改革の担い手となるのは当然であろう。その際一方で、観察にもとづいた経験的方法と帰納的方法とを法学に適用した場合、観察の対象となるのは過去と諸外国との事例であることから、「歴史と比較法」が一九世紀末から二〇世紀初頭にかけてのフランス法学界における新しい共通の方法論となる（前章第一節（註（76））。その結果、憲法学と法制史は本来密接な関係にあり、[17]両者を統合するエスマンは法学と法学教育との改革を象徴する人物なのである（この点については、次章第一節二で改めて取り上げる）。他方で、科目の多様化は法学の専門化をもたらすが、「法科大学は……高等教育機関であり、職業学校（écoles professionnelles）ではない」[18]ことから、法学の専門化は研究によって支えられたものでなければならない。このような状況の下で、憲法学と対抗関係にあるのは、当時の法学（＝註釈学派）と法学教育とを体現し、それらの中心にあって法曹実務と結びついた民法学であり、「民法学者という法科大学のスポークスマン」[19]であった。多くの民法学者は、政治性を帯びざるをえない憲法学が非政治的な法曹教育とは異質であるとして、憲法学の法学教育への導入に反対したのである[20]。

実は、憲法学の法学教育への導入は、第二帝制崩壊後、第三共和制が成立する以前から法学教育改革の一環として議論されていた。[21]それを主導したのはパリ・コミューンに脅威を覚えた共和派右派であり、それも含めた法学教育改革を促したのはブトミーによる私立政治学校（École libre des sciences politiques）の設立[22]（一八七一年）である。しかしその後、ティエールからマク＝マオンへの大統領の交代・第三共和制憲法の成立・右派から左派への共和派内部における主導権の移転などといった重要な政治的出来事のため、憲法教育の問題は進展しなかった。これらの出来事のうち、五・一六事件を経ることによって第三共和制の下における権力の担い手（急進派）が析出されたことはこの問題を前進させた。その際確認すべきは、この問題の主導者が共和派内部で右派から左派へと移転したこと、また、憲法学を法学教育に導入する目的が体制の擁護という消極的なものから、「法科大学の学生に……共和制の下における市民精神の諸原理を教え込むこと[23]」へと変質したことである。そして、五・一六事件の翌年にはこの問題をめぐって重要な出来事が生じた。すなわち、パリ法科大学において憲法の講義が再開されたこと、そして、法科大学における憲法講座の設置を目指す法案が元老院に提出されたことである。

第一に、パリ法科大学における憲法の講義の再開についてであるが、山口俊夫によれば、「一八七八年に憲法講義が再開される[24]」。確かに、この憲法の講義は当初は再開といってよいが、現に再開されたのは翌年のようであり、しかも博士課程においてである。再開といってよい根拠は、それを担当するはずであった民事訴訟法が専門で当時パリ法科大学長であったコルメ＝ダージュにある。すでに述べた（前節註（47））ように、コルメ＝ダージュは一八四五年にロッシがローマ大使に任命されてイタリアに帰還した後ロッシの代理を務めていたのである。このような経緯からであろうか、コルメ＝ダージュは第二帝制崩壊後憲法学の法学教育への導入に積極的であり、これらのことからすれば、コルメ＝ダージュが第三共和制下で当面憲法の講義を担当するのは当然の成り行きであるといえるであろう[25]。ところが、彼は健康上の理由から憲法の講義の担当を同僚のルフェーヴルに依頼し、一八七九年にパリ法科大学を辞職した。そして、ルフェーヴルは同年のみ憲法の講義を担当したようであり[26]、「法科大学における慣例からすれば[27]」、少なくとも憲法の講義についてては彼がコルメ＝ダージュの後任ということになるはずである。ところが、ルフェーヴルがカトリックであることを嫌った公教育相であるフェリーは、憲法の講義を講座化するという「例外的な手段」[28]を用いてルフェーヴルを排除した。すなわち、新設講座の人事については公教育相は法科大学からの推薦を免れることができることから、フェリーはナンシー法科大学長でプロテスタントのジャラベール（民法担当）をコルメ＝ダージュの後任に任命したのである。[29]その結果、パリ法科大学の博士課程における憲法講座は思わぬ形で実現されることになった。[30]ジャラベールは「誕生したばかりの共和国の初代教理教師」[31]といわれ、パリ法科大学の博士課程で一八九二年まで憲法を担当した。[32]このような経緯はともかく、ここで確認すべきは、パリ法科大学の博士課程に憲法講座が設置された一八七九年は本節一（一一九頁）で述べたように共和派の共和国が確立された年であり、「その結果、フランスにおける憲法教育は共和制の確立と密接に結びついて組織された」[33]ということである。このことが意味するのは、憲法学者は「共和制という新しい政治秩序を確たるものとすることに貢献しなければならなかった。共和国のレジストになるべく運命づけられていた」[34]ということであり、この意味で憲法の講義は再開されたのではなく創設されたと捉えるべきであるということになるが、前者の点については本節三で改めて取り上げることにしよう。いずれにしても、ジャラベールが憲法学者としてはほとんど業績を残さなかったのに対して、このような情実人事の犠牲となったルフェーヴル[35]は一八七九年の講義をもとに一八八二年に

『一八七五年憲法の研究（*Études sur les lois constitutionnelles de 1875*）』を出版し（同書については、次節一2で取り上げる）、同書は第三共和制下においてエスマン『憲法原理（*Éléments de droit constitutionnel*）』一八九六年以前に出版された憲法関係書としては比較的よく引用されてきた。ジャラベールの人事が「この新設講義の政治的利用（politisation）へと向かう第一歩」[36]であるといわれる所以である。憲法学の領域で、共和派左派が早くも馬脚を露して世俗性という美名の下で反カトリック政策を強行したわけであるが、同様のいわば「任命の『共和主義化』」[37]は、地方の法科大学の博士課程における憲法の必修科目化[38]（一八八二年）と後ほど述べる学部への憲法教育の導入とに伴ってより大規模な形で繰り返されることになる。

第二に、元老院に提出された法科大学に憲法講座を設置しようとする法案についてである。共和派左派に属する弁護士出身のエローが提出した（一八七八年一一月二二日）この法案には、すでに述べた憲法講座を設置する目的の変化が明確に表れている。すなわち、「フランスは共和国として造られている。［このような］わが国の基本的諸制度が有する精神を法律の解釈にもたらすためには、両者［＝法学教授とその学生］にとってこのこと［フランスが共和国として造られているという事実］を十全に理解することが有益である」[39]。この変化は五・一六事件を経ることによって実質的に共和派の共和国が確立したという事実を反映したものであり、その意味で、この法案は共和派による共和国誕生の「宣言」[40]なのである。現に、マク＝マオン大統領は法案が提出された約二ヶ月後に辞職している（一八七九年一月三〇日）。また、「新しい政治制度［に関する知識を広め、それ］を強固なものにする」[41]という憲法講座設置の目的は、すでに述べた憲法学の法学教育への導入も含めた法学教育改革を促した私立政治学校に対する共和派政府の対応に変化をもたらした。そもそも、憲法教育を既存の法科大学で行う必然性はなく、それどころか、これもすでに述べたことであるが、憲法教育は法科大学の中心である民法学との関係では政治性を帯びた異質な存在であった。そこで出てきたのが、「国家学に関する教育」[42]による行政官僚の養成を目的とする私立政治学校を国有化しようという案である。この案はコストの抑制という点でも魅力的であるが、出資者の反対や学校運営に対する国家による監督の不十分さなどから結局実現されなかった[43]（一八八一年）。しかし本来、共和制を前提とした憲法教育によって共和主義精神を普及させる、あるいは「共和制の教理問答（*catéchisme républicain*）を全国に実効的に普及させる」[44]という憲法教育の目的からすれば、首都であるパリだけではなく、全国の地方法科大学に憲法講座を設置すべきであり、また、そうすること、換言すれば憲法講座をめぐる「法科大学の地方分権化」[45]は、すでに述べた主要都市に総合大学を配置するという高等教育改革の目標にも合致するのである。その結果、私立政治学校の国有化の失敗は、パリ法科大学の博士課程における憲法講座の設置などと相まって、「地方のすべての法科大学に憲法教育を導入することを推奨する代替案に途を開くことになった」[46]。そして、このような流れは一八八二年七月二〇日デクレ[47]へと結実し、これもすでに述べたことであるが、地方の法科大学の博士課程において憲法が必修科目化されたのである。さらに、すでに示唆した（一二〇頁）ようにブーランジェ事件はこのような流れを学部への憲法教育の導入へと導いた。すなわち、リアールに代表される高等教育行政の官僚は、共和政の下における普通選挙がもたらした軍人によるクーデタ未遂事件を、「法科大学における共和制的改革［＝学部への憲法教育の導入］を実現するための機会として」利用したのである。彼らによれば、「法科大学は全国におけるブルジョワの青年を共和制化しなければならない。憲法教育は学部の第一学年から法科大学の学生を教育するに際して基本的な歯車となる[48]」。かくして、ブーランジェ事件の「反動[49]」として、民法学者の反対を押しきって、一八八九年七月二四日デクレによって憲法教育が学部に導入されることになり[50]、「憲法は……学位という観点から一部のエリートにのみ教えられてきたが、［以後、］あらゆる法学教育の主要な諸要因の一つとならなければならない[51]」。このことはフランスにおける法学教育の転換を意味する。つまり、民法学を中心とした法学教育との「決定的な断絶[52]」であり、法曹教育から「公民教育」への転換である[53]。同デクレが「より野心的である」といわれる所以であり、結局、法科大学における憲法教育はフェリー法の法科大学版あるいは法学版ということができる。では、このような転換の下で憲法学者にいかなる役割が求められたのであろうか。

三　レジストとしての憲法学者

共和派左派政権と高等教育行政の官僚とが憲法学者に求めたものは、すでに何度か示唆してきたが、共和制という政治体制とその下における権力行使とを憲法学という学問の名において正当化するということである。サクリストはこのような憲法学者を「共和国のレジスト」というが、レジストのレジストたる所以はそれらを正当化するために理論を用いることにあり、憲法学者がレジストであるためにはそれにふさわしい憲法理論という道具、換言すれば「国家を形造る象徴的な用具一式」を備えていなければならない。(54) ところで、憲法講座が創設されたということは憲法学者も新しく創り出されたということであるが、一八八〇年代の憲法学者は微妙な立場にあった。

当時の憲法学者と対抗関係にあったのはすでに指摘した（一二五頁）民法学者（に代表される伝統的な法学者）だけではなく、学士院の一つである道徳学・政治学アカデミーもそうである。道徳学・政治学アカデミーは第二帝制下の「リベラルな政治家の避難所」になっていたが、(55) その会員は「君主制と民主制の憲法的妥協」という「政治的穏健主義」によって第三共和制憲法の成立に大きな影響を与えたことから、(56) 当時憲法を論じるのにもっともふさわしい論者であるとみなされた。確かに、しかもこれらの論者の中には、ドイツ歴史法学派の歴史的方法とそれによる法学の学問化とを主張したラブレー（前章第二節註（20）参照）がおり、このような主張はすでに述べた（一一三頁）高等教育行政の官僚の科学主義における観察にもとづいた経験的方法と帰納的方法とに結びつく[57]。しかし、道徳学・政治学アカデミーの会員の多くは「オルレアン派の自由主義的大ブルジョワジー」[58]であり、共和派左派とは政治的立場が異なる。さらに、これらの政論家は「開明的なアマチュア」にすぎない。それに対して、高等教育行政の官僚が創出しようとしたのは「法学者として憲法問題に介入する」ことができる「常勤の」専門家なのである[59]。そこで問題になるのが、学問としての憲法学あるいは憲法学の学問化である。

伝統的な法学理論とすでに述べた意味で私立政治学校も含めた道徳学・政治学アカデミーとの二重の対抗関係の中で学としての憲法学の確立に腐心していた憲法学者[60]がとった戦略は、後者の方法論を前者に持ち込むという「優れて混合的なモデル」、より具体的にいえば「科学的（scientifique）法学」あるいは「科学的正当性と法学的正当性の憲法学における混合」である[61]。ここで「科学的」とは「歴史的観察」によって「社会の発展の科学的法則」を明らかにしようとすることであり、その意味で、憲法学は台頭しつつあった社会学を取り入れようとした。さらにいえば、「憲法学をもって、さらには法学全体をもって誕生したばかりの社会科学の重要な一部としようと」[62]したのである。その結果、第三共和制・憲法学・社会学という三者の確立過程は同時進行的であり、その中にあって、憲法学者は「社会的なものに関する技師（*ingénieurs du social*）」としてその結果を立法その他の具体的問題に適用することが求められた。憲法学者は「学問の名における政治制度の専門家」なのである。(64) その意味で、第三共和制の正当化という点で、憲法学は社会学よりも多くを期待されたといえ、それだけ時の政治権力との結びつきがより強いということは否定できないであろう。

すでに述べた（一二三頁および一二四頁）ように、科学性は憲法学の領域のみで求められたわけではなく、高等教育行政の官僚が憲法学をとおして、さらにいえばそれを利用して法学全体に求めたものである。その結果、憲法学も含めた公法学が法学「教育により大きな理論的方向性を付与する」(65)。そして、法科大学の社会的役割は法曹教育から法学研究へと移行し、研究重視という点から講義よりも研究が、学部よりも博士課程が、それぞれ重視され、研究の結果として「学問的に価値のある著作」(66)が求められるようになった。このような傾向は博士課程に多様化・専門化をもたらし、一八九五年四月三〇日デクレによって民法とローマ法に加えて経済学・行政法・法制史・憲法・国際公法・財政法などが設けられ、一八九六年七月二三日アレテによって教授資格が民刑事法・公法・法制史・経済学に分割された。「ジェネラリスト教育からスペシャリスト教育への転換」であり、(67) ここに至って一九世紀半ば以来指摘されてきた私法に偏向した法学教育の弊害(68)が一応克服されたといえる。このように法学の学問化と多様化・専門化とは一体不可分の関係にあり、憲法学はそれらの「最先端の領域（avant-gardiste）」(69)として法学と法学教育との改革の先導役を務めたわけであるが、それを可能にしたのは高等教育行政の官僚との「戦略的同盟(70)」である。すなわち一方で、共和派左派政権と高等教育行政の官僚とは、共和制という政治体制とその下における権力行使とを学問的「中立性というイデオロギー(71)」によって正当化するレジストという「有能な共和主義的専門家の一種の貯蔵庫(72)」を手に入れることができる。その際注意すべきは、権力者はレジストによって形成された規範理論に拘束されるということである。他方で、憲法学者は伝統的な法学理論において本来「周辺的で……副次的な(73)」自らの分野を法学の中でそれなりの地位にまで高め、「学問の名における政治制度の専門家(74)」という評価を得、行政の各種委員会・審議会の委員となることなどをとおして権力の一翼を担う。その結果、権力者が憲法学者を一方的に利用するのではなく、両者は持ちつ持たれつの関係にあり、その意味で両者の関係は「共謀(75)」といえるのである。ただし、このような「共謀」関係の内実あるいは強弱はすでに示唆した(本節註(38))ようにパリと地方では異なり、その結果として「パリと地方のアカデミックな亀裂」が生じることになる。

講座創設時の人事については、すでに述べた(一二七頁)ように公教育相による介入が可能であるが、地方の法科大学の場合には、候補者の数に限りがあるうえ、民法学を媒介とした法科大学と法曹界の強い結びつきのため法科大学が積極的に公教育省の意向に沿うとは限らない。しかも、講座創設時に公教育省の意向に沿った人事がなされたとしても、退職などに伴う後任人事については公教育相による露骨な介入はできない。それに対して、パリ法科大学（法学部）の場合には、公教育相による継続的な介入によって、公法系のポストは宗教的には非カトリックで政治的には共和派左派に近い人物によって占められるようになった。[76] その結果、公法系のスタッフをめぐってパリと地方の間で対抗関係が形成されるが、人事には法科大学（法学部）全体がかかわることからすれば、この対抗関係はパリ法科大学（法学部）と地方の法科大学（法学部）との対抗関係に他ならない。もちろん、ここで問題にすべきは公法系のレジストと反レジストの対抗関係である。ところで、共和派左派政権と公教育省がパリ法科大学（法学部）の「教授団の政治的・学問的管理」[77]にこだわる主たる理由は、相対的に高い学問的権威によって自らの権力と政策とを正当化するためであり、[78] パリ法科大学（法学部）はそのための「共和制に忠実な公法教授のパリにおける……貯蔵庫」[79]、さらにいえば、内閣あるいは公教育省の「付属機関」[80]なのである。そして、パリ法科大学（法学部）のレジストが正当化すべき対象は、一言でいえば、グレヴィー憲法という憲法運用である。[81] グレヴィー憲法というと、議会（多数派）が執行府と行政組織を支配するという議会と執行府の関係が注目されがちであるが、議会と執行府の関係において議会が執行府を支配することができるのは、議院内閣制の下で議会が民主的正当性を独占しているからである。しかも議会は、「法律は一般意思の表明である」という一七八九年の人権宣言（六条）の命題を援用することによって、主権的機関として国民（有権者団）による拘束から解放される。その結果、議会は執行府との横の関係においても、国民（有権者団）との縦の関係においても支配的地位を占め、議会に権力が集中する議会主権といわれる状態が出現するわけである。その際、議会が国民（有権者団）による拘束から解放されるといっても、議会の正当性の源は第二共和制以来の（男子）普通選挙であり、（男子）普通選挙においては均一な市民の意思が表明される。その結果、各市民の個体性（＝特殊性）とその表れである各種中間団体とは排除され、フランスに伝統的な、一般利益を体現する国家と個人とが直接対峙する集権的で一元的な国家観が支配することになる。[82] レジストはこのような集権的で一元的な国家を理論化し、正当化しようとしたわけであるが、それに対して、地方の反レジストは、急進派が支配する議会を抑制するための大統領の強化、議会多数派を弱体化するための比例代表制、組合運動と結びついた利益（職能）代表など多元主義的な改革論によって対抗した。[83] その際、ドレフュス事件を契機として、カトリック思想に立脚した伝統的自然法論が復活したことは重要である。というのは、伝統的自然法論はレジストの憲法理論が前提とする意思主義に立脚した個人主義的な古典的自然法論に対抗することができる枠組みを提供するからであり、それ故、両自然法論の対立は自然法論と法実証主義の対立よりも激しい。[84] それはともかく、反レジストの改革論はカトリック的な公法理論をとおして憲法改革運動へと発展するが、注意すべきは、レジストと反レジストの対立は、サクリストによれば、「共和制の正統性の定義」をめぐる対立[85]であり、反レジストの憲法理論はグレヴィー憲法とは異なる「共和制秩序のもう一つの理論」[86]にとどまるということである。共和制を正当化するというこの共通点は第一次世界大戦を境としてレジストの交代を可能にした（彼によるこのような捉え方の問題性については終章第一節で取り上げる）が、話が進みすぎたようであるので、共和派左派のレジストが形成される以前、つまりエスマン以前に話を戻さなければならない。

（1）野村敬造『フランス憲法・行政法概論』一九六二年一二四―一二七頁、および中木康夫『フランス政治史　上』一九七五年二二九―二四二頁。とくにヴァロン修正条項の成立過程については、cf. Maurice Deslandres, *Histoire constituionnelle de la France*, t.Ⅲ, 1937（rééd. 1977）, pp. 329-333.

（2）宮沢俊義「フランス公法学における諸傾向」同『公法の原理』一九六七年七四頁参照。さらに、cf. Adhémar Esmein, *Éléments de droit constitutionnel français et comparé*, 5e éd., 1909, pp. 61-62 et 565-568 ; Henry Berton, *L'évolution constitutionnelle du second empire*, 1900, pp. 217-218 et 280-326.

（3）モーリス・デュヴェルジェ（拙訳）『フランス憲法史』一九九五年一一一頁。さらに、cf. Pierre Rosanvallon, *Le moment Guizot*, 1985, p. 370 : H. Stuart Jones, *The French state in question*, 1993, pp. 27 and 56.

（4）Guillaume Sacriste, *La République des constitutionnalistes*, 2011, p. 53.

（5）野村・前掲書註（1）、一二八―一三〇頁。さらに、大石眞『議院自律権の構造』一九八八年三三一―三四頁、および小沢隆一『予算議決権の研究』一九九五年四五―四六頁も参照。Carlos-Miguel Pimentel (dir.), *La crise du 16 mai 1877*, 2017 は五・一六事件の議会審議を収録しており（pp. 51-278）、同事件の経緯（pp. 415-445）も含めて便利である。

（6）中木・前掲書註（1）、二四五―二四九頁。

（7）両事件については、同右・二六九―二七九頁および三一二―三二三頁参照。

（8） 樋口陽一『比較憲法［全訂第三版］』一九九二年一五三頁。さらに、拙稿「フランス第五共和制憲法の源流（一）——右翼の憲法改革運動とミッシェル・ドブレを中心に——」法学論叢一二九巻二号一九九一年九五—九八頁も参照。なお、ドレフュス事件は急進派が主導する大衆民主主義をもたらしただけではい。フランスの社会に対するその影響は広くて深く、エスマンが活躍した「実証主義の時代」（高橋和之『現代憲法理論の源流』一九八六年一一〇頁）における法思想・法理論に同事件が与えた影響は看過されてはならない（cf. G. Sacriste, *supra note* (4), pp. 482-483）。すなわち、共和制を擁護するにあたって何らかの実体的な価値の必要性が痛感され、その結果実証主義は大きな変容を被らざるをえなかった（H.S. Jones, *supra note* (3), pp. 40-41）が、その法学における現象が（伝統的）自然法論の復活である（拙著『法人・制度体・国家——オーリウにおける法理論と国家的なものを求めて——』二〇一五年五九—六〇頁参照）。ここで留意すべきは、この場合の自然法論が立脚しているのは個々の人間の本性というよりも諸個人によって形成される集団の社会性だということである（Marie-Joëlle Redor, *De l'état légal à l'état de droit*, 1992, p. 79. さらに、cf. Jean-Louis Sourioux, "La doctrine française et le droit naturel dans la première moitié du XXème siècle", Revue d'histoire des facultés de droit et de la science juridique, 1989, p. 159, 中井淳『デュギー研究』一九五六年一四八頁も参照）。さらに、前掲拙著註（8）、五一—五二頁も参照。また、ドレフュス事件によって「大学は大学としての自らの存在を自覚した」といわれる（Marc Milet, Les professeurs de droit citoyens. Entre ordre juridique et espace public. contribution à l'étude des interactions entre les débats et les engagements des juristes français (1914-1995), thèse (Université Paris II), 2000 (microfiche), p. 25）。

（9） M.-J. Redor, *supra note* (8), p. 8.

（10） 本段の概略は、前掲拙著註（8）、四二—四四頁および六七頁に拠る。

（11） 上垣豊『規律と教養のフランス近代』二〇一六年一九七—二〇五頁参照。さらに、cf. Pierre Favre, *Naissances de la science politique en France (1870-1914)*, 1989, p. 28. 反教権主義政策に対するカトリック勢力の反撃ついては、前掲拙著註（8）、九九頁註（147）参照。

（12） 上垣・前掲書註（11）、三八頁参照。さらに、cf. Arnaud Lami, *Tutelle et contrôle de l'État sur les universités françaises, mythe et réalité*, 2015, p. 13.「ドイツ型大学は……フランス高等教育の散逸さ、評価の低さの傍証として、時として嫉妬の対象とさえなり」（野上博義「第三共和制のフランス知識社会と社会科学の形成に関する試論」名城法学三三巻三・四号一九八三年一〇頁）えたが、法学の領域では、後ほど述べるように、法学教育改革の結果、法学と法学教育とに対する評価において重点が法曹教育から研究へと移行する中、「ドイツという鏡」（Nader Hakim et Fabrice Melleray, "La Belle Époque de la pensée juridique française" in Nader Hakim et Fabrice Melleray (dir.), *Le renouveau de la doctrine française*, 2009, p. 4）を援用することが「密かな役割」を果たした（Guillaume Richard, *Enseigner le droit public à Paris sous la Troisième République*, 2015, pp. 78-81）ことは否定できない。

（13）前掲拙著註（8）、四三頁。

（14）Louis Liard, *L'enseignement supérieur en France 1789-1894*, t. II, 1894（rééd.）, p. 397. さらに、cf. Le même, "La réforme de la licence en droit", Revue internationale de l'enseignement, 1889, p. 117. リアールについては、白鳥義彦「ルイ・リアールとフランス第三共和政の高等教育改革」神戸大学文学部紀要四一号二〇一四年一四四—一四九頁参照。

（15）前掲拙著註（8）、六三—六四頁および六六—六七頁、ならびに本書前章第一節註（78）および前章第二節註（20）参照。

（16）Ibid., p. 114.

（17）法制史の講義は法学教育改革を象徴する科目（「前衛的講」））として一八八一年に開設された（前掲拙著註（8）、六七頁）が、当初は通年科目であったところ、後ほど述べる一八八九年の憲法教育の導入に伴って半期科目へと変更された。そして、第一セメスターの法制史と第二セメスターの憲法とを古法→中間法→憲法というように連続的に捉えて、同一人物が両科目を担当することがあった。その結果、「憲法学は歴史的科目として法科大学の中に学問的に組み込まれ」（G. Richard, *supra note*（12）, p. 437）、事実上、憲法の講義は法制史の講義の一部を構成した（cf. Guillaume Sacriste, "Droit, histoire et politique en 1900. Sur quelques implications politiques de la méthode du droit constitutionnel à la fin du XIXème siècle", Revue d'histoire des sciences humaines, 2001, p. 87 note 87 ; G. Sacriste, *supra note*（4）, p. 253 note 9）。その際、法制史の中心は公法とならざるをえないが、このような法制史と憲法学の結びつきは長続きすることなく、これも後ほど述べることであるが、一八九五年の博士課程改革と翌年の教授資格の分割とによって否定された。さらに、法制史は一九〇五年に通年科目とされた（Alphonse de Beauchamps, *Recueil des lois et règlements sur l'enseignement supérieur*, t. VI, 1909, pp. 758-759. さらに、cf. p. 755）ことから、私法を中心に古法を対象とする本来の姿に戻った。

(18) L. Liard, supra note（14）, p. 115. さらに、cf. p. 124.
(19) G. Sacriste, *supra note*（4）, p. 28.
(20) *Ibid.*, pp. 62-63.
(21) Cf. *ibid.*, p. 54 ; G. Richard, *supra note*（12）, pp. 58-67.
(22) 私立政治学校については、同右・六八頁参照。
(23) G. Sacriste, *supra note*（4）, p. 71.
(24) 碧海純一・伊藤正己・村上淳一編『法学史』一九七六年二〇八頁（山口俊夫執筆）、および山口俊夫『概説フランス法　上』一九七八年一一五頁。
(25) 詳しい経緯は明らかではないが、コルメ＝ダージュは一八七一年から翌年にかけて博士課程において憲法の講義を担当している（cf. G. Richard, *supra note*（12）, p. 841）。
(26) Cf. *ibid.*
(27) G. Sacriste, *supra note*（4）, p. 75. 具体的には、cf. Le même, "Adhémar Esmein en son époque Un légiste au service de la République" in Stéphane Pinon et Pierre-Henri Prélot（dir.）, *Le droit constitutionnel d' Adhémar Esmein*, 2009, p. 14.
(28) G. Sacriste, *supra note*（4）, p. 76.
(29) Cf. Alphonse de Beauchamps, *Recueil des lois et règlements sur l'enseignement supérieur*, t. I, 1880, p. 141.

（30）ジャラベールの人事については、さらに、cf. Guillaume Sacriste, "Le droit constitutionnel de la République naissante : collusions entre sphère politique et doctrine au nom du nouveau régime" in Annie Stora-Lamarre, Jean-Louis Halpérin et Frédéric Audren（dir.）, *La République et son droit（1870-1930）*, 2011, p. 391.

（31）G. Sacriste, *supra note*（4）, p. 79.

（32）Cf. G. Richard, *supra note*（12）, pp. 841-842. 講義の概要については、cf. pp. 488-489.

（33）G. Sacriste, *supra note*（4）, p. 12.

（34）*Ibid.*, p. 15.

（35）ルフェーヴルは定年（一九一九年）までパリ大学法学部に在籍し、専門分野は法制史の中でも家族法の領域である（Patrick Arabeyre, Jean-Louis Halpérin et Jacques Krynen（dir.）, *Dictionnaire historique des jurists français XIIe-XXe siècle*, 2e éd., 2015, p. 632（écrit par Jean-Jacques Clère））。

（36）G. Sacriste, *supra note*（4）, p. 80.

（37）Ibid., p. 395.

（38）Cf. *ibid.*, pp. 85-87. ただし、各地方のさまざまな事情によって、公教育行政側の意向が憲法担当者の人事にストレートに反映されたとはいえない（cf. pp. 89-91）。その結果、反カトリックは積極的にプロテスタントを意味するわけではなく（一二一―一二二頁参照）、無神論なども含めたカトリックではないことである。それに対して、パリ法科大学（法学部）への人事介入は強力かつ継続的に行われたことなどから、やがて「パリと地方のアカデミックな亀裂」（p. 390）が鮮明となるが、この点については本節三で取り上げる。なお、人事に際して、共和制の容認は当然の前提であり、この前提に加えて政治的立場、さらには活動（共和派左派の有力者との距離）が考慮されたようである（cf. pp. 77-79 et 202）。

（39）Journal officiel du 21 novembre 1878. エローについては、cf. Adolphe Robert, Edgar Bourloton et Gaston Cougny（dir.）, *Dictionnaire des parlementaires français*, t.Ⅲ, 1890（rééd., 2000）, pp. 347-348.

（40）G. Sacriste, supra note（27）, p. 13.

(41) G. Sacriste, *supra note* (4), p. 72.

(42) 前掲拙著註（8）、六八頁。

(43) *Ibid.*, pp. 66-69. また、共和派左派政権からみてあまりにも保守的な私立政治学校の影響力を国有化によって弱めるという政治的意図もあったようである（pp. 60 et 66）。なお、私立政治学校は第二次世界大戦後ド・ゴールによって公立化された（一九四五年）。

(44) *Ibid.*, p. 94.

(45) *Ibid.*, p. 71.

(46) *Ibid.*, p. 80.

(47) Alphonse de Beauchamps, *Recueil des lois et règlements sur l'enseignement supérieur*, t. III, 1884, pp. 634-635.

(48) G. Sacriste, *supra note* (4), p. 118. さらに、cf. L. Liard, supra note (14), p. 116.

(49) G. Sacriste, supra note (30), p. 389. さらに、cf. Le même, supra note (27), p. 26.

(50) Alphonse de Beauchamps, *Recueil des lois et règlements sur l'enseignement supérieur*, t. V, 1898, pp. 10-14. すべての法科大学に憲法講座が設置されたのは一八九二年であるが、パリ法科大学（法学部）を中心とする憲法学の法学教育への導入に関する簡潔な叙述として、cf. Dominique Rousseau, "Le droit constitutionnel. De la Faculté de droit de Paris à l'Ecole de droit de la Sorbonne : la même recherche de la mesure" in Pascale Gonod, Anne Rousselet-Pimont et Loïc Cadiet (dir.), *L'Ecole de droit de la Sorbonne dans la Cité*, 2012, pp. 141-145（ただし、同論文には事実誤認や不正確な記述が散見される）. なお、一八三〇年代におけるすべての法科大学への行政法講座の設置が、「四〇年代にかけて［、］行政法講座担当者によるフランス行政法の体系書の出版競争」（兼子仁「一九世紀におけるフランス行政法学の形成——ドゥ・ジェランドーからE・ラフェリエールまで——」兼子仁・磯部力・村上順『フランス行政法学史』一九九〇年九二頁）をもたらしたように、一八八〇年代から九〇年代にかけて憲法の教科書が出版されたが、この点については、次節二および三で取り上げる。また、専門書については、cf. P. Favre, *supra note* (11), p. 218 note 1.

（51）L. Liard, supra note (14), p. 115. cf. Antoine Saint Girons, *Manuel de droit constitutionnel*, 2e éd., 1885, p. II ; André Weiss, "Notice sur la vie et les travaux de M.A. Esmein" in S. Pinon et P.-H. Prélot（dir.）, *supra note*（27）, p. 260.

（52）G. Sacriste, *supra note*（4）, p. 120.

（53）Jean-Louis Halpérin, "Un gouvernement de professeurs : réalité ou illusion?" in Le même（dir.）, *Paris, capitale juridique*（*1804-1950*）, 2011, p. 74.

（54）G. Sacriste, *supra note*（4）, p. 19. 共和制と議院内閣制の結合というそれまで経験したことのない政治体制に対応しなければならなかった「共和国のレジスト」は、程度あるいは規模の違いはあるにせよ、山室信一のいう法制官僚（山室信一『法制官僚の時代』一九八四年）に近いといえるであろう。

（55）前掲拙著註（8）、六七頁。

（56）*Ibid.*, p. 101. とりわけ、Lucien-Anatole Prévost-Paradol, *La France nouvelle*, 1868 ; Le duc de Broglie, *Vues sur le gouvernement de la France*, 1870 ; Édouard Laboulaye, *Questions constitutionnelles*, 1872 の影響は重要である。これらのうち、プレヴォ＝パラドルについては、宮沢俊義『憲法と政治制度』一九六八年一五一―一六五頁参照。

（57）なお、道徳学・政治学アカデミーと私立政治学校は、構成員の重複や方法論の共通性など（前掲拙著註（8）、六七―六八頁参照）から、憲法学者の対抗勢力として一括りにすることができる。

（58）G. Sacriste, *supra note*（4）, p. 99.

（59）*Ibid.*, pp. 135 et 146.

（60）Cf. Julien Boudon, "Esmein, le droit constitutionnel et la Constitution" in S. Pinon et P.-H. Prélot（dir.）, *supra note*（27）, p. 87.

（61）G. Sacriste, *supra note*（4）, pp. 131 et 162.

（62）*Ibid.*, pp. 135 et 137. その際、「歴史的観察」それ自体には価値あるいは理念が含まれていないので、その結果と規範理論とを結びつけるためには何らかの媒介が必要となる。その結果、「歴史的観察」にもとづく多くの法学理論は二元的に構成されることになるが、この点サレイユについては、前掲拙著註（8）、一一〇―一一一頁註（231）

を、次章で論じるエスマンについては、さしあたり、一〇九—一一〇頁註（229）を、それぞれ参照。

（63）*Ibid.*, p. 140. 民法学者は法学が社会学的な要素を取り込むことに対して批判的であった（同右・一六七頁註（115））が、社会学に対する立場の違いは世代間の対立でもあるといえる（pp. 144-145）。例えば、憲法学の領域でいえば、エスマンが社会学を取り入れることに消極的であったのに対して、オーリウやデュギーは積極的であった。

（64）*Ibid.*, p. 163. その際、憲法学者による社会学の利用と民法学に代表される伝統的法学との断絶とを強調するのは適切ではなく、すでに述べたように憲法学者の戦略はあくまで両者の混合である（pp. 140-141）。

（65）Jacqueline Gatti-Montain, *Le système d'enseignement du droit en France*, 1987, p. 86.

（66）G. Sacriste, *supra note*（4）, p. 121. その結果、これまで以上に学位論文が重視されるようになり、その数と量とは増す（一九一〇年まで受理されたものを対象とすれば、数については約三倍、量については、平均すれば、それまで二〇〇頁に満たなかったものから三五〇頁以上のものへ）とともに、すぐ後で述べる教授資格の分割によってそのテーマは多様化した（pp. 186-187）。このような変化は論文指導の負担を大きくし、このことが公法担当（一八九〇—一九二一年（cf. G. Richard, *supra note*（12）, pp. 841-843））で「良き教授として知られている」（宮沢俊義『公法の原理』一九六七年一〇三頁）ラルノードをはじめとする博士課程所属のスタッフの寡作の原因の一つであるといわれる（G. Sacriste, *supra note*（4）, p. 189 note 41）が、はたしてそうであろうか、あるいはたとえそうであるとしても、この事実によって寡作を正当化することができるであろうか。また、論文指導が地方の法科大学（法学部）ではパリほど順調ではなかったことが学生の前者から後者への流出を招いたといわれる（*ibid.*, pp. 190-191）。なお、法学と法学教育との改革の結果、地方の法科大学（法学部）のスタッフの間では、体系書よりも雑誌論文の執筆が重視されるようなったという指摘がある（Christophe Charle, *La République des universitaires 1870-1940*, 1994, pp. 270-271）が、当時論文発表の主要な場の一つであった『公法雑誌』の創刊については、次章第一節一で取り上げる。

（67）前掲拙著註（8）、六四頁。すでに述べたように憲法講座はすでに設置されていたが、このデクレによってそれを博士課程における法学教育全体の中に位置づけたということである。なお、ここで憲法（droit constitutionnel）

と政治法（droit politique）の関係についてふれておきたい。両者はほぼ同義であるが、政治法という用語は一九世紀末以降ほとんど用いられなくなった。実は、そのあたりの事情はある意味では明治期のわが国と似ているといえなくもない。すなわち、わが国の場合、憲法という用語は、幕末から明治初期にかけてConstitution, Verfassungの翻訳語として、国憲・政体・政法などとともに用いられていたが、明治一四年の政変をうけて立憲体制導入の一環として伊藤博文を憲法調査のためにヨーロッパに派遣することを命じた勅語（一八八二年）において憲法という用語が用いられて以来、これらの翻訳語として憲法という用語が確立された（小嶋和司『憲法学講話』一九八二年一—二頁）。フランスの場合、一九世紀末以降、憲法という用語が憲法講座に関する法令で用いられ、憲法講座の定着とともに政治法という用語は用いられなくなった。なお、ロッシが講義録のタイトルに政治法ではなく憲法という用語を用いたのは、憲法講座の設置を決定したギゾーの立場（本書六二—六三頁参照）に従って、講義においては、フランス人の公権を「思弁的な法や哲学的な法の中にではなく、実定法の中に求めなければならない」（Pellegrino Rossi, *Cours de droit constitutionnel*, t. II, 1866, p. 1）からである（さらに、同右・序章第一節註（20）も参照）。もっとも、講義の中では政治法という用語は用いられている（cf. t. III, 1867, pp. 372 et 376 ; t. IV, 1867, p. 38）。

（68）前掲拙著註（8）、六三—六四頁参照。
（69）G. Sacriste, *supra note* (2), p. 112.
（70）*Ibid.*, p. 166.
（71）*Ibid.*, p. 233.
（72）*Ibid.*, p. 214.
（73）*Ibid.*, p. 95.
（74）*Ibid.*, p. 163.
（75）*Ibid.*, p. 234.
（76）*Ibid.*, pp. 194-203. さらに、cf. Guillaume Sacriste, "La doctrine constitutionnelle et la loi au tournant du XXe siècle",

Parlement(s), Revue d'histoire politique, 2009, pp. 46-47.

(77) *Ibid.*, p. 214.

(78) その他には、地理的に近いこと、優秀な人材が集まることなどといった一種の採算性（cf. *ibid.*, p. 184）が考えられるが、見逃してはならないのは、パリ法科大学（法学部）のスタッフが専門学校や私学の非常勤講師を勤めることが多かったという事実である。というのは、共和派左派政権にとって、それらに通うブルジョワの子弟に対しても共和制の精神を教育することは重要だからである（*ibid.*, pp. 210-211）。そして、パリ法科大学（法学部）のスタッフはそれらの非常勤講師によって「学問的資本を社会的資本に『転換する』ことができる」（p. 219）。

(79) *Ibid.*, p. 166.

(80) *Ibid.*, p. 225. このようなサクリストの捉え方に対して、人事の政治化はそれほど簡単ではない（M. Milet, supra note (8), p. 45）、法科大学（法学部）への政治的介入は限定的である（G. Richard, *supra note* (12), p. 41）、レジストはパリ大学法学部では少数派にとどまる（春山習「フランス第三共和制憲法学の誕生——アデマール・エスマンの憲法学——」早稲田法学九二巻四号二〇一七年七〇頁）などといった批判・反論がある。

(81) 具体的には、大石・前掲書註（5）、三四頁参照。

(82) 共和派左派におけるこのような集権的で一元的な国家観とその政権下で一九〇一年に制定された結社法との関係をいかに理解するかは問題であるが、少なくとも同法の制定者の理解においては、結社は契約によって結成され、構成員に還元できない結社に固有の要素を含まないので、実体としては中間団体ではないというように理解することも可能である（前掲拙著註（8）、一八六―一八九頁参照）。

(83) 拙稿「フランス第五共和制憲法の源流（一）——右翼の憲法改革運動とミッシェル・ドブレを中心に——」法学論叢一二九巻二号一九九一年九八頁参照。このうち、職業組合（syndiact professionnel）、とくに教員（instituteurs）組合をめぐる問題はそれらに反対するレジストと賛成する反レジストとの重要な対立点の一つであり、反レジストは組合運動に関与することによって一般的な注目を集めるようになった（*ibid.*, pp. 426-477）。職業組合については、高村学人『アソシアシオンへの自由』二〇〇七年一七五―一八二頁参照。

（84）自然法論の復活については、前掲拙著註（8）、五八―六二頁を、伝統的自然法論と古典的自然法論の対立については、八七―八八頁註（77）を、それぞれ参照。
（85）G. Sacriste, supra note（27）, p. 29.
（86）G. Sacriste, *supra note*（4）, p. 24.

第二節　エスマン以前の憲法学

ここでエスマン以前の憲法学とは、第三共和制憲法が制定されてからエスマン『憲法原理』一八九六年が出版されるまでの約二〇年間の憲法学を意味する。すでに示唆した（前節註（50））ように法科大学への憲法教育の導入は憲法の教科書を出現させたが、この間の憲法学は、フランスにおいてもわが国においても、これまであまり論じられることがなかった。その原因の一つは、エスマンが同書の中で、同憲法との関係で「特別な価値」があるのは、「理論的な」観点からはルフェーヴル『一八七五年憲法の研究』一八八二年のみであり、「実際的」観点からはピエール『政治法・選挙法・議会法論（*Traité de droit politique, électoral et parlementaire*）』一八九三年のみであるとして、すぐ後で挙げる教科書にはこのような「特別な価値」を認めなかったことにある[1]。ところで、ある論者によれば、憲法の教科書の出版に関して、一八八二年の博士課程への憲法教育の導入によって「第一の波」が、一八八九年の学部へのそれによって「第二の波」が、それぞれもたらされた。

この論者は、「第一の波」に属する論者としてサン・ジロン、モリニエを、「第二の波」に属する論者としてオメートル、モロー、ド・ラ・ビーニュ・ド・ヴィルヌーヴを、それぞれ挙げている。(2)

具体的には、

「第一の波」として、
Antoine Saint Girons, *Manuel de droit constitutionnel*, 1884
Victor Molinier, *Cours élémentaire de droit constitutionnel*, 1885
「第二の波」として、
Théophile Aumaître, *Manuel de droit constitutionnel*, 1890
Marcel de La Bigne de Villeneuve, *Éléments de droit costitutionnel français*, 1892
Félix Moreau, *Précis élémentaire de droit constitutionnel*, 1892

である。本節では、「第一の波」に属する両者を取り上げる。というのは、サン・ジロンはカトリックであるのに対して、モリニエはレジストであるというように両者は対照的だからである。また、「第二の波」に属する論者についてはド・ラ・ビーニュ・ド・ヴィルヌーヴとモローを取り上げることにする。前者についてはレジストではないからであるが、後者を取り上げる理由については三2で示すことにしよう。これらの論者については、憲法学の対象・方法論・国家の枠組みに注目したい。ところで、法科大学で憲法の講義を担当するわけではないが、重要な論者がいる。その一人は、パリ法科大学において憲法講座を再開するに際してその担当者として最有力候補と目されていたルフェーヴルである。前節二（一二六―一二七頁）で述べた経緯からすれば、ここでルフェーヴルを取り上げることは当然であろう。もう一人はブトミーであり、憲法学の方法論が確立されていない一八八〇年代において、ブトミーの方法論は「憲法の科学的分析に関する支配的モデル」[3]として認められていたといわれる。これら両者は「第一の波」に先立って取り上げることにしよう。

一　ブトミーとルフェーヴル

1　ブトミーの方法論

すでに述べた（一二五頁）ようにブトミーは私立政治学校を設立したが、その主たる目的は、歴史学・行政学・経済学などから成る「国家学（sciences d'État）」をとおして行政官僚を養成することである[4]。その際、これらの科目に共通する方法論は存在しないが、彼が私立政治学校において担当した憲法については、その方法論が確立されていない一八八〇年代において依拠しうるのはロッシのみであろう[5]。そのロッシは、前章第一節三で論じたように、ドイツ歴史法学派の影響の下、法理論一般においても憲法理論においても歴史を重視していたのに対して、ブトミーは若い頃から歴史に強い関心を示すとともに、[6]アカデミーの会員として歴史的方法によって註釈学派を克服しようとした（一三一―一三二頁参照）。その際、観察にもとづいた経験的で帰納的な方法によって法学教育を改革しようとするという点ではブトミーと高等教育行政の官僚とは一致するが、そのために、後者が法科大学を改革しようとしたのに対して、前者は制定法を前提とした形式主義的で演繹的な方法が支配する法科大学に見切りをつけて、すでに述べた意味における「国家学」にふさわしい特別な教育機関としての私立政治学校を設立したのである。ただし、私立政治学校の成功が法科大学の改革を後押ししたことは否定できない。[7]では彼は、歴史の重視という点からいかなる憲法学の方法を提唱したのか。

ブトミーが憲法学において目指すのは、社会的事実の観察にもとづいて政治制度の背後に隠された社会的論理を発見することである。このような目的にとって重要なのは、政治制度について規定する「憲法に先行する諸力」であり、憲法の諸機構を「支えあるいは動かす精神的で社会的な諸力」である。[8]となると、彼の関心が不文憲法の国であるイギリスに向かうのは当然であり、[9]彼もアングロマニー（anglomanie）[10]に属するが、伝統的なアングロマニーが穏健な統治の下における政治的自由を重視するのに対して、彼の場合には力点が憲法の存在形式に置かれているといえる（もちろん、このような自由の存在が前提であるが）。それはともかく、成文憲法の背後に存在する諸力として観察の対象となるのは慣習・歴史・地理・集団心理・経済などである。[11]憲法学の方法として、このように社会学も含めたさまざまな知見を広く取り込むことに対する「コンセンサス」が当時存在しており、この点で彼が法科大学において創設された憲法の講義を担当することになった若手に大きな影響を与えたといわれるが[12]、彼の方法は制定法から出発する演繹的思考を否定して憲法を論じるにあたって歴史的観察を重視するということ以上のものではない。しかし、だからといって彼を低く評価するのは適切ではなく、「歴史と比較法」が一九世紀末のフランス法学界における新しい共通の方法論となりつつある（前章第一節（註（76））状況の下で、彼はこのような動向の憲法学への先導役を務めたといえる。その意味で、彼は「憲法の科学的分析の創始者」[13]なのである。このような彼の主著である「統治に関するイギリスとフランスとの思想の対比をアメリカにまで拡大する」[14]『憲法研究：フランス・イギリス・アメリカ（*Études de droit constitutionnel : France, Angleterre, États-Unis*）』の初版が出版されたのは第三共和制憲法が制定されてからわずか一〇年後の一八八五年であることからすれば、憲法学の方法論の精緻化あるいは体系化と同憲法へのその適用とは若い世代に委ねられたとみるべきである。

2　ルフェーヴル『一八七五年憲法の研究』

ルフェーヴル『一八七五年憲法の研究』は法科大学に所属する論者が初めて著した第三共和制憲法に関する単行本であろう。その形式は、体系書（traité）でもなければ概論書（précis）でもなく、専門書（dissertation）である。このことは同書が雑誌論文をもとに一冊の書にまとめられたものであることからもいえるが、その内容が「現行憲法の歴史と顕著な特徴」とを素描するものであることからすれば、同書は同憲法の概説書であるといえる。[15] ただ、同書が出版された時点では同憲法が制定されてから七年しか経過しておらず、いまだ同憲法の運用の蓄積は不十分であることから、同書では同憲法以前の憲法運用、とくに復古王政期と七月王政期とのそれが援用されることが多い。[16] しかし、同書は一八七七年の五・一六事件（一一八―一一九頁参照）後に出版されたことから、同事件によってもたらされたいわゆるグレヴィー憲法（＝一元型議院内閣制的憲法運用。さらに、一三五―一三六頁も参照）を同書がいかに捉えているかは興味深い。また、彼は同憲法の特徴を、同憲法が統一的な法典ではなく三つの法律によって構成されていること、人権宣言の欠如、共和制の下における議院内閣制である（二〇―二三）としつつ、同書における同憲法の素描の主たる対象は「議院内閣制の本質的特徴」（二）であるという。そこで以下では、議会と執行府の関係に焦点を当てることにしよう。

ルフェーヴルの議院内閣制論の特徴は、議院内閣制を国家元首の地位を中心にティエール型とギゾー型に分ける点にある（九〇―九一）。ティエール型とは、コンスタンとプレヴォ＝パラドル[17]との影響の下、「君主は君臨すれども統治せず」とされ、中立権あるいは調整権の担い手として有権者団も含めた公権力間の仲裁者として位置づけられる。中立権あるいは調整権の中でもっとも重要なのは、議会と執行府が対立した場合に行使される解散権である。ティエール型で看過してはならないのは、中立権あるいは調整権と執行権とが分離され、前者は国家元首に、後者は内閣に、それぞれ帰属するという点である。それに対して、ギゾー型は「王位は空しい玉座ではない」とされ、そこにおける執行権の帰属主体は国家元首であり（その際、解散権の帰属主体が国家元首であるということは前提であろう）、その国家元首によって任命される内閣は議会と国家元首に対して二重の責任を負う。その結果、国家元首には一定の範囲で国政への介入が認められる。このような区別はエスマンに受け継がれ(18)、本書の筆者はティエール型を擬二元型議院内閣制と、ギゾー型を本来の二元型議院内閣制と、それぞれ呼ぶ(19)。その際、必ずしも明らかでないのは、ルフェーヴルが、議院内閣制をティエール型（擬二元型議院内閣制）とギゾー型（本来の二元型議院内閣制）とに分けているのか、それとも、いずれか一方（おそらくギゾー型（本来の二元型議院内閣制））のみが議院内閣制で他方はそうではないと考えているのかである。いずれにしても、ルフェーヴルによれば、一八一四年憲章（一三条）・一八三〇年憲章（一二条）・第三共和制憲法（公権力の組織に関する一八七五年二月二五日法律三条）において執行権の帰属主体が国家元首とされていることから、ギゾー型（本来の二元型議院内閣制）の方が実定憲法の分析モデルにふさわしいが、問題はギゾー型（本来の二元型議院内閣制）の中身である。この点を明らかにするには、彼による第三共和制憲法の分析について検討しなければならない。

第三共和制憲法における大統領は「立憲君主にならった」（六四）ものであり、その権限は「君主の権限を束ねたもの」（一五〇）である。しかし、大統領の権限行使には大臣の副署が必要である（公権力の組織に関する一八七五年二月二五日法律三条）ことから、大統領は「権力のほとんどの実体」（六八）を奪われて「無答責でほとんど活動的ではなく」（七二）なり、それに対して、内閣が「政治の世界全体の中心（point de mire）」（七九）となる。ルフェーヴルによれば、内閣は「議院内閣制におけるもっとも活動的な機関」（同）であり、「本質的な機関」（七八）である。その結果、大統領は完全に名目化してしまうのかというとそうではなく、世襲ではなく、元老院と代議院とから成る国民議会によって選出される（同法律二条）ことから、一定の範囲で国政に関与することができる。[20]したがって、五・一六事件は当然の憲法運用であり、問題はむしろその結果もたらされたグレヴィー憲法（＝一元型議院内閣制的憲法運用）である（七四―七五および一〇〇―一〇二）。すなわち、国政に介入する大統領と議会とを「媒介」（一〇二）するのが内閣であり、そのためには内閣は議会多数派を主導しなければならないにもかかわらず、逆にそれに振り回されている現状ほど「悲惨なものはない」（一〇九）。「純粋な理論」（一〇四）においては、大統領が大臣を任命し、議会がその責任を追及することによって、内閣は両者を協働させるべきであるにもかかわらず、現実においては議会の側に引きつけられているのである。それだけ大統領の大臣任命に伴う選択の幅は狭められるわけであるが、注目すべきは次のような主張である。その幅を拡大するには、議会多数派の不安定・その首長の欠如・議会の分裂が必要であるが、そうすれば、「議院内閣制の良好な機能にとって本質的な何らかの条件」（一〇五）が欠如する。逆にいえば、議院内閣制を良好に機能させれば大統領は名目化する。ここには一元型議院内閣制論の萌芽が含まれているとみるべきであるが、一元型議院内閣制論者であるカレ・ド・マルベールはルフェーヴルの議院内閣制論におけるこのような一元型議院内閣制的要素を指摘しない。[21] 他にもその後の議院内閣制論に有効に継受されなかったものとして政党問題がある。ルフェーヴルによれば、「強固に組織された内閣を有しない議院内閣制は存在しない」[22]（一一三）にもかかわらず、それを阻んでいる「元凶」（一一〇）は強固な政党組織の欠如である（一一三および一一〇）。ここにも、彼の議院内閣制論の一元型指向を窺うことができるであろう。

以上のようなルフェーヴルの議院内閣制論はイギリス憲政史を踏まえたものであり、そこには侮れない要素が含まれているといえる。しかも、『一八七五年憲法の研究』はエスマン以前の憲法学の中では第三共和制下の憲法学界において比較的よく引用された。ところが、第三共和制下の憲法学界において二元型議院内閣制論が主流なったということからみても、一元型を指向する彼の議院内閣制論がカレ・ド・マルベールも含めた次の世代に有効に継受されたとはいえない。いずれにしても、不本意な形で憲法学から離れたルフェーヴル（一二六—一二七頁参照）が、主流の二元型議院内閣制論がグレヴィー憲法（＝一元型議院内閣制的憲法運用）という現実と乖離した形で展開されるようになったその後の事態をどのように評価していたのかは知る由もない。

二 「第一の波」

1 サン・ジロン

すでに述べた（前章第三節註（45）。さらに、一四九頁も参照）ように、エスマン『憲法原理』が出版されるまではロッシ『憲法講義』が憲法学の「モデル」であった。また、後者は「体系書の性質を有する憲法学に関するほとんど唯一の重要な著作[23]」であったともいわれる。しかし後者は、その量と叙述からすれば、学生の学習用の教科書にふさわしいとはいえない。その結果、法科大学の博士課程において憲法が必修科目化された（一二八頁）一八八〇年代の前半には憲法の教科書・体系書は「まばらであり[24]」、さらにいえば「その欠如」が嘆かれていた[25]。そこに出現したのがサン・ジロン『憲法論（*Manuel de droit constitutionnel*）』一八八四年である。サン・ジロンは『政治・行政・司法における権力分立に関する試論（*Essai sur la séparation des pouvoirs dans l'ordre politique, administratif et judiciaire*）』一八八一年によってその名がすでに知られていた弁護士であるとともに、私立（libre）法科大学教授である。『憲法論』の目的は「法学教育を目的とする一連の著作における［憲法の教科書・体系書の］欠缺を埋めること[26]」である（ただし、その主たる対象は博士課程の学生）。同書が出版された一八八四年は、共和派による共和国の支配の確立を形式的意味の憲法のレベルで確定するために共和制を憲法改正の対象とすることを禁じた憲法改正がなされた年であり、この憲法改正をうけて、同書には翌年この憲法改正などに関する補遺（「一八八四年憲法法律の研究」など）が追加されて、第二版が出版された。以下、第二版を用いて、すでに述べた（一四八頁）憲法学の対象・方法論・国家の枠組みの順で同書を概観することにしよう。

第一に、憲法学の対象についてである。サン・ジロンによれば、「憲法とは、……公権力の創設・組織化・分配を規制するそれ［法］であり、したがって、少なくとも原理として、個人の保護と自由を保障するために市民に認められた権利とを規定する」[27]（三）。その結果、『憲法論』には人権論も含まれるべきであるが、人権論については別巻が予定されている[28]ことから、同書の対象は「公権力とその組織および機能において市民が果たす役割」（Ⅲ）とである。具体的には、同書は国民主権、憲法制定権力・憲法改正・憲法によって設定された権力、統治形態、代表制と選挙、立法権、執行権、公権力間の協働、その手段および司法権によって構成されている。同書は、著者の「君主主義的信条[29]」の故にエスマンに無視されて後世に対する影響力をあまり発揮してこなかった[30]が、エスマン『憲法原理』に一〇年以上先行する質（英米を主たる比較の対象とし、政治的考慮を排した公平な「法律家（jurisconsulte）」（Ⅳ）の立場に徹する）・量（約六〇〇頁）ともに本格的な体系書であり、再評価されるべきである。

第二に、このような憲法学の対象を分析し論じるための憲法学の方法についてである。憲法学の方法は学としての憲法学の確立にとってもっとも重要であるが、この点サン・ジロンによれば、「歴史と比較法」(Ⅲ)を用いた「経験的方法」(Ⅳ)のみが「政治において現実的結論への到達を可能にする」(四)。そして、「経験と観察に訴える」(九二)のは一七・八世紀の古典的自然法論とそれに立脚した革命期の議論とを否定するためである。というのは、革命期の「抽象的精神」が「われわれの憲法に関する不幸の原因」だからである(七)。このように「経験的方法」によって古典的自然法論を否定することに、ある論は「経験的方法」の「不純な動機」(31)を見出すが、はたしてそうであろうか。むしろ、「経験的方法」によって古典的自然法論を否定することは前章第一節一および三で論じたようにドイツ歴史法学派からロッシへという流れにつらなる。したがって、「歴史と比較法」あるいは「経験的方法」と古典的自然法論とは本来二律背反的であるとまではいえないにしても非親和的であり、両者を両立させるエスマンをはじめとする論者の方が、さらにいえば一九世紀末の法学界における両者の混在の方が、むしろ一貫性に欠けるといわざるをえない(32)(次章第二節註(77)参照)。この点に関する限り、サン・ジロンは嫡流なのである。さらに、サン・ジロンの場合には意思主義あるいは意思理論も否定されている(一二参照)ことから、「経験的方法」は個人主義の否定も意味するとみるべきである。「経験的方法」と意思主義の否定とは革命期に頂点に達した理性の傲慢に対する戒めであり、理性による社会の設計(＝詳細な形式的意味の憲法)によって数世紀にわたって形成されてきた歴史の帰結である政治制度を否定することが危険であることは革命期とその後の歴史とによって証明されている。アンシャン・レジーム期も含めて、「いたる所でかつ常に経験は決定的であった」（四〇三）のである。したがって、彼の評価においては、「形而上学的言辞を弄することなく」（五）、公権力に関する必要最小限の規定にとどめることによって「余白を残して」[33]、多くを「憲法に関する慣習法」（八）に委ねた第三共和制憲法は賢明なのである。

　第三に、国家の枠組みについてである。サン・ジロンによれば、「国家形態（formes politiques）は手段であって目的ではない」（九七）だけではなく、現実にそれが機能するさまざまな環境によって良くも悪くもなる。したがって、彼の立場においては、それ自体としては優れた国家形態も劣った国家形態も存在しないことから、国家形態のみについて論じても無意味である。[34] それに対して、重要なのは国民政府（gouvernement national）であり、彼にとって国民政府とは、「理性と正義に合致して公共善のために活動する」（三）政府である。このような国民政府はロッシを髣髴させる（前章第三節二1参照）が、国民主権と密接な関係を有することから、国家の枠組みについては国民主権を取り上げることにしよう。

　サン・ジロンによれば、「主権とは、……人民が自らの運命の唯一の支配者としてとどまる権利である」（九）。したがって、主権は本来国民的であるが、このような「主権は命令権でもなければ、権力の源でもない。それはむしろ正義と国民的利益に従ってのみ命令される権利である。

……主権とは要するに、その行使における正義と有用性とに永遠の正当性を見出す権力のみに服従する権利である」（一一）。ここで重要なのは、主権が源ではなく行使によって定義され、正当化されているという点である。この点はバルテルミーによって継受されることになるが、主権の帰属を重視する宮沢俊義とその行使を重視する尾高朝雄との論争を経験したわが国の憲法学界にとっても興味深い。また、源ではなく行使によって定義される国民主権は君主制と両立可能であるし、主権が本来国民的であることから、第三共和制憲法が明文規定を置くことなく国民主権に立脚することも可能である。このような国民主権が要求するのは国民による権力の移転ではなく承認であり、しかもこの承認は「暗黙の同調で十分である」（一四）。その結果確かに、国民は「正義と国民的利益との名において」服従を拒否することができる（一五―一六）が、しかし、あらゆる公権力の構成に選挙が要求されるわけでもないし、選挙権が権利である必要もない。
(35)(36)

命令権が帰属するのは国民も含めた人ではなく神のみである（一二）というように、カトリック思想を濃厚にとどめたサン・ジロンの憲法理論は、すでに述べた自然法（権）と帰属としての国民主権との否定という点からも、エスマンによって後世に対する影響力を遮断された。しかし、エスマンに対抗するオーリウやバルテルミーに憲法理論の下地を提供したであろうということを忘れてはならない。サン・ジロンの主権論が純理派の理性主権論（六〇―六一頁参照）に連なり、方法論がロッシの流れをくむものであることも含めれば、プロテスタントの影響を受けたエスマン（とエスマンに連なるレジスト）の方がフランス近代憲法理論史における異端であったといえるかもしれない。本書が、サン・ジロン『憲法論』を、すでに指摘した点も含めて、再評価すべきであると評した所以である。

2　モリニエ

トゥールーズ大学のモリニエは、法科大学の博士課程における憲法の必修化（一八八二年）に伴って採用された一連のいわば初代憲法学者の一人であり、本節の冒頭で指摘したようにレジストとして位置づけられる。[37] しかも、彼の『憲法講義（*Cours élémentaire de droit constitutionnel*）』一八八五年は初代憲法学者によって出版された最初の教科書である。[38] 共和制の下で人々が政治に関与するようになると、[39] 政治の枠組みについて規定する憲法の教育が必要となり、法科大学の博士課程において憲法を必修科目化したデクレは、彼によれば、憲法に関する「健全な理論の普及という目的で法科大学における憲法教育について規定した」（四）。同書はこのような目的とすでに述べた教科書の必要性とに対応するものであるが、残念ながら「未完」[40] である。その結果、フランスの本は通常巻末に目次が付けられることから同書には目次がなく、その全体像を捉えるには目次の作成から始めなければならない。

モリニエによれば、『憲法講義』の全体は、一七八九年の人権宣言において表明された諸原理・

憲法史・権力分立（選挙権・立法権・執行権・司法権）・憲法制定権力（憲法改正問題）によって構成される予定である（三七）。そして、現に出版された同書の目次の概略を示せば次のようになる。

第二帝制下における貴族制の復活　一四八―一六六頁
ユダヤ人　一六七―一八五頁
租税の平等　一八五―二一九頁
財　政　二二〇―四三三頁
正義の前の平等　四三三―四四七頁
自　由　四四七頁―

同書の全体の構想と現に出版された部分とを比較すれば、後者は前者の一七八九年の人権宣言において表明された諸原理の一部にすぎないことがわかる。そして、人権については、平等・自由・所有・圧政への抵抗の順で論じられることが予定されている（一〇二）ことから、所有と圧政への抵抗を第四原理と第五原理とするのかは定かではないが、現に出版された部分は統治機構論をまったく含まないだけではなく、人権についてもその一部を論じているにすぎない。ということは、同書は壮大な構想の下で執筆されていたといえる。その際、権力分立は人権宣言において表明された諸原理ではないということになるが、彼は人権宣言における人権と権力分立とを目的と手段の関係としたうえで、革命以降の憲法史を人権宣言において規定された「自然法の原理」（九七）の実現過程、あるいはその実現に向かって発展する過程として捉える（二三―二七および九七―九九参照）。したがって、彼は自然法論者であるといえ、この点ですでに、一九世紀の典型的な自由主義者であるとともにロッシの影響を受けたというサクリストの指摘(41)には全面的に賛成することはできないが、この点については後ほど改めて取り上げることにして、以下、サン・ジロンの場合と同様に、憲法学の対象・方法論・国家の枠組みの順で「未完」の同書を概観することにしよう。

第一に、憲法学の対象についてである。モリニエによれば、法学における憲法には二つの意味がある。まず、権力の性質とその活動とを示すものである。次に、「国民の中で公権力〔＝選挙権・立法権・執行権・司法権〕を組織する法の効力を有する文書」である(三九)。そして、憲法学の対象は後者と憲法附属法であり(八四)、これらを併せて実質的意味の憲法というとすれば、それは「国家の客観的有機体」(四〇)である。これらのうち前者は、国家あるところに憲法ありといわれる固有の意味の憲法であるが、憲法学の対象を後者と憲法附属法に限定する彼はサン・ジロンと比較してやや形式であるといえる(42)。ただし、憲法学の対象に憲法附属法が含まれることから、目次で示したように人権も憲法学の対象に含まれ、しかも『憲法講義』において、手段としての権力分立(＝統治機構)に先立って、目的として論じられている。

第二に、憲法学の方法についてである。モリニエは、一方で「歴史的事実」を重視した帰納的方法を主張する(五)が、他方でドイツ歴史法学派を批判して自然法論の立場に立つ。ここでは、両者が整合するか否かは問うことなく(43)、歴史法学派批判を踏まえたうえで自然法論について検討することにしよう。彼によれば、法理論をめぐって「純粋な歴史学派」と「哲学学派」との対立が存在し、彼は前者、換言すればドイツ歴史法学派を否定して、後者、換言すれば一七・八世紀の古典的自然法論を主張する（六）。法理論に関するこのような類型化にはロッシの影響が感じられる（三八―四一頁参照）が、立脚する法理論という点では、ロッシが古典的自然法論を批判して歴史法学派に依拠するのに対して、モリニエはまったく逆の立場に立っている。[44] モリニエが歴史法学派に反対する根本的理由は、法を歴史（事実）に還元することが精神的自由を前提とした自由意思（libre arbitre）を否定して決定論へと導くからである。そして、事実によって法を正当化するということは、事実の背後に存在する強者の意思によって法を正当化するということであり、その結果として「力が法に優位する」（八）。そこに存在するのは強者の意思によって支えられた実定法のみであり、実定法を支配するのは「あらゆる精神的価値を欠いた命令原理」（三五）である。このような歴史法学派批判にはオーリウのドイツ法学批判に通じるものがあるが、オーリウがカトリック的な伝統的自然法論に立脚するのに対して、モリニエはすでに述べたように古典的自然法論に立脚する。[45] そこで、モリニエの自然法論についてであるが、彼によれば、「自然法とは……社会生活が人々の間に確立する必然的関係である。理性がその存在を証明し、……それから逸脱した実定法は拒否され、力によってのみ強制することができる」（二七）。このような自然法は、まず、「必然的関係」であることから「万人に共通の法であり」（二一）、また「歴史を有しない」（三一）ことから絶対的である。次に、自然法の内容的核心は精神的自由を前提とした自由意思であり、「賢明な自由」（二七）、換言すれば他者の自由を侵害することなく理想の実現へと向かう自由によって人類に進歩がもたらされる。その結果、意思主義に立脚した個人主義と進歩的歴史観という点で、モリニエは次章の対象であるエスマンに近いといえる。最後に、立法者の役割は理性をとおして認識される自然法の適用であり、その結果として実定法が「自然法の客観的表明」（同）であるとき、「法の支配（empire du droit）」（三五）が実現されるが、実はこの点は主権論とも関係を有する。

そこで第三に、サン・ジロンについてと同様に、国家の枠組みについては主権論を取り上げることにしよう。モリニエによれば、主権とは、「自由を保護し、権利の行使を各人に確保しつつ秩序を創出し、かくして平和と安寧をもたらし、国の一般利益を管理することを任務とする権力」（五二）であり、憲法によって「正規の活動」（四〇）が付与される。そして、憲法の背後にあって主権の活動を支配するのが自然法である。その結果、モリニエの自然法論の特徴は主権論との結びつきにある。彼は、圧政に陥らないためには「法と理性との」主権が支配しなければならないが、問題は誰が「法と理性との」内容を決定するのかであるという（七三―七四）。これは宮沢俊義のノモス主権論批判を髣髴させる純理派の理性主権論批判であるが、その際、「法の掟とその実現とを混同してはならない」として「法の掟」の内容を決定するのは自然法であり、「それを適用する権力」、換言すれば主権は人民にあるという（七四）。もちろん、この意味における主権は「通常代表者によって」行使される（七三）ので、「代表者」は自然法の執行機関として位置づけられる（七六）。このようにして自然法論（＝理性主権論[47]）と人民主権（カレ・ド・マルベールのいう国民主権に近い）論が結びつけられるわけであるが、自然法に付与される「組織（organisme）、客観的存在」（七四）の中身はエスマンに近いことが予測されるが、統治機構が論じられないため明らかではない。

すでに指摘した進歩的歴史観・個人主義的な自然法論・普通選挙を前提とした（純粋）代表制、さらには形式的平等の重視（例えば、一四三―一四八参照）から、モリニエはエスマンに近いといえ、すでに述べたようにエスマンに先行するレジストとして位置づけることができる。それだけに、法学教育改革を主導していた高等教育行政の官僚にとって『憲法講義』が「未完」に終わったことは悔やまれるであろう。

三　「第二の波」

1　ド・ラ・ビーニュ・ド・ヴィルヌーヴ

本節の冒頭で述べたように憲法の教科書の出版に関する「第二の波」は一八八九年の学部への憲法教育の導入に伴って到来したが、「第一の波」と比較してやや多様化したといえる[48]。私立（libre）法科大学教授であるド・ラ・ビーニュ・ド・ヴィルヌーヴの『フランス憲法原理（*Éléments de droit costitutiomnel français)*』一八九二年は「第二の波」に属するが、第三共和制下においても現在においてもほとんど引用されることがない。さらにいえば、その存在が広く知られているとはいえない。その原因の一つは、同書の本論の書き出しが「神は人間を社会的存在として造った」[49]であることに象徴されるような同書の宗教的要素にあるとみるべきであろうか。同書の宗教的要素については後ほど改めて取り上げるが、約六五〇頁の同書は憲法の定義と一七九一年憲法以降の憲法の年表とから成る序論に続いて、第一部・公権力の組織と第二部・公権とから成る。そして第一部は、総論に続いて、序論の年表で言及した各憲法を立法権・執行権・司法権・憲法改正に分けて概観したうで、第三共和制憲法について立法権・執行権・司法権という順で詳しく論じている。また第二部では、平等・自由・住居の不可侵・所有権・信教の自由・結社の自由などが取り上げられている。同書では歴史的叙述が大きなウエイトを占めており、全体としてみれば、決して体系的であるとはいえない。以下では、同書が方法論に関する叙述をほとんど含まないこと[50]から、取り上げることができるのは憲法学の対象と国家の枠組みのみである。

第一に、憲法学の対象についてである。「憲法または政治法とは、人民が統治されるべき仕方を規定する規範の総体である」（一）。このような憲法の中には、当然、「被治者に対する［公権力の］活動の限界」（二）を画定する規範も含まれ、それ故、ド・ラ・ビーニュ・ド・ヴィルヌーヴはすでに述べたように『フランス憲法原理』の第二部で各種公権について論じているのである。いずれにしても、憲法は公権力の組織とその活動の限界とから成り、このような意味における憲法は成文憲法の中にのみ存在するわけではなく、「時間と経験との産物」（同）である限り成文憲法とは異なる持続性を有する。したがって、彼のいう憲法とは実質的意味の憲法である。

第二に、国家の枠組みについてである。すでに示唆したように、ド・ラ・ビーニュ・ド・ヴィルヌーヴの国家の枠組みに関する議論あるいは主権論は宗教的要素が濃厚である。彼によれば、国家も含めた社会生活の根拠は「良識に反する架空の概念」(51)である社会契約ではなく、「社会性を［人間の］本性の法則とする神の意思」にある。伝統を重視してルソーを強く否定するド・ラ・ビーニュ・ド・ヴィルヌーヴにとって「社会状態は［神の］摂理なのである」。したがって、「社会的権力は……神の制度（institution divine）であり」（九）、集団生活において万人に服従を命じることができる「指導的意思、最高の権威」である主権についても同様である（六）。国家において人民が主権者であるのは「権力の源」という意味においてではなく、「それを行使するために神から受領する」という意味においてである（九）。ここでは主権の帰属と行使とが区別され、それぞれの主体が神と人民＝国民とされている。その意味で、「国民主権は神の主権から派生する」（一〇）のであり、人民＝国民は「自然と神との法則に従う義務」の下で主権を行使する（九）。そして、統治形態は国家において主権が行使される様式であり、それに関与する機関の配置であるが、「自然と神との法則に従って秩序と社会の物質的および精神的進歩とをもたらす」統治形態が優れた統治形態とされる。その際、主権の行使に複数の人が関与する貴族制と民主制とを併せて共和制とされる（一二―一三）が、そのうちの第三共和制も含めた民主的共和制を、主権を神に帰属させるド・ラ・ビーニュ・ド・ヴィルヌーヴが積極的に支持しているとは思えない。また、すでに指摘した歴史の重視とともに、自然法が容認されている（七参照）ことも看過すべきではない。

以上、『フランス憲法原理』において、憲法学の対象については標準的な議論が展開されているが、正面から神に主権の源を求める主権論については、政治的な立場とかかわりなく、科学と実証主義が支配する一九世紀末に支持されるとは思えない。ド・ラ・ビーニュ・ド・ヴィルヌーヴの国家論はサン・ジロンのそれ以上に宗教的要素が前面に出ているといわざるをえないが、宗教的要素を薄める方法として、国家の枠組みに関する議論をサン・ジロンのように統治形態論に限定することが考えられるであろう。

2　モロー

本節三の冒頭で述べたようにド・ラ・ビーニュ・ド・ヴィルヌーヴ『フランス憲法原理』はほとんど引用されることがない。それに対して、モロー（エックス＝マルセイユ大学）『憲法概説（*Précis élémentaire de droit constitutionnel*）』一八九二年は第三共和制下で比較的よく引用され、一定の影響力を有したといえる。その間、同書は憲法の教科書としてもっとも多くの版を重ねた（最終改訂版は第二版（一九三三年）が、一方で、八折版に近い大きさで約五〇〇頁というコンパクトさは変わらなかった。しかし他方で、当初、同書は学部における憲法教育を対象とし、「公権力の組織に関する諸概念」の概説を目的としていたが、その後、公的自由も論じるようになった[52]。最終改訂版まで変わることのなかったコンパクトさに表れているように、同書はあくまで学部学生向けの憲法の概説書であり、「学問的野心」もって執筆されたものではない[53]。ここで論じるべきはエスマン以前の憲法学であることから、以下では初版を用いて、これまでと同様に憲法学の対象・方法論・国家の枠組みについて概観することにしよう。

第一に、憲法学の対象についてである。モローによれば、あらゆる人間社会は憲法を有し、憲法の規制対象は社会生活の作用とそれを担う機関とである。その結果、憲法学の対象は「一般的な社会的作用とそれを行使する機関」（一七）とであり、このうち「一般的な社会的作用」とは国家である（二六も参照）。ここで留意すべきは国家が機能論的に捉えられているということであり、この傾向は彼の法の捉え方にもみられる。それはともかく、この憲法は固有の意味の憲法であるのに対して、成文憲法の対象は「国民の政治的権利、その統治形態および公権力の組織」（四七）であるが、前者がすべて後者の中に取り込まれるわけではない。とりわけ第三共和制憲法は簡潔であることから前者の多くの部分は法律と慣習という形で存在し、彼は、このことは社会の安定の表れであると主張する（四九）が、一九世紀末のイギリス社会ならともかく、当時のフランスについてはかなり無理な認識であるといわざるをえない。

第二に、方法論についてである。モローによれば、社会生活は機関によって担われる作用という形で現象し、その構成員には還元することができない固有の存在であり、「組織を支配する共通の法則」を有する（四）。集団と構成員の関係については第三で取り上げることにして、ここではすでに指摘した機能論的な捉え方に注意を喚起しておきたい。いずれにしても、新しい学問である社会学は社会生活を支配するこの法則を対象とし、その主たる方法は観察であり、社会学においては「演繹的推論」は「副次的役割」しか果たさない（八—九）。「経験が社会に関する事項については最高の権威なのである」（一六）。それに対して法学（Droit = jurisprudence）は法則を対象としないので科学ではないが、彼はそうあるべきであるとして、法を社会生活の反映として捉える（一一）。その結果、「普遍的理想」（一三）としての自然法の存在とそれを前提とした社会契約論とが否定され、実定法も含めた法の良し悪しは理想ではなく社会状態との比較によって決められる。合理的で絶対的な自然法に関する理論は彼にとって「精神の遊戯」（一五）にすぎないのである。かくして、法学の中に社会学を持ち込むことによって自然法論、精確にいえば一七・八世紀の古典的自然法論が否定されるわけであるが、すでに述べた構成員に還元することができない集団の固有性の容認も含めれば、彼の立場はサン・ジロンに近いといえる。もっとも、モローは「君主主義的信条」（一五七頁）をサン・ジロンと共有するようなことのない「確信的共和主義者」[54]であり、ということは、古典的自然法論に立脚したエスマンに対抗しうる憲法理論を共和制の枠内ですでに提示していることになる。しかも、このことは国家の枠組みに関する議論により鮮明に表れている。

そこで第三に、国家の枠組みについてである。モローによれば、国家は「人間の属性である社会性の普遍的な現象形態」(二六)であり、その生命はそこに住む人々の一定の共通性であり、その「個体性」(二七)は主権である。そして国家は、一方で、集団の利益が個人の利益に優先するということから目的であり、他方で、集団のみが提供することができる役務を提供するということから手段である。このうち、目的という点で国家は「優越的有機体」(同)であり、「構成員に対する組織的優越性」(二八)が主権として現れる。その結果、人民主権の下でも集団の利益が個人の利益に優越することになる(さらにその結果、主権の源に関する議論は重要ではない)が、もちろん、彼が国家による個人の併呑を容認することはなく、彼にとって重要なのは両者の「調和のある均衡」(二七)であり、ここに憲法理論の存在理由がある。このように、理論的に国家を個人に優先させ(この点からも社会契約論は否定される)、主権の源を重視しない枠組みは明らかにエスマンのそれとは異質であり、このことは国家形態論にも表れている。モローは「全体としての社会的権力[＝主権]」(三二)の帰属主体によって国家形態を君主制・貴族制・民主制に分けたうえで、現実にはこれらが純粋な形で存在することはなく、現実の国家は一定の混合政体として存在するというが、ここで重要なのは民主制に関する議論である。すなわち、普通選挙が「今日の支配的な考え方」（三七）であることを認めつつ、モローは過度の平等＝水平化に否定的であり、政治参加には「質的階層」（三六）が存在するとして各人が社会において担っている役割に応じて政治的権利を認めるべきであると主張する（三九）。この主張が直ちに普通選挙を否定するとは思えないが、利益（職能）代表論につながることは否定できないであろう。現に、彼は民主制の下における結社の重要性を指摘しているが、このような国家像は対等で平等な個人が中間団体を排除して直接国家と対峙し、普通選挙をとおして政治に参加するというエスマンに代表される国家像とは異質であるといわざるをえない。

以上のように、方法論と国家の枠組みという点で、モローの憲法理論はエスマン率いるレジストに対抗する地方大学の憲法理論（一二三六頁参照）を先取りするものであるといえる。このような憲法理論をエスマン以前に提示したモローは、その後、「社会的カトリシスム運動」[55]に参加するとともに、地方大学の反レジスト勢力の有力な構成員となるのである。

本節では憲法の教科書を中心にエスマン以前の憲法学についてみてきたが、そこからいくつかのことを読み取ることができる。第一に、成立しつつあった憲法学の対象については、学部に憲法教育を導入した一八八九年七月二四日デクレにおける「憲法の諸原理および公権力の組織」[56]という規定との関係で、広く実質的意味の憲法としたうえで人権も含むというコンセンサスが存在したといえる。このようなコンセンサスが成立する要因の一つは形式的意味の憲法である第三共和制憲法があまりにも簡潔であるということにあり、同憲法の簡潔さがかえって形式的意味の憲法に囚われない憲法学を成立させたといえるであろう。

第二にいえることは、社会学の影響がすでにこの時期に明確に現れているということである。憲法学の中に社会学的な発想や方法を取り込む各論者の主観的意図はともかく、注釈学派的な民法学が支配する当時の法学界において、制度的に誘導された側面（前節註（17）参照）があるとはいえ、新しい学科である憲法学が法学界において地歩を得るには、「歴史と比較法」が新しい共通の方法論となりつつある中にあって、注釈学派とは異なる社会科学の新しい動向に敏感にならざるをえなかったのである。とりわけ、モローの社会学的方法は内在的一貫性と教科書が多くの版を重ねたことに伴う影響力という点で注目すべきである。

第三に、意外にも、この時期には反レジスト勢力が優勢だということである。レジストであるモリニエの教科書が未完であり、しかも彼が高齢であった（『憲法講義』の出版当時八六歳）ことから、エスマンの『憲法原理』が一八九六年に出現しなければ、急進派が憲法理論によってグレヴィー憲法（＝二元型議院内閣制的憲法運用）を正当化することは難しかったかもしれない。もっとも、この時期の反レジスト勢力は一枚岩ではなく、とりわけ憲法理論に対する宗教的要素の現れ方や自然法論との関係における相違は明らかである。

第四に、第三とも関係するが、この時期には法実証主義が優勢ではないということである。ただし、何をもって法実証主義とするかによって、法実証主義と自然法論の力関係に関する評価は異なってくる（前章第二節註（52）参照）。サン・ジロンとド・ラ・ビーニュ・ド・ヴィルヌーヴが法実証主義の立場に立っていないことは明らかであるが、問題はモリニエが古典的自然法論に立脚するという点である。法実証主義の基準として意思の要素に力点を置けば、精神的自由を前提とした自由意思を重視するモリニエは法実証主義者ということになるが[57]、それでも成立して間もない憲法学界において法実証主義が優勢であるとはいえないであろう。

確かに、エスマン以前の憲法学に関する本節の検討は一種のサンプル調査にすぎないが、それにもかかわらず、そこから以上のような意外な帰結を導き出すことができた。それにしても印象的なのはこの時期の憲法理論の多様性である。この多様性を、軸となる理論が欠如していることに伴う単なる無秩序にすぎないと消極的に理解するか、そこにはすでにエスマン以後の憲法学のさまざま萌芽が含まれていると積極的に理解するかは評価の分かれるところである。いずれにしても、エスマン以前の憲法学が、フランスにおいてもわが国においても、これまであまり論じられることがなかったことからすれば、たとえサンプル調査であったとしても、本節の検討が有意味であるということは否定できないであろう。

（1）Adhémar Esmein, *Éléments de droit constitutionnel*, 1896, p. 465 note 1.

（2）Julien Boudon, "Esmein, le droit constitutionnel et la Constitution" in Stéphane Pinon et Pierre-Henri Prélot (dir.), *Le droit constitutionnel d'Adhémar Esmein*, 2009, pp. 87-88.

（3）Guillaume Sacriste, *La République des constitutionnalistes*, 2011, p. 108.

（4）拙著『法人・制度体・国家――オーリウにおける法理論と国家的なものを求めて――』二〇一五年六八頁。

（5）Cf. Ferdinand Larnaude, "Le droit public. sa conception. sa méthode" in *Les méthodes juridiques*, 1911, p. 8 note 1（さらに、cf. Le même, *Les sciences juridiques et politiques*, 1915（rééd.）, p. 23）; Émile Boutmy, *Études de droit constitutionnel : France, Angleterre, États-Unis*, 2e éd., 1895（初版は一八八五年）, pp. 82-83 ; Guillaume Richard, *Enseigner le droit public à Paris sous la Troisième République*, 2015, p. 430. さらに、前章第三節註（45）も参照。

（6）Cf. Pierre Favre, *Naissances de la science politique en France (1870-1914)*, 1989, p. 23.

（7）実はさまざまな点で、私立政治学校は法科大学（法学部）と「敵対関係以上に補完関係にある」（G. Richard, *supra note*（5）, p. 112）ということを看過してはならない。また、私立政治学校が成功した原因の一つは、プロテスタントの人脈をとおして資金と優れた教員とを集めることができたことにある（cf. P. Favre, *supra note*（6）, pp. 27-28. さらに、一二三頁も参照）。

（8）É. Boutmy, *supra note*（5）, pp. 223 et Ⅲ.

（9）Cf. Émile Boutmy, *Le Développement de la Constitution et de la Société politique en Angleterre*, 1887, pp. 1-2.

（10）アングロマニーの伝統に関する概観ついては、前章第二節註（43）参照。

（11）G. Sacriste, *supra note*（3）, p. 105. これらは、アングロサクソン、とくにアメリカの憲法を研究するにあたっての注意点について論じた Émile Boutmy, "Des précautions à prendre dans l'étude des constitutions étrangères", Séances et travaux de l'Académie des sciences morales et politiques, 1884 からサクリストが抽出して一般化したものであり、同論文では英仏には存在しない連邦制あるいは各州憲法の自立性の問題（pp. 367-374 et 493-504）なども取り上げられている。同論文は É. Boutmy, *supra note*（5）の初版の準備作業として位置づけられるであろう。

（12） G. Sacriste, *supra note*（3）, pp. 109–110.

（13） *Ibid.*, p. 107. ブトミーが「政治心理学的な立場から憲法に関する重要な著作を発表した」（碧海純一・伊藤正己・村上淳一編『法学史』一九七六年二〇七頁（山口俊夫執筆）、および山口俊夫『概説フランス法　上』一九七八年一一四頁）ことは否定しないが、形成されつつあった当時の憲法学界との関係で重要なのは観察にもとづいた経験的で帰納的な方法の導入の先導である。

（14） Albert Venn Dicey, "Introduction", Émile Boutmy, *Studies in Constitutional Law : France, England, United States*, 1891（reprinted, 1982）, p. vii.

（15） Charles Lefebvre, *Étude sur les lois constitutionnelles de 1875*, 1882（rééd.）, p. 1. 以下、本節１２の（ ）内は同書からの引用頁である。

（16） しかし、『一八七五年憲法の研究』が第三共和制「憲法の単なる註釈書」（Antoine Chopplet, *Adhémar Esmein et le droit constitutionnel de la liberté*, 2016, p. 29）にとどまらないことは後ほど述べるとおりである。なお、同書よりも早く出版された同憲法の概説書として、例えば、Alphonse Bard et Paul Robiquet, *La constitution française de 1875*, 2e éd., 1878 がある（著者はともに弁護士）。

（17） コンスタンについては、深瀬忠一「バンジャマン・コンスタンの中立権の理論」北大法学論集一〇巻合併号一九六〇年、および樋口雄人「バンジャマン・コンスタンの中立権理論について――そのフランス議院内閣制理論史における位置づけの試み――」憲法論叢七号二〇〇〇年を、プレヴォ＝パラドルについては、宮沢俊義『憲法と政治制度』一九六八年一五一―一六五頁を、それぞれ参照。

（18） A. Esmein, *supra note*（1）, pp. 129–130 : Le même, *Éléments de droit constitutionnel français et comparé*, 5e éd., 1909, pp. 183–184.

（19） 拙稿「レズローブ――独仏狭間の法学者――」初宿正典先生古稀記念論文集（近刊）所収。

（20） ただし、「非公式で議院内閣制を超えた」大統領の影響力は「純粋に政治的な問題であって憲法の分析［の対象］ではない」（七五）。

(21) Cf. Raymond Carré de Malberg, *Contribution à la Théorie générale de l'État*, t. II, 1922 (rééd., 1962. 同書は二〇〇四年にも復刊されたが、本書は一九六二年版を用いた), p. 95.

(22) 内閣不安定のもう一つの原因は代議院とほぼ対等な権限を有する元老院である。本来代議院と執行府の「調整者」(一六五) である元老院による内閣の責任追及に関するルフェーヴルの立場には曖昧な部分がある (一一一および一六四―一六七) が、この問題については次節二で改めて取り上げる。

(23) E. Boutmy, supra note (11), p. 362. さらに、本節註(5)も参照。ここでは政論家の憲法関係書は念頭に置かない。

(24) Armel Le Divellec, "Adhémar Esmein et les théories du gouvernement parlementaire" in S. Pinon et P.-H. Prélot (dir.), *supra note* (2), p. 151.

(25) C. Testoud, "Compte rendu de Manuel de droit constitutionnel par M. Th. Aumaître", Revue critique de législation et de jurisprudence, 1890, p. 725.

(26) Antoine Saint Girons, *Manuel de droit constitutionnel*, 2e éd., 1885, p. II. 以下、本節二1の ( ) 内は同書からの引用頁である。

(27) 「憲法は成文であろうと伝統的なものであろうと、……公権力の組織を含み、その権限の範囲と限界とを画定し、市民の政治的および個人的権利を規定しなければならない」(二八)。したがって、ここで「伝統的」とは実質的意味のという意味である。

(28) 人権に関する別巻は結局出版されなかったが、第三共和制憲法が人権に関する規定を含まず、法科大学の博士課程に憲法教育を導入したデクレにおいて教科としての憲法の対象が規定されていない (cf. Alphonse de Beauchamps, *Recueil des lois et règlements sur l'enseignement supérieur*, t. III, 1884, pp. 634-635) にもかかわらず、憲法学を統治機構論と人権論によって構成しようとするサン・ジロンには、ロッシの影響が感じられる (三参照)。

(29) J. Boudon, supra note (2), p. 92. さらに、cf. A. Le Divellec, supra note (24), pp. 152 et 177.

(30) それに対して、道徳学・政治学アカデミーの懸賞論文である『政治・行政・司法における権力分立に関する試論』は、一つの機関に一つの作用を分配することを原則とし、そうではない分配を例外とする厳格分離型の権力分立論に先鞭をつけたというよりも、革命期の権力分立をそのように理解したうえで、一方で、そのような権力分立は議会か執行府の独裁に至るので権力の分離と権力の集中とを排除し、他方で、権力の協働、とりわけそれを実現する議院内閣制の必要性を主張して（Antoine Saint Girons, *Essai sur la séparation des pouvoirs dans l'ordre politique, administratif et judiciaire*, 1881, pp. 135-144 et 291-331）、第三共和制下で主流となる権力分立を前提とした二元型議院内閣制論の流れを形成した（Michel Troper, *La séparation des pouvoirs et l'histoire constitutionnelle française*, 1973 (rééd., 1980. 同書は二〇一四年にも復刊されたが、本書は一九八〇年版を用いた), p. 207 ; Mauro Barberis, "La séparation des pouvoirs" in Michel Troper et Dominique Chagnollaud (dir.), *Traité international de droit constitutionnel*, t. I, 2012, p. 718 ; Christophe Alonso, *Recherche sur le principe de séparation en droit public français*, 2015, pp. 170-171）。『憲法論』においても、協働は「憲法のあらゆる領域を支配する本質的イデーである」（三九〇）として、その必要性が繰り返し主張されている。したがって、サン・ジロンの憲法理論は後ほど述べるように民主的とはいえないが、自由主義的である。なお彼は、「議院内閣制は代表制の論理的完成である」（四三四）が、共和制の下における議院内閣制は「新しい統治形態」であり、今は「試行錯誤の時期」にある（四三六）という。彼の二元型議院内閣制論にはルフェーヴルの影響がみられる（例えば、三九六―三九七および四四六など）が、ここでサン・ジロンの議院内閣制論につて述べることはできない。

(31) J. Boudon, supra note (2), p. 92.

(32) Cf. ibid., pp. 92-93. さらに、前掲拙著註（4）、一〇九―一一〇頁註（229）も参照。

(33) 只野雅人『代表における等質性と多様性』二〇一七年六頁。

(34) あらゆる国家形態が良好に機能するために必要な原理あるいは制度として、権力分立・選挙・二院制・執行権の一体性・内閣・公権力間の協働・内閣の責任・司法権の独立が挙げられる（九九）。

(35) 拙著『国民主権と法人理論――カレ・ド・マルベールと国家法人説のかかわり――』二〇一一年一五一―一五二頁参照。バルテルミーに関する近年の文献として、春山習「フランス第三共和制憲法学の変容――ジョゼフ・バルテルミーの憲法理論の位置づけ」早稲田法学会誌六六巻一号二〇一五年参照。

(36) 前掲拙著註（35）、三頁。
(37) Cf. G. Sacriste, *supra note* (3), p. 87.
(38) *Ibid.*, p. 93 note 86.
(39) このような政治体制、換言すれば、人々が共同利益の管理と自由の保障とに関与するような政治体制を、モリニエは「立憲体制（régime constitutionnel）」という（Victor Molinier, *Cours élémentaire de droit constitutionnel*, 1885, p. 2）。以下、本節三2の（ ）内は同書からの引用頁である。
(40) Guillaume Sacriste, "Droit, histoire et politique en 1900. Sur quelques implications politiques de la méthode du droit constitutionnel à la fin du XIXème siècle", Revue d'histoire des sciences humaines, 2001, p. 87 note 87. 『憲法講義』は章とか節とかいった切りのいい所で終わっているのではなく、センテンスの途中で中断している。そのあたりの事情も含めて、cf. Le même, *supra note* (3), p. 93 note 86.
(41) *Ibid.*, pp. 93-94 note 86.
(42) Cf. J. Boudon, supra note (2), p. 102.
(43) さしあたり、前掲拙著註（4）、一一〇—一一一頁註（231）参照。
(44) したがって、すでに述べたように、サクリストは、モリニエは一九世紀の典型的な自由主義者であり、ロッシの影響下にあるというが、後者の点については限定が必要である。前者との関係で、モリニエは社会主義に反対している（一〇八）。
(45) 同右・二九四—二九六頁。オーリウによれば、古典的自然法論と法実証主義は意思主義という点で同根であり（二九七頁。さらに、Luc Heuschling, *État de droit, Rechtsstaat, Rule of Law*, 2002, p. 423）、前者によって後者を批判することは無意味である。実は、これら三つの要素を兼ね備えているのがプーフェンドルフである。プーフェンドルフが古典的自然法論者であることに異論を差し挟む論者はいないと思う（例えば、和田小次郎『近代自然法学の発展』一九五一年八四—一〇四頁参照）が、彼は法の定義について主権者命令説の立場に立ち（プーフェンドルフ（前田俊文訳）『自然法にもとづく人間と市民の義務』二〇一六年四二頁）、このような彼の意思主義に立脚した帰責理論（Imputationslehre. 具体的には、同右・第一巻第一章参照）は後世に絶大な影響を与えた（Samuel Pufendorf (Gerald Hartung (hrsg.)), *Gesammelte Werke*, Bd. II, 1997, S. 237 Anm. 25）。彼と法実証主義の強い親和性は指摘されている（さしあたり、前掲拙著註（4）、八六頁註（70）参照）が、わが国の法学界における彼に関する研究があまりにも手薄であるうえ、戦後の憲法学界はドイツ法実証国法学批判に急なあまり自然法論に真剣に取り組んでこなかった（さしあたり、同右・九五頁註（114）参照）ことから、本書の筆者には、彼におけるこれら三つの要素の併存に関する説得力のある整合的理解はにわかに思いつかない。この点については、憲法学の立場から、今後の研究課題としたいが、さしあたり、西貝小名都「ナシオン主権論とプープル主権論（2）」国家学会雑誌一二九巻一一・一二号二〇一六年二七―三三頁参照。

(46)　宮沢俊義によれば、「ノモス主権は、……政治意志の決定はノモスに則してなされなくてはならないという［が、］問題は……そのノモスの具体的な内容を最終的にきめるものは誰か」である（宮沢俊義『憲法の原理』一九六七年三〇三頁（三〇五頁も同旨））。

(47)　モリニエのいう「法の支配」あるいは「法の主権」の具体的内容は人権宣言二条の「自由・所有・安全および圧政への抵抗」である（一〇二）。

(48)　ここで、本文では取り上げることができない Théophile Aumaitre, *Manuel de droit constitutionnel*, 1890 について簡単にふれておきたい（ただし、初版は入手できなかったので第二版（一八九三年）に拠る）。同書は三〇〇頁強で、総論・憲法史・公権力の組織（代表制・憲法制定権力・立法権・執行権・司法権）・公権（良心の自由・宗教的自由・人身の自由・表現の自由・結社の自由・平等など）から成る。その叙述は講義の一種のレジュメのようであり、同書は方法論を含まず、全体として体系的であるとはいえない。同書によれば、憲法とは公権力の組織と公権の規整とに関する「状態」または確立された規範（実質的意味の憲法）であり（pp. 1 et 3）、憲法学の対象は慣習憲法を含んだ後者である。また、国家形態については、追求される利益という点から君主制・貴族制・民主制・神権統治に分けられる（pp. 15-16）が、興味深いのは主権論である。オメートルは、主権、正確にいえば対内的主権とは「国家の憲法を選択する権利」であり、憲法制定権力と同義である（p. 5）としたうえで、「国民主権と人民主権を混同してはならない」という。これら二つの主権は間接民主制と直接民主制に対応するようであるが、彼によれば、「国民主権が近代社会の豊饒な生命原理であるのに対して、人民主権はそのもっとも確実な死の要因であろう」（p. 7）。

（49）　Marcel de La Bigne de Villeneuve, *Éléments de droit costitutionnel français*, 1892, p. 5. 以下、本節三1の（　）内は同書からの引用頁である。

（50）　ド・ラ・ビーニュ・ド・ヴィルヌーヴは、後年、『一般国家論（*Traité general de l'État*）』第一巻一九二九年・第二巻一九三一年（第三巻が予定されていたが、出版されなかった）の冒頭で詳細な方法論を展開している。それによれば、国家を論じるにあたって、法的側面を重視するドイツ法実証主義国法学は非現実的であり、政治的側面を重視する英米の議論は非体系的である（p. 13）ことから、これらの一元論に対して、「社会の領域に目を向けることと法の領域に目を向けることとを結合する」（p. 18）「複合的視点」から「国家の一般理論」を構築すべきである（p. 19）。その際、法の領域においては演繹的方法を、政治・社会の領域においては観察と帰納的方法を、それぞれ用いるべきである（pp. 21 et 23）。このような二元的思考はオーリウ・サレイユ・デランドルといったカトリック系の法学者にみられる（前掲拙著註（4）、第一章第二節二および六九—七三頁参照）。また、「国家の一般理論」においては政治・社会の領域も対象とし、法と政治が結びつけられることから、憲法（学）よりも従来から用いられてきた政治法（学）という用語の方がふさわしいとして政治法（学）という概念の復活が提唱される（p. 20）。すぐ後で述べるようにこの政治法（学）という用語がすでに『フランス憲法原理』で用いられていることからすれば、「複合的視点」は不十分ながらすでに同書において採用されているといえなくもない。

（51）　Louis Le Fur, "Préface", *ibid.*, t. I, p. VI.

（52）　Félix Moreau, *Précis élémentaire de droit constitutionnel*, 1892, p. 1（以下、本節三2の（　）内は同書からの引用頁である）. モローによれば、憲法上の諸原理や人権は博士課程で扱われるべきであるが、第七版（一九一一年）から公的自由が論じられるようになった。

（53）　G. Sacriste, *supra note* (3), p. 334. さらに、cf. Stéphane Pinon, "Adhémar Esmein et la doctrine constitutionnelle de son temps" in S. Pinon et P.-H. Prélot (dir.), *supra note* (2), p. 211. モローが『憲法概説』を執筆した動機は新設された憲法講座で職を得るためであったといわれ（G. Sacriste, *supra note* (3), pp. 334-335. さらに、cf. p. 126）、後世に対する影響という点では、同書よりも「フランスにおける『命令（制定権）』の研究……における古典」（寺洋平「フランスにおける『命令（制定権）』の観念の形成（1）——命令（制定権）の歴史的展開と公法学説——」茨城大学人文学部紀要社会科学論集三八号二〇〇三年六九頁）である『行政命令（*Le règlement administratif*）』一九〇二年の方が重要である。

（54）J. Boudon, supra note（2）, p. 92. さらに、cf. Le même, "La méthode juridique selon Adhémar Esmein" in Nader Hakim et Fabrice Melleray, *Le renouveau de la doctrine française*, 2009, p. 268.

（55）G. Sacriste, *supra note*（3）, pp. 467-468.

（56）Alphonse de Beauchamps, *Recueil des lois et règlements sur l'enseignement supérieur*, t. V, 1898, p. 12.

（57）それ故、モリニエやエスマンを無条件に自然法論者とする捉え方（J. Boudon, supra note（2）, pp. 92-93）には賛成できない。

第三章　第三共和制とエスマンの憲法学

エスマンの本来の専門分野は法制史であるが、すでに指摘した（前章第一節註（17））ように法学教育改革において法制史と憲法が密接な関係にあったことから、彼は憲法をも担当することになり、ここに憲法学者としてのエスマンが誕生したわけである。以下では、そのあたりの事情について述べることをもって本章の導入としたい。

エスマンはパリ法科大学卒業後、一八七五年に教授資格試験に次席で合格し、ドゥエ法科大学（一八八七年以降、リール法科大学）に赴任した。[1] 彼はそこで刑法と法制史を担当するとともに、法制史の研究に従事して注目すべき業績をあげ、教授資格試験に次席という好成績で合格したことも手伝って一八七九年に母校に呼び戻され、その後一八八一年に創設された法制史を担当するようになった。[2] 法制史家としての彼に影響を与えたのはジロー（第一章第一節註（77）参照）、ジード、アカリアなどであり、彼らはエスマンをパリ法科大学に呼び戻すことやエスマンに法制史を担当させることにさまざまな形で関与したようである。[3] このうち前二者はドイツ歴史法学派の流れをくむ法制史家であるということはここで指摘しておくべきであろう。ところで、法学教育改革の一環として導入された法制史と憲法とでは目的が異なり、前者を導入する目的が観察にもとづいた経験的方法と帰納的方法とを法学（教育）に導入すること（一二四—一二五頁）であるのに対して、後者を導入する主たる目的は共和主義精神の普及あるいは公民教育（一二八—一三〇頁）である。そして、彼はパリ法科大学において両者を担当することになるが、本章第一節二で述べるように彼は主として宗教的立場と政治的立場の故に後者のために選ばれたのに対して、前者のために選ばれるに際しては法制史家としての力量が重視されたようである。[4] もちろん、前者のために選ばれるに際してもこれらの立場が考慮されなかったということはないであろう。いずれにしても、結果として法制史を担当していた彼が憲法も担当することになり（一八八九年。ただし、本節註(49)参照）、このことは講義としての法制史と憲法とが密接な関係にあったことから法制史の副産物をもたらした。すなわち、一八八一年に通年科目として開設された法制史の講義は一八八九年の憲法教育の導入に伴って半期科目へと変更され、法制史は第一セメスターに、憲法は第二セメスターに、それぞれ配置されたが、[5] 両者を担当することになった彼は前者の教科書として『フランス法制史講義（*Cours élémentaire d'histoire du droit français*）』一八九二年（最終改訂版は第一一版（一九一二年））を、後者のそれとして『憲法原理』一八九六年（生前の最終改訂版は第五版（一九〇九年））を、それぞれ出版した後、「歴史的諸概念を拡張して」[6]、これら「二つの著書を結ぶ意味をこめて」『一七八九年から一八一四年までのフランス法制史概説（*Précis élémentaire de l'histoire du droit français de 1789 à*

1814)』一九〇八年を「物にしている」[7]のである。その結果、古法→中間法→憲法というように憲法は法制史の中に位置づけられているとみることもできる。やはり、彼は憲法学者である以上に法制史家なのである。

本章では、レジストとしてのエスマンについて論じた後、国民主権論を中心に彼の憲法理論について検討することによう。

第一節　第三共和制とエスマン

サクリストによってエスマンの憲法学における共和制的イデオロギーが指摘されて久しい。すでに述べたようにもともとエスマンは法制史の専門家であったが、「民主的自由と革命の諸原理とに対する……深い信条」[8]を有する確信的な共和主義者であり、ここに、第三共和制の成立後ようやく権力を掌握した共和派が目をつけたのである。その結果、彼はパリ法科大学で法制史に加えて憲法も担当することになり、多くの知識人が共和制を擁護する中にあって、左右両翼から挟撃される可能性のあった誕生したばかりの第三共和制を憲法学の領域で死守しなければならなかった。彼は「共和国のレジスト」[9]、さらにいえば急進派のイデオローグたる役割を担ったのである。当然、彼の憲法学はそれにふさわしい内容でなければならなかったし、またふさわしい内容であった。七月王政下においてフランスの大学で初めて憲法講座を担当したロッシの『憲法講義』が、一八三四年に憲法講座を設置したギゾーの政治的立場に枠づけられていた（六二―六三頁）のと同様に、エスマンの『憲法原理』も共和派が運用する第三共和制に枠づけられていたのである。そこで本節では、エスマンがレジストとして位置づけられる経緯について述べるが、その前に、彼がレジストとして認知される一つの契機となるとともに、憲法学の成立にとって重要な役割を果たした『公法雑誌』の創刊についてふれておかなければならない。

一　『公法雑誌』の創刊

すでに述べた（一二三頁）ように、高等教育改革においてそれを主導した高等教育行政の官僚は観察にもとづいた経験的方法と帰納的方法とから成る科学主義を社会に適用しようとした。その際、長らく註釈学派が支配していた法学はもっとも遅れた分野であり、それまでの民法学を中心とする法学教育は多様化・専門化されなければならず、法学の多様化・専門化はその学問化を伴わなければならない。このような改革の先導役を担わされたのが一八八〇年代に法科大学に導入された憲法学であり、憲法学が改革の先導役を十全に果たすには、民法学と道徳学・政治学アカデミー（構成員という点で私立政治学校も含む）との二重の対抗関係の中で固有の法学の分野として自立しなければならない（一三二―一三三頁）。そして、このような自立性の外的条件の一つが法科大学における憲法担当者が研究成果を発表する場としての雑誌の存在であり、そのためにラルノードは一八九四年に『公法雑誌』を創刊したのであるが、同誌について述べる前に彼についてふれておかなければならない。

エックス＝マルセイユ法科大学出身のラルノードは一八七八年に教授資格試験に次席で合格し、ボルドー法科大学（一八七八―一八八二年、国際法担当）を経て、一八八二年に若干二九歳でパリ法科大学に赴任した。パリ法科大学（法学部）では一八九〇年以来公法を担当し（一九二二年の退官まで）、一九一三年からは法学部長を務めた（退官まで）。また、エスマンの後継者として将来を嘱望されたが、政治活動を行った（レオン・ブルジョワに近いといわれるが、政治家として成功したとはいえない）こともあり、学問的には寡作に終わった[10]（さらに、前章第一節註（66）も参照）。その結果、「学問的業績よりも制度上の活動をとおして知られる[11]」といわれるが、『公法雑誌』の創刊とその運営も後者の一つであるといえるであろう。そして、学問的寡作にもかかわらず教育・著作・各種委員などをとおして大きな影響力を行使したが、このような影響力の源泉はエスマンの後継者としてレジストの一人であったことである。レジストとしてのラルノードの立場は方法論に端的に表れている。ラルノードによれば、原理から出発して演繹的に思考する伝統的な法学的方法の重要性を否定することはできないが、方法論としてはそれだけでは不十分であり、「学問的であろう欲するならば[12]」歴史と比較法という後験的で帰納的な方法が必要である。そして、後者を「用いた著作のみが真に学問的であるということができる」[13]。その結果、彼はエスマン[14]ほどではないにしてもドイツ法実証国法学には反対することになるが[15]、残念ながら、体系書を著さなかったためこのような方法論の真価を具体的に問うことはできない。

前置きがやや長くなったが、以下、『公法雑誌』について述べることにしよう。ラルノードによれば、法学教育の中に公法が組み込まれ、共和制の下で政治が論じられるようになった一八九〇年前後は、理論と実務とにわたる公法関係の雑誌を創刊する「好機である」[16]。ただ、同誌創刊の直接的契機の一つは一八八六年の私立政治学校による雑誌（Annales de l'École libre des Sciences Politiques（一八九一年以降、Revue des Sciences politiques））の創刊であり、パリ法科大学に属する彼にとってこの動きに対抗する「何らかの戦略的企て」[17]が必要であったわけである。その際、『公法雑誌』の創刊はこれまで「厚いヴェールに包まれてきた」[18]といわれるように、例えば、創刊と当面の運営とのための資金の出所などは明らかではない。それはともかく、公法学の「開かれた場」[19]としての同誌の対象は「構造と作用において捉えられた国家」と、「国家と個人の全般的関係」とであり、具体的には憲法・行政法・国際法であるが[20]、雑誌の正式名称（Revue du droit public et de la science politique en France et à l'étranger）が示しているように政治学もそこに含まれる。ただし、彼にとって政治学は「公法の研究のために不可欠な補完」としてあるべき国家の構造や作用を明らかにするにとどまる[21]。実は、政治学を取り込むことにはもう一つの目的があり、それは、内外時事欄を設けたことと相まって、専門家だけではなく「大衆（grand public）」[22]をも読者として想定するためである。確かに、「新時代」[23]、換言すれば大衆民主主義の到来を前にして、同誌を「万人に開かれた論壇」[24]にしようという発想には先見の明が感じられるが、しかし、彼が雑誌を運営していた時期（一九〇三年まで）には政治学関係の論説はほとんど取り上げられることはなく、この目論見は成功したとはいえない。[25]それよりも重要なのは、同誌が海外の公法の専門家に広く開かれていたことであり、この「学問的コスモポリタニスム」あるいは「コスモポリタン的性質」[26]は海外の著名な論者の寄稿をとおして同誌の国際的名声を高めたといわれる。[27]また、書評欄はいくつかの重要な論争を誘発したという点で重要である。[28]いずれにしても、彼は「公法の総合雑誌」[29]としての同誌の編集をとおして公法学の自立化に努めるとともに、フランスの公法学界に大きな影響力を行使したと思われるが、その際、常設の編集委員会は設置されることなく、パリ法科大学出身者の協力を得て編集がなされたとのことである。[30]このような彼の編集方針は「方法論なき一種の折衷主義と公法学のあらゆる傾向に対する開放」[31]とであるといわれるが、そこには二つの相矛盾する側面があることを看過してはならない。すなわち、la science pour la science の側面と la science pour la politique の側面とであり、一方で、公法学の自立化を目指す以上、政治の世界から一定の距離を保って学問的な中立性と客観性とが確立・維持されなければならない。学問としての公法学は「それが真理であると信じることを主張する権利を有する」[32]のである。しかし他方で、レジストとして共和制とその下における政治権力とを正当化しなければならない。憲法「理論の学問的専門家」あるいは「学問の名における政治制度の専門家」[33]としての役割が時の政治権力から求められるのである。これら学問性と実用性のうち、公法学それ自体が共和派左派政権と高等教育行政の官僚とによって創られ、これらのレジストによって主導されたものである以上、後者の傾向を否定することはできず、指摘される同誌の実用性はこのような傾向の反映とみるべきであろう[34]。もちろん、公法理論と同誌とにおける実用性はあくまで全体としての傾向であり、個々の理論や論稿の中には学問的に優れたものも多くあることは誰も否定しない。と同時に、公法学も含めた法学それ自体が実用的な学問分野であることを忘れてはならない。

『公法雑誌』におけるこのような実用主義的傾向はその運営がラルノードからジェーズに代わったことによって強められたといわれる。実は、すでに示唆したようにラルノードが運営していた時期（ラルノード時代）は比較的短く九年であるのに対して、ジェーズ時代は半世紀も続いた（一九五三年まで）。ここでは、ジェーズ時代について詳しく述べることはできないので、両時代を簡単に比較することにしよう。その後ボルドー学派に属し行政法と財政法との著名な専門家として知られるようになるジェーズは、同誌の運営を任された当時リール大学法学部に属しており（一九〇一年まではエックス＝マルセイユ大学法学部）、パリ大学法学部に赴任したのは一九〇九年である（行政法・公法と財政法担当[35]）。当時政治活動や大学行政で多忙であったラルノードは雑誌として一定の目途が立ったことからジェーズ（ラルノード以上に共和派左派に近いといわれる）のような無名の新人を運営者とすることによって雑誌への影響力を保持しようとしたといわれるが、実際には、運営から退いた後は雑誌と距離を置くようになったようである。(36) その結果、ジェーズ時代には「明確な方針転換」がなされ、行政法と判例（行政事件が中心）が重視されるようになり、公法の一般理論よりも実定法と技術的問題に関心が集まるようになった。(37) 良くも悪くも実用主義的傾向が強まったわけであるが、ラルノード時代に「公法学を普及させる主要な場の一つ」(38) として出発した同誌は、ジェーズ時代をとおして、公法系の著名な論者が論文を発表し、若手がそこでの論文発表をとおして学界に認知される場(39) へと大きく飛躍したとえる。その意味で、ラルノードを同誌の生みの親であるというとすれば、ジェーズはその育ての親であるということができるであろう。

ところで、『公法雑誌』が創刊されたのと同じ年にフルニエによって『議会政治雑誌（Revue polique et parlementaire）』が創刊された。当時、彼は高等教育関係のパリにおけるポストを狙っていたが、この目的を達するうえでエスマンが重要な役割を果たしうると判断していたようである。そのフルニエによれば、『議会政治雑誌』は民主制の下における政界・議会に関する出版物の必要に応えて、とりわけ立法に関するさまざまな情報を直接または間接に立法にかかわる人々に提供しようとするものである。(40) このような意味における「新しい種類の機関」としての同誌は、内外における主要な立法問題を専門的に論じる部分とそれに関する資料・情報を提供する部分とから成り、立法資料にもとづいて文明諸国における政治・立法・社会の動向を提示する。[41] したがって、『公法雑誌』とは異なる意味での実用性を狙った雑誌であり、普通選挙にもとづいた議会主義が開花しようとするとき、その出現は時宜を得たものであるといえるが、ここで指摘したいのは次の事実である。すなわち、ラルノードとフルニエはエスマンと強く結びついており、[42] その両者が創刊した雑誌のそれぞれの創刊号にエスマンの憲法関係の論文が掲載されたという事実である。[43] この事実はエスマンのレジストとしての立場を象徴するとともに、この立場を広く世に知らしめた、[44] さらにいえば、誇示したといえるのではないか。そこで、レジストとしのエスマンについて論じなければならない。

二　レジストとしてのエスマン

本章の冒頭で述べたようにエスマンは業績とそこで示された学識との故にパリ法科大学で法制史を担当することになったのに対して、レジストとして憲法を担当するうえで重視されたのは高等専門学校（École pratique des hautes études. 一八六八年創設）の第五部門（宗教学）においてカノン法を担当したことである。この部門は共和派左派による「高等教育の世俗化政策の主要部分」として新設されたが、[45] 一八八六年以来非カトリックの彼がそこでカノン法を担当することによって、彼の立場が積極的な世俗主義であることが示されたのである。[46] かくして、このような意味における

「イデオロギー的『美徳』」を共和派左派によって見込まれた彼は、「社会の世俗化という共和派［左派］政府の政策にとって不可欠な補助要員となった」[47]のである。

ところで、エスマンの法学者としての経歴は第三共和制の確立過程と不思議なくらい結びついている。すなわち、彼は第三共和制憲法が成立した一八七五年に教授資格試験に合格し、共和派が元老院で過半数を制し、クレヴィーが大統領となる一八七九年にパリ法科大学に赴任し、ブーランジェ事件が頂点に達する一八八九年に憲法を担当するようになった。もちろんこれらは偶然であるが、エスマンが憲法を担当することになった当時の第三共和制においては、共和派が権力を掌握したとはいえ、一方でことあるごとにカトリック勢力などと結びつく王党派はいまだあなどれない存在であり、他方でブーランジェ事件で普通選挙の危険性が示され（一一〇頁参照）、共和制それ自体が左右両翼から挟撃される可能性があった。このような状況の下で法科大学における憲法教育を通じて共和制を社会に根づかせようとした共和派政府は、とりわけすでに述べた高等専門学校における宗教教育をとおしていわば「共和制的気質」[48]が証明済みであるとともに、すでにパリ法科大学においていくつかの講義を担当し法学者として名声を確立していたエスマンにパリ法科大学における憲法教育を委ねたのである。[49]その結果、彼が憲法を講義することの目的は、「共和制に関する真正の教理問答の普及によって体制を磐石なものとすること」[50]、あるいは、「共和制的諸制度に好意的な態度を優先」[51]させて憲法学の領域で共和制を死守することであった。このようなレジストとしての役割を彼が果たした争点として、内閣は元老院の不信任決議によって総辞職しなければならないか否か、法律特別執行令にコンセイユ・デタの審査権が及ぶか否か（＝委任立法の問題）、公務員の労働組合問題などがあるが、ここでは、第三共和制初期の憲法運用をめぐる重要な争点であるとともに彼が初めてレジストとしての役割を果たした第一の問題を取り上げることにしよう。(52) この問題をめぐる政治的対立は『憲法原理』が政治家・マスコミ・官僚にとって「必須の典拠」(53) となる契機でもあり、同書に対する評価を決定づけた。さらに、レジストとしての役割が理論を歪める傾向をすでにこの政治的対立への対応の中に垣間見ることができるという点でも、この問題への彼の対応はここで取り上げるに値するであろう。

『憲法原理』が出版された一八九六年は確かにすでにドレフュス事件は始まっていた（一二〇―一二一頁参照）が、しかし表面化することなく、一般にはほとんど注目されていなかった。その意味で、共和派内部における稳健派から急進派への主導権の潜在的移行期であり、オルレアン派の流れをくむ稳健派（新オポルチュニスト（進歩派））による支配は相対的安定を得ていた。(54) 共和派内部におけるこのような保守勢力がその力を見せつけたのが、最初の急進派内閣であるレオン・ブルジョワ内閣の総辞職である。一八九五年一一月一日に成立した同内閣は、主要政策の一つとして一パーセントから最高五パーセントというごく控えめな累進所得税の導入によって長年の課題であった不公正税制を是正して財政を改革しようとした。しかし、所得税は社会主義に至る危険な政策であると当時一般に思われていたことから、保守的な元老院は所得税の導入に強く反対して、マダガスカル遠征（一八九六年に植民地化）に必要な予算を延長する法案を否決して、初めて内閣を総辞職に追い込んだのである（一八九六年四月二六日）[55]。ここで問題にすべきは、第三共和制憲法が「大臣は政府の一般政策について両議院（les Chambres）に対して連帯して責任を負い、……」（公権力の組織に関する一八七五年二月二五日法律六条）と規定するとき、元老院による責任追及に内閣総辞職という法的効果が伴うか否かである。この問題を議院内閣制の問題と捉えるか、二院制の問題と捉えるかは微妙であるが、元老院は第三共和制（憲法）を成立させた政治的妥協を可能にしたという意味で重要な制度であり[56]、それにかかわる憲法運用は体制の将来を左右するといっても過言ではない[57]。この点、一八八九年以来パリ法科大学において憲法を担当することになったエスマンが本節一で述べた経緯をとおしてレジストとして認知されていたこと、その彼の『憲法原理』の一部が分冊（fascicule）という形で一八九五年一〇月頃から流通していたこと[58]などから、彼は元老院での審議の進行中にある雑誌のインタビューにおいて「憲法争議を解決するために専門の憲法学者として意見」を求められ、同内閣を支持する見解、つまり「内閣は元老院の議決によっては総辞職する義務を負わない」と主張した。初めて憲法学者が憲法問題の御意見番として登場したわけであるが、その反響は大きく、以後、憲法学者はマスコミの「専門的情報源」となる[59]とともに、同様の主張が繰り返された『憲法原理』（一・六二三―六二六および八二一―八三一。さらに、五・七三八―七六〇も参照）は、この政変と同時進行的に準備・出版されたこともあって、「進歩的共和派陣営を支持するものとして」[60]、すでに述べたように政治家・マスコミ・官僚にとって「必須の典拠」となったのである。しかしながら、この主張の論拠は薄弱であるといわざるをえない。同憲法の制定者が内閣の責任追及において両議院が対等であることを意図していたこと、さらに、ティラール内閣が元老院によって総辞職に追い込まれた事実（本節註（55）参照）を確認したうえで、それにもかかわらず、元老院は本来「調整と安定の」機関であること、解散されない元老院に倒閣権を認めれば元老院が「至高の権力」と化してしまい、執行府と両議院の均衡という議院内閣制の精神に反することなどを理由に、彼は内閣の対元老院責任は総辞職には至らない責任にとどまるという。そして、「大臣は政府の一般政策について両議院に対して連帯して責任を負」うという、「議院内閣制に関する一般的で古典的な規定」からは、歴史的考察や比較法的考察という「健全な方法」をもってしてはこれ以上のことを導き出すことはできないという。しかし、同憲法が制定されて約二〇年しか経過しておらず、しかもその間に元老院をめぐる政治勢力などの事情の大きな変化がない中にあって、両議院は立法においても統治においても対等であるという憲法制定者の明確な意図をこのような一般的な理由によって否定することができるとは思えない。[61] また、「歴史と比較法」は条文の内在的解釈を補強するものであり、前者によって後者を否定するには強力な論拠が必要であるが、彼によって提示された論拠がそれに値するとは思えない。結局、彼の主張はレオン・ブルジョワ内閣を支持するという目的＝結論が先行し、この目的＝結論によって条文の解釈が歪められているといわざるをえないのではないか[62]。これはレジストとしての宿命であるとしかいいようがないが、これもって彼は御用学者であるとまではいえない。というのは、彼の場合、現実の認識・理論（理念）・条文の解釈を歪める先行する目的＝結論は急進派の憲法運用には限られないからであり、この点については次節一2で取り上げることにしよう。

いずれにしても、エスマンの努力も虚しく、レオン・ブルジョワ内閣の総辞職をとおして、「元老院はその信任を拒否することによって政府を倒すことができるという慣習的規範が承認された」[63]。また、彼の主張が通説化したわけでもない[64]。しかし、『憲法原理』はその出版が偶然同内閣の政変と重なったことをとおして繰り返し述べているように政治家・マスコミ・官僚にとって「必須の典拠」となったのである。さらに、憲法学の「公式本」として「教科書市場を独占し、……急速に法学文献の古典と化した」[65]。そこで節を改めて同書について検討しなければならないが、その前に彼について確認しておこう。彼はその後もレジストとしての役割をよく果たし、共和派（急進派）政府の下でさまざまな要職を歴任し[66]、一九〇六年にはレジオン・ドヌール勲章を授与された。彼は、生まれたばかりの憲法学の先導者として共和派（急進派）政府と大学の「中継点」[67]となり、共和派（急進派）の共和制を擁護したのであり、さらにいえば、安定期の第三共和制下で憲法学者として栄華を極めたのである。その結果、一九一〇年前後の彼を「フランス第三共和制の国法学の長老（Doyen）[68]」ということができるであろう。

（1）高橋和之「エスマンとデュギー」杉原泰雄編『講座・憲法学の基礎4』一九八九年八九—九〇頁。ただし、エスマンは二度（一八七三年と一八七四年）教授資格試験に失敗している（Guillaume Sacriste, "Adhémar Esmein en son époque Un légiste au service de la République" in Stéphane Pinon et Pierre-Henri Prélot (dir.), *Le droit constitutionnel d'Adhémar Esmein*, 2009, p. 20）。

（2）Ibid., pp. 20-22. パリ法科大学のポストを得るには教授資格試験に首席ないし次席で合格しなければならないというのが慣行であったといわれる（Guillaume Sacriste, *La République des constitutionnalistes*, 2011, pp. 202-203）。

（3）Cf. *ibid.*, pp. 204 et 349 note 21 ; Jean-Claude Colliard, "Portrait d'Adhémar Esmein" in S. Pinon et P.-H. Prélot (dir.), *supra note* (1), p. 5.

（4）Cf. G. Sacriste, *supra note* (2), p. 336.

（5）Alphonse de Beauchamps, *Recueil des lois et règlements sur l'enseignement supérieur*, t. V, 1898, p12. さらに、前章第一節註（17）も参照。

（6）André Weiss, "Notice sur la vie et les travaux de M.A. Esmein" in S. Pinon et P.-H. Prélot (dir.), *supra note* (1), p. 261.

（7）高橋・前掲論文（1）、九〇頁。さらに、cf. Pierre Favre, *Naissances de la science politique en France (1870-1914)*, 1989, p. 192. 法制史と憲法に限らず、ローマ法と民法を前提としてあらゆる法の領域に関心を示す、その意味で法学の「オールラウンドプレーヤー（*esprit universel*）」（Julien Bonnecase, *La pensée juridique française de 1804 à l'heure présente*, t. I, 1933, pp. 459-460）としてのエスマンの業績については、cf. S. Pinon et P.-H. Prélot (dir.), *supra note* (1), pp. 233-245.

（8）Joseph Barthélemy, "Préface de la sixième édition", Adhémar Esmein, *Éléments de droit constitutionnel français et comparé*, 6e éd., 1914, p. XIV.

（9）G. Sacriste, supra note（1）, p. 11 ; Stéphane Pinon, "Regard critique sur les leçons d'un《maître》du droit constitutionnel Le cas Adhémar Esmein（1848-1913）", Revue du droit public, 2007, p. 200. さらに、cf. J. Bonnecase, *supra note*（7）, p. 461.

（10）Armel Le Divellec, "La fondation et les débuts de la Revue du droit public et de la science politique（1894-1914）", Revue du droit public, 2011, pp. 528-529 ; G. Sacriste, *supra note*（2）, pp. 128 et 260 ; Patrick Arabeyre, Jean-Louis Halpérin et Jacques Krynen（dir.）, *Dictionnaire historique des jurists français*（*XIIe-XXe siècle*）, 2007, p. 609（écrit par Grégoire Bigot）; Guillaume Richard, *Enseigner le droit public à Paris sous la Troisième République*, 2015, pp. 841-843.

（11）Ibid., p. 528.

（12）Ferdinand Larnaude, "Le droit public. sa conception. sa méthode" in *Les méthodes juridiques*, 1911, p. 22.

（13）Ibid., p. 43. さらに、cf. Ferdinand Larnaude, *Les sciences juridiques et politiques*, 1915（rééd.）, p. 49.

（14）Cf. Adhémar Esmein, *Éléments de droit constitutionnel français et comparé*, 2e éd., 1899, pp. VIII-IX. 以下、本章における同書からの引用は（版・頁）という形で示した。

（15）Cf. Ferdinand Larnaude, "Préface", Paul Laband, *Le droit public de l'empire allemend*, t. I, 1900, pp. IX-XV.

（16）Ferdinand Larnaude, "Notre programme", Revue du droit public, 1894, p. 2.

（17）A. Le Divellec, supra note（10）, p. 525.

（18）Ibid., p. 522.

（19）G. Sacriste, *supra note*（2）, p. 159.

（20）F. Larnaude, supra note（16）, p. 4. 公法とかかわりのある私法原理も対象とされる（p. 5）。

（21）Ibid., p. 3.

（22）Ibid., p. 12.

(23)　Ibid., p. 13.

(24)　Ibid., p. 12.

(25)　A. Le Divellec, supra note (10), pp. 526-527 et 538.

(26)　F. Larnaude, supra note (16), pp. 10 et 11.

(27)　A. Le Divellec, supra note (10), pp. 534-535. ラルノード時代における海外の寄稿として、例えば、Vittorio Emanuele Orlando, “Du fondement juridique de la représentation politique”, 1895 ; Max von Seydel, “Le Chancelier de l'Empire allemande”, 1895 ; Hermann Rehm, “Les tribunaux militaires en Allemagne”, 1900 ; William F. Willougby, “Les départements exécutifs du gouvernement des États-Unis à Washington”, 1901 ; Georg Jellinek, “La déclaration des droits de l'homme et du citoyen”, 1902 などがある。

(28)　Cf. A. Le Divellec, supra note (10), pp. 540 et 548-549.

(29)　Ibid., p. 523.

(30)　Ibid., p. 532-533.

(31)　Ibid., p. 550.

(32)　F. Larnaude, supra note (16), p. 13.

(33)　*Ibid.*, pp. 162 et 163.

(34)　Cf. A. Le Divellec, supra note (10), pp. 542 et 549.

(35)　Ibid., pp. 530-531 ; P. Arabeyre, J.-L. Halpérin et J. Krynen (dir.), *supra note* (10), pp. 554-555 (écrit par Marc Milet) ; G. Richard, *supra note* (10), pp. 836-840.

(36)　Ibid., p. 531.

(37)　Ibid., pp. 532, 538-539 et 541-543.

(38)　Ibid., p. 529.

(39)　Ibid., p. 553.

（40） Marcel Fournier, "Notre programme", Revue polique et parlementaire, 1984, pp. 1-2.

（41） Ibid., pp. 4-5.

（42） Cf. G. Sacriste, *supra note*（2）, p. 260.

（43） "Deux formes de gouvernement" は『公法雑誌』の創刊号の文字通り巻頭論文であるが、"De la délégation du pouvoir législatif" は『政治議会雑誌』の創刊号の第二分冊（巻頭ではない）に掲載された。

（44） Cf. *ibid.*, pp. 316 et 338-339.

（45） *Ibid*, p. 219. さらに、cf. p. 213 ; G. Sacriste, supra note（1）, pp. 23-25.

（46） Cf. Dominique Chagnollaud, "Avant-propos", Adhémar Esmein, *Éléments de droit constitutionnel français et comparé*, 6ᵉ éd., 1914（rééd., 2001）, pp. 6-7（この序文には頁数が付されておらず、数字は本書の筆者が前から付したものである）.

（47） G. Sacriste, *supra note*（2）, p. 221. S. Pinon, supra note（9）, p. 194 も同旨。さらに、cf. Paul Fournier, "Esmein hitorien du droit", Revue internationale de l'enseignement, 1916, pp. 86-87.

（48） Jean-Louis Halpérin, "Adhémar Esmein et les ambitions de l'histoire du droit", Revue historique de droit français et étranger, 1997, p. 416. ただし、ラルノードと異なり、エスマンは積極的な政治活動は行わなかったようである。

（49） ただし、エスマンは一八八九年から一八九四年まで（G. Richard, *supra note*（10）, pp. 835-836）パリ法科大学の「学士課程一年目の学生に憲法学を講義した［が、］憲法学講座［それ自体］を担当したことはなく、あくまで法史学講座の担当であった」（春山習「フランス第三共和制憲法学の誕生――アデマール・エスマンの憲法学――」早稲田法学九二巻四号二〇一七年七七頁）。なお、当時の公教育相は急進派のレオン・ブルジョワであり（Benoît Yvert（dir.）, *Dictionnaire des ministres de 1789 à 1989*, 1990, p. 329）、したがって、憲法の担当者は共和制だけではなく政教分離も擁護しなければならなかった（cf. G. Sacriste, supra note（1）, pp. 22-27）が、プロテスタントの家庭に育ったエスマンの「共和制的気質」は後者の点でも適任であった（J.-C. Colliard, supra note（3）, p. 4. ただし、cf. H. Stuart Jones, *The French state in question*, p. 190 note 41）。さらに、cf. Yves-Henri Gaudemet, *Les juristes et* *la vie politique de la IIIe République*, 1970, p. 27.

（50）S. Pinon, supra note（9）, p. 205. さらに、cf. p. 199.

（51）J.-L. Halpérin, supra note（48）, p. 424.

（52）公務員の労働組合問題については次節二3で取り上げるので、ここでは、法律特別執行令にコンセイユ・デタの審査権が及ぶか否かという問題（＝委任立法の問題）について簡単に述べておきたい。法律特別執行令（règlement d'administration publique）とは、法律を適用するため、その法律にもとづいて大統領によって制定されることが義務づけられている命令で、制定に際してコンセイユ・デタの総会の審議を必要とする（訳語については、山口俊夫編『フランス法辞典』二〇〇二年五〇一頁に拠る）。法律特別執行令は「近代フランスにおいて極めて広汎に用いられている命令形式」である（エスマンが活躍した時代の直近の根拠法令はコンセイユ・デタの組織に関する一八七二年五月二四日法律）ことから、「その憲法上の性格を確定すること」が重要となる（水野豊志『委任立法の研究』一九六〇年三一九頁）。つまり、そこに立法権の委任を認めればそれは立法行為であるのでコンセイユ・デタの審査権は及ばないが、認めなければ純粋な行政行為であるので及ぶわけである。コンセイユ・デタは長らく前者の立場に立っていたが、「権力分立主義の上に立つ硬性成文憲法主義の伝統」（同右・三〇〇頁）の下で立法権の委任を前提とするコンセイユ・デタの立場に対する批判が高まり、コンセイユ・デタは一九〇七年に判例を変更して法律特別執行令に対する審査権を認めた。ただし、審査権を認める根拠は法律特別執行令の制定機関という形式的側面であり、その中身（対象事項）は立法権の委任にもとづいた立法行為であるという理解は維持された（C.E., 6 décembre 1907, Marceau Long et al., *Les grands arrêts de la jurisprudence administrative*, 9e éd., 1990, p. 111）。このような経緯の中で、純粋代表制を理想とする彼にとって実質的意味の法律（彼の法律の定義については、一・一〇、五・一五参照）を制定する権限は議会によって独占されなければならず、立法権の委任は認められないので、あらゆる行政命令は法律の要素を含まず、法律特別執行令も含めてコンセイユ・デタの審査に服すべきである。そして、このような立場で執筆された、すでに取り上げた『議会政治雑誌』の創刊号に掲載された「立法権の委任について」（次節註（19）参照）は立法権の委任を前提とするコンセイユ・デタの判例を批判する学説の形成に大きく貢献し、その変更を促した。その結果、彼にとって常に「権威主義の危険」（G. Sacriste, supra note (1), p. 39）を孕んだ執行府を合法性の統制をとおして議会に服従させることが、すでに述べたコンセイユ・デタの判例変更によって勝ち取られたのである。もちろん彼は、コンセイユ・デタが法律特別執行令の実質的側面に立法権の委任を認めることには批判的であり（五・六一八—六二二）、彼以外の「大部分の法律学者［も］それに反対しつづけた（同右・三三二頁）。さらに、cf. Guillaume Sacriste, "La doctrine constitutionnelle et la loi au tournant du XXe siècle", Parlement(s), Revue d'histoire politique, 2009, pp. 48-49. なお、法律特別執行令は一九八〇年に廃止された。法律特別執行令については、さらに、村田尚紀『委任立法の研究』一九九〇年一一〇—一一三頁も参照。

（53） G. Sacriste, *supra note* (2), p. 343.

（54） 中木康夫『フランス政治史　上』一九七五年二八九—二九一頁。

（55） 山本桂一編『フランス第三共和政の研究』一九六六年一九—二二頁（石原司執筆）、ウィリアム・シャイラー（井上勇訳）『フランス第三共和制の興亡1』一九七一年九四—九五頁、中村英「議会第二院による倒閣について——第三共和制フランスでの大臣責任論の対立——」法学四四巻四号一九八〇年八五—八六頁、Jean-Pierre Marichy, *La deuxième chambre dans la vie politique française depuis 1875*, 1969, pp. 505-507. 元老院が初めて内閣を総辞職に追い込んだのはティラール内閣（一八八九年二月二八日—一八九〇年三月一七日）である（p. 505）が、その総辞職の実質的原因は内閣の内部対立であるのに対して、レオン・ブルジョワ内閣は繰り返し代議院の信任を得て元老院の問責質問（interpellation）に対抗したにもかかわらず、軍事予算を盾に元老院によって総辞職に追い込まれた。後者が「元老院の最初の真の犠牲者である」（*ibid.*）といわれる所以である。

（56） Cf. *ibid.*, pp. 119-133 ; Karen Fiorentino, *La seconde Chambre en France dans l'histoire des institutions et des idées politiques (1789-1940)*, 2008, pp. 410-412 ; Michel Verpeaux, "L'amendement Wallon, ou le provisoire durable" in *L'État, le Droit, le Politique Mélanges en l'honneur de Jean-Claude Colliard*, 2014, pp. 287-289. さらに、本節註（61）も参照。

（57） Cf. Jean-Jacques Chevallier et Gérard Conac, *Histoire des institutions et des régimes politiques de la France de*

1789 à nos jours, 8e éd., 1991, p. 344.

（58）G. Sacriste, *supra note* (2), p. 339. ただし、分冊が具体的にいかなる形（例えば、ゲラを束ねたようなもの）をとっていたかは明らかではない（中村・前掲論文註（55）、八五頁参照）。なお、第二分冊が一八九六年の三月から四月にかけて流通し始めたとのことである（p. 343）。

（59）*Ibid*., pp. 341-342.

（60）*Ibid*., p. 343.

（61）その際、一八八四年の憲法改正によって一定の範囲で元老院が民主化されたことの効果をいかに評価するかは難しい問題である。第三共和制憲法の制定過程において共和制が受け入れられた要因の一つは元老院の非民主的要素、つまり定数三〇〇人のうち、七五人は国民議会によって終身議員として指名され、二二五人は地方のコミューンに有利な間接選挙によって選出されるという構成である（元老院の組織に関する一八七五年二月二四日法律一条、四条および七条）。元老院のこのような非民主的要素は代議院の民主的要素に対抗するものであるから、元老院の権限と反比例せず現に立法については両議院は対等である（只野雅人『代表における等質性と多様性』二〇一七年二〇二―二〇七頁参照）。ところが、一八八四年の憲法改正によって終身議員制度は廃止されるとともに、地方の過大代表は一定の範囲で緩和された。その結果、元老院と代議院の関係は非民主的議院と民主的議院の対抗関係から、民主的正統性という点で元老院が代議院に劣るという関係へと変質してしまった。後者の関係においては、通常、議院の構成と権限とは反比例することからすれば、両議院による内閣の責任追及は対等ではなく、民主的正統性の弱い元老院は民主的正統性の強い代議院と同じ内容の責任を追及することはできないと考えることも可能である。このように考えれば、一八八四年の憲法改正はエスマンの主張に有利なはずであるが、彼はこの憲法改正に伴う両院関係の変質を自説の論拠として持ち出さない。

（62）ある論者は、「エスマンが、下院による倒閣のみを認める解釈を苦労して行った動機について、……行政部と立法部との均衡を通じての安定した内閣の確立、少くも、内閣のより一層の不安定化の阻止というねらいにあったのではないかと」推測している（中村・前掲論文註（55）、九〇頁註（12））。

（63） Jean Petot, *Les grandes étapes du régime républicain français* (*1792-1969*), 1970, p. 448 note 11. 具体的には、cf. Maurice Duverger, *Constitutions et documents politiques*, 11e éd., pp. 512-518, 同右・九九—一〇一頁参照。

（64） エスマンに反対する、したがって元老院による倒閣を認めるものとして、Léon Duguit, *Traité de droit constitutionnel*, 2e éd., t. IV, 1924, pp. 854-859（詳しくは、同右・九一—九六頁参照）; Félix Moreau, *Précis élémentaire de droit constitutionnel*, 11e éd., 1933, pp. 345-347. それに対して、『フランス比較憲法原理』の第六版を補訂したバルテルミー（本書二一一頁および二五七—二五八頁参照）はエスマンの主張に近いようであり（Joseph-Barthélemy et Paul Duez, *Traité de droit constitutionnel*, nouvelle éd., 1933, pp. 711-712）、それ故、同版の関係個所（六・八一五—八三九）にはほとんど加筆・訂正がなされていない。なお、エスマン以前の憲法学においてこの問題に言及するのはルフェーヴルであるが、ルフェーヴルは好ましくないとしながらも元老院による倒閣を容認しているようである（Charles Lefebvre, *Étude sur les lois constitutionnelles de 1875*, 1882（rééd.）, pp. 165-167）。

（65） Guillaume Sacriste, "Droit, histoire et politique en 1900. Sur quelques implications politiques de la méthode du droit constitutionnel à la fin du XIXème siècle", Revue d'histoire des sciences humaines, 2001, p. 87. その結果、『（フランス比較）憲法原理』は毎年何千部も売れたといわれる（Julien Boudon, "Esmein, le droit constitutionnel et la Constitution" in S. Pinon et P.-H. Prélot（dir.）, *supra note*（1）, p. 88）。

（66） エスマンの略歴については、Julien Boudon, "La méthode juridique selon Adhémar Esmein" in Nader Hakim et Fabrice Melleray, *Le renouveau de la doctrine française*, 2009, p. 272 note 2 が簡便である。また、高等教育行政とのつながりによって公法学の領域においてエスマンに研究・教育資源が集中したということについては、cf. G. Sacriste, *supra note*（2）, pp. 212-213, 230 et 260. さらに、cf. P. Favre, *supra note*（7）, p. 193.

（67） S. Pinon, supra note（9）, p. 200. 一八九六年の教授資格の分割（一三三頁参照）へのエスマンの関与については、cf. G. Richard, *supra note*（10）, pp. 257-278（とくに、pp. 268-274）、小島慎司『制度と自由』二〇一三年五頁註（12）および七—八頁参照。

（68） Christoph Schönberger, *Das Parlament im Anstaltsstaat*, 1997, S. 289.

第二節　エスマンの国民主権論

フランスにおいて国民主権の原理を初めて体系的に論じたのはエスマン『フランス比較憲法原理（*Éléments de droit constitutionnel français et comparé*）[1]』であり、エスマンはその初版の序文で、同書は「わが国のような偉大で自由な共和国に広く行き渡るであろう研究」（一・Ⅱ）であると述べたが、その初版は内外の高い評価を得、彼に憲法学者としての不動の地位をもたらした。同書によって、彼は「誕生したばかりの〔憲法学の〕『最高権威（*pape*）[2]』」となったのである。同書が初版の時点でフランス近代憲法理論の古典と化した外的理由については前節の末尾で述べたが、同書の初版がこのように評価されたのはもちろんそれにふさわしい内容（内的理由）を有するからであり、この点で同書の出現はフランス近代憲法理論における「画期（date clef）[3]」なのである。このような同書は第一部で「西欧における自由な人々（peuples）の憲法」（一・Ⅰ）を、第二部で第三共和制憲法を、それぞれ扱っているが、前者はすでに戦前のわが国に宮沢俊義によって紹介されている。すなわち前者は、イギリス憲法に由来する四つの原理（éléments）である代表制・二院制・大臣責任制・議院内閣制と、啓蒙思想とフランス革命とに由来する四つの原理である国民主権・権力分立・個人権・成文憲法とから成るが、宮沢俊義「立憲主義の原理」一九三七年はこれら八つの原理を要約したもの、しかも巧みに要約したものである。[4] また、深瀬忠一「A・エスマンの憲法学」北大法学論集一五巻二号一九六四年は、主として同書の方法論の特徴について論じたものである。これらも含めて、わが国におけるこれまでのエスマン研究の中でもっとも重要なのは、高橋和之「エスマンの憲法学」および「エスマンと半代表制論」[5] であろう。高橋和之がこれらの中で、エスマンの、国家に関する法的一般理論・国民主権論・代表制論を詳細に分析していることからすれば、もはや憲法学の立場からエスマンを論じる余地はないのではないかとの感が禁じえない。しかし注目すべきは、「法人格理論の要石ともいうべき『機関理論』が、エスマンには厳密な意味では全く欠落している」[6] という高橋の指摘である。エスマンによれば、主権の帰属主体としての国家は「法人にすぎず、法的擬制にすぎないので、主権はその名において一人または複数の自然人によって行使されなければならない」（一・三。さらに、一七九も参照。五・四。さらに、二五一も参照）。となると、なぜエスマンは、この「一人または複数の自然人」を国家の機関として位置づけなかったのか。彼は、序（introduction）の冒頭で、「国家は国民の法人格化である」（一・一、および五・二）と述べたうえで、高橋によれば、「法実証主義の国家法人格論に類似した法的国家理論を構成する」[7]。「類似した」というのは、すでに指摘したようにエスマンの法的国家論には機関理論が欠如しているからである。そこで本節では、なぜエスマンの法的国家論が機関理論を伴わなかったのかという観点から彼の国民主権論を分析したい。[8] そうすることによって、彼の国民主権論の特徴を浮かび上がらせることができるであろう。ただその前に、同書についていくつか述べておかなければならない。

一　『フランス比較憲法原理』の書誌学と方法論

1　『フランス比較憲法原理』の書誌学

前章第二節（一五六頁）で示したように、エスマンがパリ法科大学で憲法を講義し始めた当時、共和制を前提とした本格的な憲法の体系書は存在しなかったし、彼自身もそのように認識していた（一四七頁）。このような状況の下で、『フランス比較憲法原理』は共和制を前提とした憲法の「最初の体系書」[9]であり、しかも同書によっていきなり「古典的憲法理論の集大成がなしとげられ、現代憲法理論の礎石が据えられたのであ」[10]る。その結果、ラーバント『ドイツ国法論』の場合と同様に、他の論者は『フランス比較憲法原理』との関係で自説を形成したのであり、その意味で、同書は誕生したばかりの憲法学における「公式のモデル」[12]あるいは「完成されたモデル」[13]となったのである。同書の初版が出版された「年代に着目する時、彼の作品がいかに画期的なものであったかが分る」[14]といわれる所以である。

ところで、わが国では多くの場合、『フランス比較憲法原理』はその初版が一八九五年に出版されたとされている[15]。しかし、ここには二つの誤りが含まれている。すなわち、初版のタイトルは

『憲法原理（*Eléments de droit constitutionnel*）』であり、その出版は一八九六年である。そして、タイトルが『フランス比較憲法原理（*Eléments de droit constitutionnel français et comparé*）』となるのは第二版（一八九九年）からである。これらのことからすれば、『フランス比較憲法原理』に関する簡単な書誌的考察が必要であるといわざるをえない。

いま一度繰り返せば、初版のタイトルは『憲法原理』であり、その出版は一八九六年である。[16] 一八九九年に出版された第二版からタイトルが『フランス比較憲法原理』となるとともに索引が付され、[17] 第三版は一九〇三年に、第四版は一九〇六年に、第五版は一九〇九年に、第六版は一九一四年に、第七版は一九二一年に、第八版は一九二七年に第一巻が、一九二八年に第二巻が、それぞれ出版された。また、第七版から二巻本となった。エスマン生前の最終改定版は第五版である。第六版はバルテルミーによって、バルテルミーが代議院議員に選出された（一九一九年）ことから第七版と第八版はネザールによって、それぞれ補訂された。[18] 第六版におけるバルテルミーの序文はエスマンの憲法学の特徴を知るうえで有益である。なお、第六版が二〇〇一年に復刊された。

以上のような『フランス比較憲法原理』に関する簡単な書誌的考察からすれば、エスマンの憲法学を論じる場合に基本とすべきは生前の最終改定版である第五版のように思われるかもしれないが、実はそうではない。初版が出版される前に、すでに述べた（前節註（43））ように彼は『公法雑誌』の創刊号（一八九四年）に「二つの統治形態（"Deux formes de gouvernement"）」という論文を発表したが、この論文は「彼の理論のみごとな要約であり、したがって、そこで展開されるのは……まさしく［彼の］憲法学の真髄である」[19]、あるいはその「綱領の表明である」[20]といわれる。ということは、彼の憲法学はすでに初版の段階で完成されていたといえるのではないか。現に、一般理論を扱っている第一部には、初版から第五版の間で、フランスと諸外国とにおける現行制度の変遷や学説の新しい動向に関する叙述を除けば大きな変化はない。そこにあるのは、むしろ彼の「理論における『一貫性[21]』」と、理論的な内容の変更とはかかわりのない表現上の変化とである。後者は彼の博識を支えたたゆまぬ精進の跡であろう。したがって、彼の憲法学における国民主権論も含めた一般理論を論じる場合に基本とすべきは初版であり、必要に応じて第二版から第五版までにおける変化を指摘すべきである。

2　憲法学における方法論

『フランス比較憲法原理』においてエスマンが採用した方法は、初版の序文で明確に示されているように、イギリス憲法と、フランス革命およびそれを準備した啓蒙思想に源を有する「西欧における自由な人々の憲法」とを、「歴史と比較法によって明らかにする」というものである。[22]「歴史と比較法」の対象がイギリス憲法と、フランス革命および啓蒙思想とされるのは、そもそも同書の目的が近代的自由の諸原理と諸制度とを明らかにすることにあるからである。そして、「歴史と比較法」の前提とされるのが観察である。すなわち、「観察にもとづく歴史的、比較的方法」[23]によって、歴史的に形成されてきた諸事実から、近代的自由を実現するための「公法学の基本原理を抽出する」[24]のである。その結果が、イギリス憲法に由来する四つの原理（éléments）である代表制・二院制・大臣責任制・議院内閣制と、フランス革命および啓蒙思想に由来する四つの原理である国民主権・権力分立・個人権・成文憲法とである。ここで注意すべきは、彼にとってこれらは理論ではなく原理だということである。つまりこれらは、「近代的自由を真に表す諸原理と諸制度との共通の基盤」（一・二二、および五・五二）から導き出されたものであり、近代的自由が存在しているところでは現に効力を有する規範なのである。したがって、例えば、彼が記述するのは国民主権論ではなく国民主権の原理である。ただ、その記述が価値判断を排除して客観的になされているかは疑問であり[25]、同様のことが諸原理の抽出過程でいわばふるいの役割を果たす「良識（bon sens）」[26]にも当てはまる。

このような方法論についてまず指摘すべきは、「歴史と比較法」にしろ、「良識」にしろ、とりたてて目新しいものではないということである。前者はモンテスキューまでさかのぼることができるが、とりわけロッシが『憲法講義』で意識的・体系的に用いたものである[27]。後者はモンテーニュに代表される人文主義の伝統であるが、エスマンにより近い時期では、エスマン以前の一連の政論家が憲法を論じるときに前提としていたものではないのか。[28] そもそもエスマンの「良識」に方法としてどれだけの客観性があるのか疑問であるが、いずれにしても彼の「良識が、方法論上および理念・制度論上、厳密な科学的検討・分析の徹底をはばんでいる」[29] ことは否定しえないであろう。次に指摘すべきは、諸原理の抽出過程が演繹的ではなく帰納的だということである。その原因はもちろん「歴史と比較法」という方法にあるが、彼がこの方法を採用することによって意識的に回避したものがある。それは、「公法学を民法学とその方法とに引き渡す誘惑」[30] である。その結果、彼の憲法学においては、一九世紀後半のドイツ国法学のように私法理論（フランスにおける註釈学派）が意識的・体系的に用いられることはなかった。その理由はドイツ法学に対する対抗意識（三・三八参照）というよりも、法制史家としてのいわば気質であるとともに、民法学との関係で「共和国のレジスト」として憲法学の学としての自立性を確保するためである[31]（前章第一節三参照）。また当時、註釈学派に代わる「歴史的で社会学的な」方法が求められていた中にあって、さらにいえば、民法学との関係で憲法学の学としての自立性を社会学を取り込むことによって実現しようとする動きがある中にあって、彼は社会学の重要性は認識しつつも（一・二〇―二一、および五・二五―二六）社会学とは一定の距離を保って、社会学との関係ではむしろ伝統的な解釈論を重視した。[32] もちろんそれは社会学との関係にとどまり、「歴史と比較法」が主たる方法であるとみるべきである（ただし、本節註（22）参照）が、ただ、その代償は小さくなかった。「歴史と比較法」

と帰納的方法とによって、「彼の憲法学におけるもろもろの基礎理論……の地盤はかなり脆弱[33]」なものとなった。そして、八つの原理（eléments）が「それら相互の論理関係の解明のもとに体系的に集大成されたわけではない。……それら諸制度・諸理論が相互の論理的関係に基づく体系性なしに羅列的に集大成された[34]」のである。

ところで、「第三共和制をつうじて……憲法学の大勢は、憲法解釈が成文憲法の認識作用ではないことを承認していた[35]」といわれる。エスマンも同様であり、彼の観察という科学性の背後には、「共和国のレジスト」として「憲法を共和派的に運用しようとする立場[36]」が潜んでいたのである。その結果、彼の憲法学においては、共和制というアプリオリな原理から法的概念が創出され、この法的概念は自らを生み出した共和制という原理によって過大評価され、この過大評価された法的概念によって観察が歪められる結果、彼によって認識される現実も歪められざるをえない。そして、「綿密な現実の観察が彼のアプリオリな確信と対立する場合、彼はどんな犠牲を払っても『規範的原理』〔＝共和制というアプリオリな原理〕を優先させる方を選ぶ[37]」のであり、その最たるものが、五・一六事件以後も、初版から第五版まで変わることなく彼によって主張され続けた二元型議院内閣制論（一・九六―一〇二、および五・一三二―一三九参照）である。ただし、議院内閣制論の場合、彼の主張は急進派によるグレヴィー憲法という一元型議院内閣制的憲法運用（＝現実）と一致しないのであり、「明確な規範的性質[38]」を有する「規範的原理」（＝議院内閣制における均衡）がこのような憲法運用に勝っているといえ、その限りで、一方で現実の認識が「規範的原理」によって歪められるが、[39]他方で政治権力との関係で憲法理論の自律性が保持されているといえる（一九九頁参照）。それはともかく、では彼にとって、観察と法的概念をこれほどまでに強く支配する共和制とは何か。彼にとって「一八七五年憲法と一体を成す共和制とは、一人の権力と多数人の権力とから体制を守るための手段以上のものでも以下のものでもない。要するに、『理性』主権に対する選好である」[40]。ここで「『理性』主権に対する選好」とは、政治権力を特定の個人・集団・機関から切り離すということであり、その結果としていまや自由な空間を含んだ、換言すれば理性的で知性的な存在となった共和制の真の敵、したがって彼の真の敵は、隠然たる力を保持する君主的正統性というよりも、ブーランジェ事件において普通選挙をとおして示された不合理な数の力なのである。その結果、復古王政から七月王政にかけて純理派によって主張された理性主権は彼の国民主権論を検討するに際して忘れてはならない視点となるであろう。

二　国民主権論

エスマンの主権に関する一般理論＝国家論には、カレ・ド・マルベール的な国民主権と人民主権の区別は存在しない。それだけに、この区別を知っているわれわれにとって、エスマンの主権論には曖昧さや不明確さが含まれているように思われる。しかし、見方を変えれば、彼の主権論はさまざまな読み方を許容するということであろう。また、この区別が存在しないということが、彼の国民主権論において国民と人民が区別されていないということを意味するわけではない。[41] そこにおいては、おおまかにいって、全体に力点を置く場合に国民が、全体の構成員に力点を置く場合に人民が、それぞれ用いられているようであるが、それぞれのより正確な意味については本節二2で検討することによう。

1　国家形態（forme d'Etat）と国民主権

本節の冒頭でふれたように、エスマンは『フランス比較憲法原理』の冒頭で、「国家は国民の法人格化である」と述べており、この表現は同書の初版から第五版まで不動である。この表現が意味するところは、すでに高橋和之によって分析されている。すなわち、集団の中で個人の意思に優越する権威が形成されることによって国民が成立し、この権威が主権であり、このような意味における主権が全体の利益のために行使されるようにその抽象的帰属先として国家が観念されるということである。[42]

ということは、エスマンにとっては、まず事実として国民が存在し、主権を内包したこの国民が主権の抽象的帰属先として国家を必要とする。主権の抽象的帰属先として国家を必要とするということは、現実の主権者から主権が分離されるということであり、その結果、主権の「永続的で擬制的な保持者」＝抽象的主権者と「現実的で活動的な保持者」＝具体的主権者が分離される（一・三、および五・四）。換言すれば、主権の帰属主体と行使主体とが分離されるということであり、その目的はすでに述べたように主権が特定の者の利益のためではなく全体の利益のために行使されるということである。このように具体的主権者から主権が分離されることによって国家が現象するということからすれば、ルイ一四世が述べたとされる「朕は国家である」という言明はエスマンにとっては国家の否定である。すなわち、一方で朕は具体的主権者であり、他方で国家は抽象的主権者であるので、この言明においては具体的主権者＝抽象的主権者となり、主権の抽象的帰属先として国家は必要なくなる（三・三―四註（2））。エスマンにとって主権の帰属先は抽象的存在でなければならないのである。

　ところで、国民の中に存在する主権の抽象的帰属先が国家であるということは、国民と国家が別の実体であるということを意味するわけではない。そうではなくて、国民の内部において具体的主権者から主権が分離されると同時に、主権の帰属先として国家が発生するのである。したがって、国民が存在すれば国家も存在すべきであり、国家が存在すればその前提として国民も存在し、国民と国家は同一の実体の異なる側面であり、この意味で国民＝国家なのである。このことをある論者は、国民＝国家という同じ実体を、政治学的または社会学的側面からみたのが国民であり、法学的側面からみたのが国家であるという[43]。ところで、エスマンは第三版（二八―二九）

で国家について国家三要素説的な説明を行なうようになるが、その理由はおそらく、主権の存在を否定することによって他の集団・団体との関係における国家の特殊性を否定するデュギー（三・三〇—三八）に対して、国家の特殊性を強調するためであろう。[44]ただ、エスマンにとって、国家は「物質的実在ではなく、法的効果を生じさせるための知的構築物[45]」にすぎないのに対して、国民は実体的存在であるということには留意すべきである。

このような国家は具体的主権者が誰かによってその形態が分類される。[46]また、具体的主権者による主権の行使の態様によって統治形態が分類されるが、統治形態については本節二2で検討することにしよう。具体的主権者が一人の場合が君主制であり、複数の場合が共和制である。後者は、具体的主権者が「全体としての国民」（一・四、および五・五）である民主的共和制（République démocratique）と、それが国民の一部である貴族的または寡頭的共和制（République aristocratique ou oligarchique）とに分かれる。ここで注目すべきは、一方で抽象的主権者である国家は国民の法人格化であるという意味において国民＝国家であり、他方で民主的共和制における具体的主権者は「全体として国民」であることから、国民は抽象的主権者であると同時に具体的主権者となるということである。その結果、国民＝国家と民主的共和制が区別できなくなるが、これでは国民＝国家の形態が具体的主権者によって君主制と共和制に分かれるという出発点と矛盾する。この矛盾を回避するには、抽象的主権者としての国民と具体的主権者としての国民とが異なる存在でなければならない。実はこの矛盾は、エスマンによって提起される、国民主権はいかなる国家形態と調和するのかという問題に含まれる矛盾と密接な関係にある。そこで次に国民主権について検討しなければならない。

エスマンによれば、国民主権とは、「人々（peuple）の間の主権は国民の全体（corps entier）に存する」（一・一五一、および五・二二五）ということである。ここで問題とされているのは国民主権ではなく、「フランス革命によって宣言された」国民主権の原理である（二二三頁参照）ことからすれば、この定義は、「現に人々の間に存在する主権は国民の全体に存在するようにすべきである」ということになるであろう。このような国民主権の原理は、次の理由で社会契約論によっては正当化されない。第一に、個人は社会契約によって権利を共同体に移譲することから、社会契約によって個人の権利が保障されることにはならない。第二に、個人の権利を支えているのは自然状態における個人の独立であるが、自然状態は歴史的事実に反する（一・一五八、および五・二三二）。このような「反科学的」[47]な社会契約論に対して彼が国民主権の原理を正当化するものとして挙げるのは、全体の利益（一・一五九—一六〇、および五・二三三—二三四）と世論の支持（一・一六六—一六七、および五・二四〇—二四一）とである。世論は「事実上の主権」であり、「法的主権」は世論の源である国民にあるとされている（一・一六七、および五・二四一）ことからすれば、全体の利益は国民主権の原理の妥当性の根拠であり、世論の支持はその実効性の根拠であるといえるであろう。

　このような国民主権の原理の正当化に続いて、エスマンは国民主権の原理と国家形態の関係について論じるわけであるが、この関係について、ここでは、国民＝国家と民主的共和制の関係に存在すると思われる矛盾について検討するために必要な限りで述べることにしよう。[48]国民主権の原理が民主的共和制と調和し、世襲的絶対君主制と調和しないのは当然である。問題は一七九一年憲法が規定するような君主制[49]である。主権の諸属性（attributs）に対する所有と行使を区別したうえで、前者は国民に、後者は君主に属すると考えれば、国民主権の原理とこのような意味における君主制との妥協は「論理的観点からすれば妥当なように思われる」[50]（一・一七六、および五・二四九）。ところが、主権の行使者はその所有者に対して責任を負っており、この責任を担保するもとも確実な方法は主権の行使に期間の限定が付されていることであるとして、世襲制であるが故にそれが付されていない君主制と国民主権の原理とは「論理的に両立しない」とされる（一・一七七、および五・二五〇）。君主制がこのような意味で科学的に否定されることが彼の国民主権「論の核心（cœur）」[51]なのである。

　しかし高橋和之によれば、このように、「エスマンが国民主権はいかなる国家形態と調和しうるかという問題を提起するとき、われわれは少なからずのとまどいを禁じえない」[52]。というのは、エスマンがここで問題にしている国民主権における国民が抽象的主権者であればこの国民主権は国民＝国家となり、すべての国家形態と調和するのに対して、具体的主権者であれば民主的共和制となり、他の国家形態は初めから排除されていることになるからである。高橋は、ここでの国民が過去・現在・未来にわたる国民とされていること、国民主権と君主制の調和をいったん認めたうえで責任なるものを持ち出して改めて両者の調和が否定されていることから、「どちらからと言えば、前者のイメージで国民主権が捉えられている」[53]という。ところで、エスマンは具体的主権者を「憲法学でいうところの主権者」（一・三、および五・四）としているが、このことらすれば、具体的主権者が「全体としての国民」である民主的共和制は国民主権ということになる。この国民主権と「前者のイメージ」における国民主権とは異なるものでなければならない。というのは、そうでなければ、後者を君主という具体的主権者によって分類した君主制を位置づけることができなくなるからである。ここでは、前者を狭義の国民主権、後者を広義の国民主権と呼ぶことにしよう。そうすると、広義の国民主権を具体化したのが民主的共和制＝狭義の国民主権と君主制＝君主主権ということになり、抽象的主権者と具体的主権者の関係に着目する限り、広義の国民主権はわが国でいう国家主権[54]に近いものとならざるをえない。ただし、広狭二義の国民主権が成り立つには、エスマンが主権とその属性を区別しつつ（一・一一、および五・一七）主権それ自体については何ら区別していないことから、すでに述べた、国民＝国家と民主的共和制の関係に存在すると思われる矛盾、すなわち抽象的主権者としての国民と具体的主権者としての国民とが区別されていないという矛盾が解消されて、広狭二義の国民主権におけるそれぞれの国民が異なる存在とされなければならない。この場合、国民＝国家の構造が広義の国民主権における国民が抽象的主権者としての国民であり、狭義の国民主権における国民が具体的主権者としての国民である。

この矛盾を回避するためには、広義の国民主権における国民＝抽象的主権者としての国民を「一連の継続する世代」と、狭義の国民主権における国民＝具体的主権者としての国民を「現在の世代」と、それぞれするしかないであろう（一・一七一、および五・二四四—二四五参照）。その結果、主権は前者に帰属し、後者によって行使されるのである。ただ、このように整合的に理解したとしても、広狭二義の国民主権の中身にあまり相違がない以上、広義の国民主権を具体化したのが狭義の国民主権＝民主的共和制と君主制であるとするには一定の違和感を禁じえない。この違和感は一七九一年憲法が規定するような君主制と国民主権の調和を認めようとしない点にも当てはまる。というのは一方で、このような意味における君主制が狭義の国民主権＝民主的共和制と両立しないのは当然であり、他方で、このような意味における君主制と広義の国民主権の調和を認めなければ君主制が国家形態から排除されるからである。フランス人は「君主制を自由化〔＝制限君主制化〕することよりも絶対主義を民主化すること」[55]を好むといわれ、それ故、「君主制待ちの共和制憲法」[56]として成立した第三共和制憲法から早く王政復古の可能性を排除したいと願うエスマンの心情は理解できる（すでに述べたように、彼の国民主権「論の核心」は君主制の否定）が、君主制と国民主権の関係の捉え方に無理があることは否定できない。結局、彼の国民主権論が国家形態論との関係で破綻しているとまではいえなくても、その完全な整合的解釈は不可能であるといわざるをえない。不幸にして、このような国民主権論における非整合性は統治形態論において決定的となるのである。

2　統治形態（forme de gouvernement）と参政権

「エスマンによれば、『統治』（gouvernement）とは、『主権者による公的権威の行使』である」[57]が、主権の行使の態様はさまざまであり、その態様によって統治形態が区別される。まず、主権が何にもとづいて行使されるかによって、主権が主権者の恣意的な意思にもとづいて行使される専制統治と、固定的規範にもとづいて行使される合法統治とが区別される。次に、主権者が主権を直接行使する直接制（gouvernement direct）と、主権の行使を代表者に委任する代表制（gouvernement représentatif）とが区別される。[58]

ここで確認すべきは、統治形態が論じられる場合における主権者は具体的主権者であるということである。その結果、まず、君主制における具体的主権者は自然人である君主であるので、君主制の統治形態は原則として直接制である。次に、民主的共和制＝狭義の国民主権における具体的主権者は自ら意思を表明することができない「全体としての国民」であるので、その統治形態は代表制以外にはありえない。ところが、すでに示唆し、すぐ後で述べるように、エスマンはその統治形態として直接制を認めるのである。

エスマンによれば、「主権の存する国民」は自ら意思を表明することはできないので、国民の一部がその意思を表明しなければならない。そして彼は、この意思の表明を国民の意思とし、この意思の表明に参加する権利を「参政権（*droit de suffrage politique*）」と、その保持者を「法的国民（*nation légale*）」と、それぞれいう。さらに、参政権の行使は主権の行使それ自体であるとして、参政権の保持者が主権の行使内容を決定する場合を直接制、参政権の保持者は代表者を選出するにとどまり、代表者が国民の名において主権の属性を行使する場合を代表制という（一・一七九、および五・二五二—二五三）。そして、代表制の方が優れているとされるのである。ここでは「法的国民」による主権の行使の態様によって直接制と代表制が区別されているが、両者の区別の基準となるのは具体的主権者であるので、「法的国民」が具体的主権者とされていることになる。その結果、民主的共和制＝狭義の国民主権における具体的主権者は「全体としての国民」であるにもかかわらず、この「全体としての国民」が「法的国民」へとすりかえられているのである。彼が「主権の存する国民」として抽象的主権者を想定しているのか、具体的主権者を想定しているのかは明らかでないが、統治形態を論じる以上、後者でなければならない。その結果、前提とされるべき国民主権は狭義の国民主権であり、狭義の国民主権における具体的主権者は「全体としての国民」である。この「全体としての国民」に二つの意味があれば、そのうちの一つを「法的国民」とすれば何ら問題はない。しかし、ここで問題にされているのは自ら意思を表明することができる存在であるので、国家形態論における「一連の継続する世代」と「現在の世代」という区別を用いることはできない。その結果、国家形態論の場合とは異なり、ここでは、「国民主権の原理が、……国家は国民の法人格化であるという命題〔＝広義の国民主権〕に対応する」余地はないのである。ここに至って、彼の国民主権論を統治形態論との関係で整合的に解釈することは不可能であるといわざるをえない。新たに「法的国民」という概念が持ち出された結果、「全体としての国民」に三重の意味が必要となったのである。そこで以下では、「法的国民」が具体的主権者であるという前提で参政権の性質と「法的国民」の組織とについて検討することにしよう。[59]

第一に、参政権の性質についてである。[60]すでに述べたように、参政権の行使は主権の行使であったが、エスマンのいう参政権の行使の中には、主権の行使内容の決定と代表者の選出とが明確に区別されないまま含まれている。実はこのことが、後ほど述べるように、彼の国民主権論が機関理論を伴わない原因の一つなのであるが、[61]それはともかく、いずれの場合においても国民の意思は多数決によって決定される。このような意味における参政権は個人の権利ではなく社会的職務(fonction sociale)である。彼によれば、市民(citoyen)とは人という資格において社会を構成する成人である(一・一九一および一九三、ならびに五・三〇〇および三〇五)が、参政権を個人の権利とした場合の最大の問題点は、主権がこのような市民の間で分割されてしまうことである。しかし、主権は「数世代間の変遷を含んだ、個人とは異なる国民」に属するのであるから、現在の市民の総体にとって可能なのは主権の所有ではなくその行使にとどまる。現在の市民の総体は「国民主権の第一のかつ必要な代表者」なのである（一・一九一、および五・三〇〇）。このように、主権の行使である参政権の行使は全体の利益を実現するための社会的職務であり、「十分な能力を前提とし、……法律がその条件を決定することができる」（一・一九五、および五・三〇六―三〇七）。ただ、第三共和制の成立時にすでに（男子）普通選挙が定着していたことから、彼は、「有権者に関して法律が要求する能力の条件は、誰でも確実に、しかも容易に満たすことができるものでなければならない」として、年齢・居住期間・初等教育による制限は認めるが、財産や納税による制限は認めない（一・一九七―一九八、および五・三〇九）。(62)

ところで、普通選挙は国民主権の原理から導き出されるのであろうか。この問いの手がかりは、国民・「法的国民」・市民のそれぞれの意味とそれぞれの関係とにあるように思われる。国民には、過去・現在・未来にわたる国民という意味と現在の国民という意味とがある。後者のうち参政権を有する者の総体が「法的国民」である。問題は市民である。前段では、市民とは人という資格において社会を構成する成人であると述べたが、実は、エスマンにおいて、市民に成人という年齢要件が要求されていない場合が多い。そうだとすれば、市民の総体が現在の国民ということになる。そして彼によれば、「おそらく、国民主権の原理それ自体から、すべての市民がこの基本的な職務［＝参政権］を遂行するよう要求されるであろう。というのは、偏見にもとづいて、市民の特定の階級の利益になるようにその遂行を制限することは、現実には、この特権階級に主権を集中することになるであろうからである」（一・一九五、および五・三〇六）。そしてこの叙述に続いて、法律によるその遂行の条件の決定へと議論が進むのである。ということは、現在の国民を構成する市民間の平等から普通選挙が導き出され、技術的理由からごく一部の市民には選挙権が認められないということになる（ただし、女性には初めから認められていない）。その結果確かに、現在の国民＝市民の総体と参政権を有する市民のみから成る「法的国民」との範囲は現実には異なるが、しかし、彼は原理上あるいは観念上は同じと考えているのではないか。そうだとすれば、国民主権の原理から普通選挙が導き出され、抽象的主権者＝過去・現在・未来にわたる国民、具体的主権者＝現在の国民＝「法的国民」ということになるであろう。この場合、統治形態論における矛盾は解消されるのである。ただし、これはあくまで彼の国民主権論の一つの理解の仕方にとどまり[63]、しかも大きな留保を必要とするように思われるので、このような理解の仕方については改めて本節二3で検討することにしよう。

さて第二に、「法的国民」の組織についてである[64]。「法的国民」、つまり参政権者の総体が分割されることなく全体として意思を表明する場合と、議員の選挙の場合のように選挙区に分割される場合とがある。エスマンは前者の例として法律案が国民の承認に付される場合と大統領選挙とを挙げており（一・一八一、および五・二五四―二五五）、ここに、主権の行使内容の決定と代表者の選出とが明確に区別されていないことが表れている。後者の場合、議員にその権限を委任するのは議員の選挙区ではなく「全体としての国民」である。彼の表現を借りれば、「……各選挙区は議員を国民の選択に付すにすぎず、しかも国民はあらかじめ議員を承認しその職務を付与している」（一・一八二、および五・二五五）。これはやや分かりにくい表現であるが、「全体としての国民」が選挙区に権限を伴う議員職を分配し、選挙区はその議員職に就く具体的な人を選挙するということであろう。このことから三つの帰結が得られる。まず、各選挙区は全体としての選挙区の部分であるから対等な参政権者によって構成されなければならず、その結果、利益ごとに集団が形成される利益（職能）代表は否定される。ここでは、「全体としての国民」を構成する市民の同質性が、したがって「全体としての国民」の同質性が要求されており、このことからも、国民主権の原理から普通選挙が導きだされるといえるであろう。ところで、第二版で利益（職能）代表に関する記述が追加され、その中に次のような主張がみられる。すなわち、諸利益や諸勢力が「すでに理性の拘束（joug）を受けることが困難」（二・一八二）になりつつある状況において、代表制の存在理由は市民とその代表者との投票によって一般利益を得ることであるから、市民とその代表者は「理性と正義に導かれることによって、可能な限り、その特殊利益を捨象する」（二・一八二）。この主張については本節二3で考察することにしよう。次に二つ目の帰結についてである。これは各選挙区への代表者の分配であるが、その基準が第二版で変更されている。初版によれば、各選挙区の代表者の数は各選挙区の参政権者の数に比例して決定される。その理由は、他の方法では、「数の法則に従う国民主権を変質させてしまうであろう」（一・一八四）からである。ところが、第二版によれば、初版のような基準は「わが国で採用された基準ではない。〔後者によれば、〕代表は人口を基礎としている。すなわち、選挙区の参政権者の数だけではなく、参政権者ではない市民を含んだすべての人口が数えられる。……確かに、これは国民主権の原理に完全に適合している。主権は全体としての国民に存するのであり、参政権を有する者のみに存するのではない」（二・一八三）。また、その理由として、初版と同じ表現で同じことが挙げられている。そして、各選挙区への代表者の分配については、第二版の記述が第五版まで維持されるのである[65]（五・二五九―二六〇）。ここで市民は国籍保持者という意味で用いられているが、すでに述べたように、これは参政権の保持者としての市民と異なり、その結果、彼が用いる市民の意味は一定しない。市民は人民の構成単位のようであるが、市民の意味が前者の場合、人民は現在の国民を意味し、後者の場合、参政権者の総体を意味する。そして、この人民の二義性が、おそらく彼の国民主権論において人民主権が分離されない理由の一つであろう[66]。このような市民―人民の二義性はともかく、市民の意味における参政権の保持者から国籍保持者への変化が何を意味するかについても本節二3で考察する。最後に、代表者は国民に帰属する主権の行使に参加するのであるからその権力を国民から得るのであり、自らを選出した選挙区から得るのではない。その結果、代表者は自らを選出した選挙区の受任者ではなく、命令委任は認められない。

3　機関理論の欠如

ここで、エスマンの国民主権論をその中に含まれる矛盾という点から要約しておこう。彼の国民主権論の最大の特徴であるとともに、その中に含まれる矛盾の大きな原因の一つは、抽象的主権者と具体的主権者の区別であろう。この区別から、国民＝国家の構造としての国民主権＝広義の国民主権と民主的共和制としての国民主権＝狭義の国民主権とが導き出される。そして、広狭二義の国民主権に対応する二つの「全体としての国民」の意味が必要となるにもかかわらず、その必要性、というよりも、そもそも国民主権に二つの意味が存在するということ自体が彼によって認識されておらず、ここに国家形態論における矛盾の原因がある。このような国民主権と国民とのそれぞれにおける二義性が認識されないまま、参政権者の総体としての「法的国民」が統治形態論に持ち込まれることによって、彼の国民主権論の内在的な整合的解釈は不可能となるのである。以下では、本節二2で指摘した三つの問題点を手がかりとして彼の国民主権論の特徴について考察することにしよう。

本節二2で指摘した三つの問題点とは、まず、具体的主権者＝現在の国民＝「法的国民」という理解の仕方、次に、市民とその代表者は「理性と正義に導かれることによって」特殊利益を捨象すべきであるという主張、最後に、市民の意味が参政権の保持者から国籍保持者へと変化しているということである。そして、第一の問題点を否定しているのが第三の問題点である。第一の問題点において、市民の総体によって構成される現在の国民が参政権者の総体としての「法的国民」、したがって具体的主権者であるとされていたが、このような理解の仕方は、実は、バコが革命期に広く共有されていたと主張する「集合的で具体的な」主権主体に近い。すなわち、「現存し、現に公事に参加する可能性のある市民の不可分の総体」、あるいは「選挙によって一般意思の表明に参加することが認められた国民のみによって構成される集団[67]」であり、要するに全体としての有権者団である。しかし、このような理解の仕方では、過去・現在・未来にわたる国民―国籍保持者の総体としての国民―有権者団という関係における国籍保持者の総体としての国民を位置づけることができなくなる。つまり、過去・現在・未来にわたる国民が抽象的主権者、有権者団が具体的主権者となり、国籍保持者の総体としての国民が宙に浮いてしまうのである。そこで、市民の意味を参政権者から国籍保持者へと変更することによって、具体的主権者を有権者団から国籍保持者の総体としての国民へと移転させるのであるが、ただそうすれば、有権者団を位置づけることができなくなるのは当然である。いずれにしても、このようなことは具体的主権者の意味の移転におけるいわば形式的側面であるが、その実質的側面は第二の問題点および第三の問題点と密接な関係を有する。

そもそも、第二の問題点および第三の問題点は『フランス比較憲法原理』の第二版で提示されてものである。これら二つの問題点が第二版で出現した理由と、これら二つの問題点の関連性の有無とを明らかにすることはできない、少なくとも第二版の内部において明らかにすることはできない。ただ、その手がかりは第二の問題点にあるのではないか。すなわち、諸利益や諸勢力が「すでに理性の拘束を受けることが困難」になりつつあるというエスマンの現状認識（二二九頁）である。一方で、第二版が出版された一八九九年はドレフュス事件に大統領の特赦によって一応の決着がつけられた年であるが、同事件は国民の間に存在する根深い亀裂を印象づけた。他方で、内外において利益（職能）代表の主張が盛んになりつつあった。このような状況において、成立して間もない第三共和制が特殊利益という「封建制的無秩序」（四・三九。さらに、五・五〇も参照）の中で分裂してしまわないためには、いわば統合点が必要であるが、[68]統合点は近くに存在するよりも遠くに存在する方が効果的である。そこで具体的主権者を有権者団から国籍保持者の総体としての国民へと移転させる、その結果として抽象的主権者を国籍保持者の総体としての国民から過去・現在・未来にわたる国民へと移転させ、過去・現在・未来にわたる国民を統合点とするのである。抽象的主権者にしろ、具体的主権者にしろ、主権者を抽象化することは、ブーランジェ事件によって示された普通選挙の危険性から共和制を守るためでもある。彼にとって、普通選挙の下で主権と主権者は現実の国民から手の届く所にあってはならないのであり、これらの存在は現実の国民から遠ければ遠いほど好都合なのである。そして、その距離が離れれば離れるほど、彼の国民主権論は純理派の理性主権論に近づくことになる。彼は「普通選挙を加えた純理派」なのである。[69]結局、彼の国民主権論は、「カントの定言命法にやや近い理性によって正義へと人民を導く」[70]ための枠組みであったのではないのか。ということは、彼の国民主権論が機関理論を伴わない原因の一つは主権者の抽象性ということになる。

国家法人説的な発想、つまり政治的支配権を具体的存在から抽象的存在へと移転することは、特殊ドイツ的なものではなく普遍的なものであろう。[71]早くから国家は私法関係において国庫として権利義務の主体とされていたが、ある意味では、そこに有機体説が登場するに及んで、国家法人説的発想に機関の概念が結びつき、公権力関係も含んだ国家法人説—機関理論が形成されたのである。フランスでは、有機体説が主張されるようになるのは復古王政期である。というのは、王政復古が一七八九年に始まる革命を否定した以上、革命期に重要な役割を果たした社会契約論も否定せざるをえず、それに代わって政治社会を説明する枠組みが必要になったからである。[72]ただ、エスマンの憲法理論には有機体説的な発想は見当たらない。[73]その理由はおそらく、個人が有機体の中に埋没することが懸念されたからであろう（一・一六四、および五・二三八参照）。その結果、国民の内部で発生した権威が有機的に組織化されることはなかった。彼にとって、国民＝国家は澱んだ有機体ではなく清澄な抽象的存在でなければならないのである。それに、国民＝国家を抽象的主権者、国籍保持者の総体を具体的主権者としたのでは、国籍保持者の総体が自ら意思を表明することができない存在である以上、国民＝国家を法人、国籍保持者の総体をその機関とすることはできない。仮に、市民—人民の二義性を理由に参政権者の総体を具体的主権者としても、参政権の中に主権の行使内容の決定と代表者の選出という二つの要素が含まれている以上、参政権者の総体を同一の機関概念の中に包摂することはできないのである。(74) さらに、仮にそうすることができたとしても、用語の曖昧さから抽象的主権者と具体的主権者との担い手は確定できないが、両者の関係が委任関係であることは間違いない。というのは、主権は国民の内部で形成され、主権を内包した国民＝抽象的主権者は主権を少なくとも自ら行使することができない以上、その行使を何ものかに委任しなければならないからである。その結果、具体的主権者は国民＝抽象的主権者の中にすでに存在する主権を抽象的主権者に代わって行使するにとどまる。これは機関間関係ではなく委任（délégation）関係であり、エスマンの国民主権論は初めから機関理論を受けつけないのである。

結局、エスマンが国家を国民の法人格化として捉えるのは、主権が全体の利益のために行使されるべきことの法的表現であり、法人理論によって国家を分析し説明しようとするためではな

かったのである。(75)

高橋和之は、エスマンにとっての「理想の民主政は、知的エリートによって構成される開かれた貴族政であった(76)」という。それはそのとおりであろうが、高橋によるエスマンの憲法学の分析からこのような結論を得るのはやや唐突ではないかというのが本書の筆者の感想である。その点、七月王政とその下における理性主権論という視点をエスマンの国民主権論の分析に導入すれば、無理なくこのような結論に達することができるであろう。彼の国民主権論は、いわば法実証主義化された理性主権論なのである。ただし、その法実証主義化は不完全であり、理性主権論の中に含まれていた自然法的な要素が彼の国民主権論の中にまったく存在しないとはいえない。(77)そして、ここで留意すべきは、理性主権が完全に法実証主義化されれば国民主権となるであろうが、この国民主権と元の理性主権との相違点である。確かに、主権を抽象的な主体に帰属させるという点では理性主権と国民主権は同じであり、その目的はともに、主権の帰属主体と行使主体とを分離することによって主権の行使を制限することである。しかし、理性主権と国民主権では主権の行使を制限する仕組みが異なる。すなわち、主権の帰属主体と行使主体とが分離されている以上、主権の行使は主権の帰属主体によっては正当化されず、主権の行使それ自体によってのみ正当化される。この場合、理性主権における理性は実体を伴うものであり（本節註（70）参照）、したがって、理性主権においては主権の行使は主権の帰属主体が有する実体的な価値との適合性によって正当化され、その結果として制限される。このような制限の仕方の方が、主権者自らが主権を行使する場合よりも、主権者が有する実体的価値と主権の行使との適合関係における客観性を確保するのに適しているであろう。それに対して、国民主権における国民はこのように主権の行使を正当化する実体を伴わないのであり、その結果、国民主権においては主権の行使は行使の仕組みのみによって制限され、行使の内容を限定することはできない。換言すれば、国民主権は主権の行使を量的に制限するにとどまり、理性主権のように質的に制限することはできない。ということは、国民主権においては、主権を抽象的な主体に帰属させることのみによっては、主権が全体の利益のために行使されることは保障されない。彼の国民主権論においてそれを可能にするのは、理性主権論の中に含まれていた自然法的な要素[78]＝実体的価値を伴う国民とそれを体現した共和制なのである。実はここにも、彼の国民主権論が機関理論を伴わない原因があると考えるべきであろう。というのは、彼の国民主権論は主権をその行使の段階で制限する緻密な理論構成を必要としないからである。

その後の憲法学に対するエスマンの影響の大きさからすれば、彼の国民主権論のいわば底辺にある理性主権論がかつて「世紀の理論[79]」といわれたこともあながち誇張とはいえないであろう。理性主権論の影響は意外と広くて深いのである[80]。そして、わが国でも早くから指摘されている彼の憲法学における保守性[81]の原因の一つは、そこに含まれる理性主権論的要素のうち主権を抽象的な主体に帰属させるという点にある。これによって、主権は普通選挙の影響から遮断されるのである。しかし、彼の憲法学におけるこのような保守性は必ずしも批判されるべきではない。というのは、普通選挙が定着した当時のフランスでは、ブーランジェ事件とドレフュス事件を通じて大衆民主主義が確立され、それへの対応が共通の課題となっていたが[82]、彼の対応の仕方は法学的方法の一つで、しかもやがて主流となるものであったからである。

　当時のフランスにおいて、普通選挙の定着に伴う大衆民主主義への対応の仕方には三つあったといわれる[83]。第一の対応の仕方は、伝統的な主権概念の絶対性を危険視して、主権それ自体を否定するものである。第二の対応の仕方は、普通選挙の下で有権者団が主権の行使に介入することは阻止できず、問題はこの介入をいかに統制するかであるとして、主権の行使における統合を実現するために利益（職能）代表を主張するものである。第三の対応の仕方は、ドイツ国法学における国家の法人格という概念を憲法理論に導入して、国家の法人格に主権を帰属させることによって主権者と有権者団を分離するものである。第三の対応の仕方からすれば、国家の法人格という概念は、ドイツでは本来君主と国家および国家権力とを分離することによって君主の権力を抑制するという「リベラルな」[84]目的を有したのに対して、フランスでは「きわめて非民主的な」目的を有したことになる[85]。このような状況の下で、「リベラルな保守主義者[86]」であるエスマンはドイツ国法学における国家の法人格という概念のフランスへの「最初の中継者[87]」となったのであり、第一の対応の仕方および第二のそれとの関係で急進派の支配する共和派の共和国が保守化するのにつれて彼の憲法理論も保守化せざるをえなかったのである。「中道の共和国」は彼の中に憲法理論への「媒介」を見出したといわれる[88]所以である。さらに、彼の国民主権論においては、抽象的主権者と具体的主権者の区別が用語の曖昧さと相まって理論的破綻をもたらした。

それに対して、第三の対応の仕方を機関理論によって完成させたのがカレ・ド・マルベールである。換言すれば、カレ・ド・マルベールはエスマンの国民主権論を機関理論によって「体系化[89]」したのである。国民の法人格化である国家に主権を帰属させるという理論枠組みは両者にとって共通であり、この意味でカレ・ド・マルベールの国民主権論もエスマンと同じ保守性を伴うことになる[90]。このような共通点に対して、エスマンが「歴史と比較法」という方法を用いて議論の対象からドイツを排除したのに対して、カレ・ド・マルベールは法実証主義の立場に立ってドイツ国法学の概念と理論とに依拠したという意味で、両者は「対極[91]」に位置する。また、共通の理論枠組みによって、第三共和制をエスマンが正当化したのに対して、カレ・ド・マルベールは分析した。さらに、カレ・ド・マルベールはエスマンの国民主権論を完全に法実証主義化し、その中に含まれていた自然法的な要素を払拭した[92]。「カレ・ド・マルベールは……要するにエスマンの理論の『変換器（capteur）』の役割を果たした[93]」のである。ところが、カレ・ド・マルベールがこのような役割を果たした第一次世界大戦後には、サクリストによれば、すでにレジストの交代が生じていたのであり、その結果、カレ・ド・マルベールはこのような役割を果たすことによってレジストとして主流になることはなかったのである。[94]

ところで、レジストの役割が現に存在する政治権力の理論的正当化であることからすれば、レジストではないカレ・ド・マルベールの憲法理論にはそれができない、換言すれば、彼の憲法理論は第三共和制下の実質的意味の憲法を十分反映していないということになる。しかしながら、彼の憲法理論に対する評価が高い理由の一つは、それが当時の実質的意味の憲法を鮮明に理論化したからではないのか。それに対して、オーリウやデュギーといった第一次世界大戦後の新しいレジスト（本節註（12）参照）の憲法理論の方が当時の実質的意味の憲法をより反映していたとは思えない。そこで、レジストの交代という点を中心にサクリスト『憲法学者の共和国』の問題点を指摘するとともに、ロッシからエスマンへという流れの中でフランスにおける近代憲法学の源をどこに求めるべきかという序章の末尾で提起した問いに対して一応の答えを提示することをもって本書の終章としたい。

（1）　タイトルの異動その他については本節一1で述べる。
（2）　Julien Boudon, "Esmein, le droit constitutionnel et la Constitution" in Stéphane Pinon et Pierre-Henri Prélot (dir.),

Le droit constitutionnel d'Adhémar Esmein, 2009, p. 88. 英語圏のある論者は、エスマンを「フランスのダイシー」という（H. Stuart Jones, *The French state in question*, 1993, p. 37）。

（3）　Pierre Rosanvallon, *La démocratie inachevée*, 2000, p. 231.

（4）　宮沢俊義『憲法の原理』一九六七年所収。

（5）　高橋和之『現代憲法理論の源流』一九八六年所収。さらに、同「エスマンとデュギー」杉原泰雄編『講座・憲法学の基礎4』一九八九年も参照。

（6）　高橋・前掲書註（5）、八六頁。さらに、一四五頁註（28）も参照。

（7）　同右・八一頁。

（8）　ここで機関とは、「国家のために意思することを授権されたすべての」存在（Éric Maulin, *La théorie de l'État de Carré de Malberg*, 2003, p. 201）としておく。これは、自らの判断で国民のために始原的に意思する存在というカレ・ド・マルベールの機関概念（同右・一五九―一六〇頁）より広いが、オーリウによれば、「これがフランス公法の考え方である」（拙著『法人・制度体・国家――オーリウにおける法理論と国家的なものを求めて――』二〇一五年一九六頁註（44））。

（9）　碧海純一・伊藤正己・村上淳一編『法学史』一九七六年二〇八頁（山口俊夫執筆）、および山口俊夫『概説フランス法　上』一九七八年一一五頁。さらに、cf. Jean-Louis Halpérin, "Adhémar Esmein et les ambitions de l'histoire du droit", Revue historique de droit français et étranger, 1997, p. 419；Stéphane Pinon, "Regard critique sur les leçons d'un《maître》du droit constitutionnel Le cas Adhémar Esmein（1848-1913）", Revue du droit public, 2007, p. 201 note 34；Louis Favoreu et al., *Droit constitutionnel*, 18e éd., 2016, p. 20（écrit par Jean-Louis Mestre）；Guillaume Sacriste, "Droit, histoire et politique en 1900. Sur quelques implications politiques de la méthode du droit constitutionnel à la fin du XIXème siècle", Revue d'histoire des sciences humaines, 2001, p. 87 note 87.

（10）　高橋・前掲書註（5）、八〇頁。さらに、cf. Marcel Waline, "Le movement des idées constitutionnelles dans les facultés de droit françaises au cours du premier tiers du XXe siècle" in *Histoire des idées et idées sur l'histoire : études offertes à Jean-Jacques Chevallier*, 1977, pp. 260-261.

(11) 拙著『国民主権と法人理論――カレ・ド・マルベールと国家法人説のかかわり――』二〇一一年七九頁。

(12) Guillaume Sacriste, *La République des constitutionnalistes*, 2011, p. 337. オーリウの対応については、前掲拙著註（8）、一一四―一一五頁、一三五頁および一三八―一三九頁を、デュギーの対応については、pp. 353を、それぞれ参照。サクリストの理解によれば、両者とも第一次世界大戦を堺にパリ大学法学部のレジストに代わって新しいレジストになるが、レジストの交代については終章第一節で取り上げる。

(13) Pierre Favre, *Naissances de la science politique en France (1870-1914)*, 1989, p. 198.

(14) 宮沢俊義『公法の原理』一九六七年七九頁。さらに、cf. Julien Bonnecase, *La pensée juridique française de 1804 à l'heure présente*, t. I, 1933, pp. 376-377, 樋口陽一『近代立憲主義と現代国家』一九七三年一六頁も参照。

(15) 深瀬忠一「A・エスマンの憲法学」北大法学論集一五巻二号一九六四年一〇〇頁、樋口・前掲書註（14）、一六頁、高橋・前掲書註（5）、七九頁、碧海他・前掲書註（9）、二〇八頁（山口執筆）、山口・前掲書註（9）、一一五頁、および滝沢正『フランス法　第3版』二〇〇八年一一九頁など。おそらく、これらが依拠するのは、第二版以降の版に再録されている初版の序文の日付か、「彼の Eléments の初版の出たのは一八九五年である」という宮沢俊義の記述（宮沢・前掲書註（14）、七九頁）であろう。

(16) タイトルについては、学部に憲法教育を導入した一八八九年七月二四日デクレにおける「憲法の諸原理（Eléments du droit constituionnel）および公権力の組織」（Alphonse de Beauchamps, *Recueil des lois et règlements sur l'enseignement supérieur*, t. V, 1898, p. 12）という文言との類似性が注目される。初版の出版年については、念のために、第二版の序文も参照。さらに、cf. Adhémar Esmein, *Cours élémentaire d'histoire du droit français*, 11e éd., 1912, pp. Ⅷ-Ⅸ. ただし、『憲法原理』の分冊が一八九五年に流通していたことについてはすでに述べた（一九七頁）とおりである。

(17) 第二版のタイトルに *français et comparé* が追加されたのは、エスマンが一八九八年以来フランス公法史の講義を担当するようになったことと関係があるのではないかという指摘がある（J. Boudon, supra note（2）, p. 88）。

（18）　当然、二人の補訂はエスマンの意図に沿ってなされたものであり（cf. Joseph Barthélemy, “Préface de la sixième édition”, Adhémar Esmein, *Éléments de droit constitutionnel français et comparé*, 6e éd., 1914, p.XV ; Henry Nézard, “Préface”, Adhémar Esmein, *Éléments de droit constitutionnel français et comparé*, 7e éd., t. I, 1921, p. XXVII ; 8e éd., t. I, 1927, p. XIX）、補訂箇所は［ ］によって明示されている。

（19）　S. Pinon, supra note（9）, p. 209. とくに、cf. Adhémar Esmein, “Deux formes de gouvernement”, Revue du droit public, 1894, pp. 15-17. なお、これもすでに述べたことであるが、「二つの統治形態」と同じ年に「立法権の委任（“De la délégation du pouvoir législatif”）」が『議会政治雑誌』に公表されたが、同論文では、国民主権に立脚した硬性憲法の下においては議会は立法権を執行府に委任しえないことが主張されている（とくに、cf. Revue politique et parlementaire, 1894, pp. 202-205）。

（20）　Antoine Chopplet, *Adhémar Esmein et le droit constitutionnel de la liberté*, 2016, p. 27.

（21）　Stéphane Pinon et Pierre-Henri Prélot, “Présentation générale”, Les mêmes (dir.), *supra note*（2）, p. X.

（22）　もちろん、伝統的な解釈学的方法それ自体が否定されたわけではなく、それによって、当時台頭しつつあった社会学との関係で憲法学の学としての自律性が確保される（J. Boudon, supra note（2）, p. 100）。この場合、ある論者によれば、エスマンの方法論において「歴史と比較法」を重視するのは問題であり、エスマンは「歴史的方法」と「解釈学的方法」の両立を、後者に力点を置いて目指した（pp. 89-94 ; Le même, “La méthode juridique selon Adhémar Esmein” in Nader Hakim et Fabrice Melleray, *Le renouveau de la doctrine française*, 2009, pp. 263-266. さらに、本節註（32）も参照）。ただし、この論者のいう「解釈学的方法」とは原理に関するものであり、ということは、エスマンは『フランス比較憲法原理』において八つの原理に関する解釈論を展開したことになる（cf. G. Sacriste, supra note（9）, pp. 86-89）。しかし、そもそも実定法と原理に関して同じ意味の「解釈学的方法」が成立するかは疑問である。仮に原理に関する「解釈学的方法」が成立するとすれば、自然法に関するそれも成立するであろう。

（23）　深瀬・前掲論文註（15）、一〇五頁註（5）。もちろん、エスマンにとっての歴史の対象には事実（制度）だけではなく理論も含まれる（cf. Adhémar Esmein, "Préface", I. Tchernoff, *Le parti républicain sous la Monarchie de Juillet*, 1901, pp. XIII-XVI）。

（24）高橋・前掲書註（5）、八〇頁。その場合、共和主義的憲法学者としてのエスマンの背後に、「フランス法の歴史に関する共和主義的展望」（J.-L. Halpérin, supra note（9）, p. 417）をすでに有していた法制史の専門家としてのエスマンが存在することを見逃してはならない。なお、判例との関係における「歴史的方法」については、高橋・前掲論文註（5）、一〇一―一〇四頁、および春山習「フランス第三共和制憲法学の誕生――アデマール・エスマンの憲法学――」早稲田法学九二巻四号二〇一七年一〇四―一〇八頁参照。

（25）高橋・前掲書註（5）、一〇六―一〇七頁註（12）参照。さらに、cf. Michel Troper, *Pour une théorie juridique de l'état*, 1994, p. 243.

（26）J. Barthélemy, supra note（18）, p. VIII.

（27）エスマンはロッシをイギリス憲法の紹介者の一人として挙げるにとどまり、自らの方法論とロッシのそれとの関係については言及しないという点については第一章第二節註（44）を、また、比較法は『憲法講義』において「副次的に」しか用いられていないという点については六八頁を、それぞれ参照。

（28）Cf. Maurice Deslandres, *Crise de la science politique et le problème de la méthode*, 1902（rééd.）, pp. 197-207.

（29）深瀬・前掲論文註（15）、一二〇頁。エスマンの「良識」に潜む保守性の一つが婦人参政権に対する反対であるとされる（一一〇頁。さらに、高橋・前掲書註（5）、一〇八頁註（22）も参照）。確かに、彼は版をおうごとに反対論を執拗に補強（?）している（一・一九一―一九二、および五・三〇〇―三〇四参照）。しかし、第三共和制下のフランスにおける婦人参政権をめぐる問題については次の点に注意すべきである。すなわち、カトリック勢力は女性に強い影響力を及ぼしてきたし、現に及ぼしているし、今後も及ぼすであろうという前提の下で、共和派はカトリック勢力の影響力を排除するために婦人参政権に反対してきたという点であり、婦人参政権に対する彼の態度についても、この点を考慮すべきであろう。

（30）J. Barthélemy, supra note（18）, p. X. cf. André-Jean Arnaud, *Les juristes face à la société du XIXe siècle à nos jours,*

1975, pp. 114-115.

（31） H.S. Jones, *supra note* (2), pp. 36-37. さらに、vgl. Ulrich Häfelin, *Die Rechtspersönlichkeit des Staates*, Bd. I, 1959, S. 250 Anm. 195 ; Guillaume Sacriste, "Adhémar Esmein en son époque Un légiste au service de la République" in S. Pinon et P.-H. Prélot (dir.), *supra note* (2), pp. 16-17 ; Frédéric Audren, "La Belle Époque des juristes catholiques (1880-1914)", Revue française d'histoire des idées politiques, 2008. なお、「エスマンの法の観念は、基本的には法実証主義的である」（高橋・前掲論文註（5）、一〇七頁）。また、法源論におけるサヴィニーとの類似性については、cf. Jean-Louis Halpérin, "De l'histoire au droit constitutionnel" in *ibid.*, pp. 50-51.

（32） G. Sacriste, *supra note* (12), pp. 140-141. そうすると、「歴史と比較法」が一九世紀末のフランス法学界における共通の方法論となる中にあって、エスマンの特徴の一つは、むしろ、憲法学に「解釈学的方法」を導入したことであるということになる（Le même, supra note (9), p. 87）が、その場合、「解釈学的方法」と「歴史と比較法」との関係については、前掲拙著註（8）、一〇九—一一〇頁註（229）参照（さらに、cf. Guillaume Richard, *Enseigner le droit public à Paris sous la Troisième République*, 2015, pp. 432-433 ; A. Chopplet, *supra note* (20), pp. 31-34）。なお、サレイユの比較法が実定法の解釈や立法への適用を想定している（七二二—七二三頁）のに対して、第三共和制下における比較法の「開拓者」（André Mathiot, "Les apports du droit comparé au droit constitutionnel français de 1870 à 1940" in André de Laubadère, André Mathiot, Jean Rivero et Georges Vedel, *Pages de doctrine*, t. II, 1980, p. 424）であるエスマンは「比較立法」と「固有の意味の比較法」とを区別して、後者において安易に実用性を追求することを戒めている（Adhémar Esmein, "Le Droit compare et l'Enseignement du Droit", Bulletin de la Société de legislation comparée, 1900, pp. 375-377）。

（33） 宮沢・前掲書註（14）、七九頁。

（34） 高橋・前掲書註（5）、八一頁。さらに、九〇頁も参照。「法制史家としてのかれにとっては、諸制度の歴史を捨象し、もっぱら法的観点からのみ国家理論を論理的な体系として構築することには大きな興味を見出すことができなかったのであろう」（八一—八二頁）といわれる。さらに、cf. J.-L. Halpérin, supra note (9), p. 46.

(35) 樋口・前掲書註(14)、七五頁。

(36) 同右・二一頁。

(37) S. Pinon, supra note (9), p. 220. さらに、cf. Christophe Vimbert, *La tradition républicaine en droit public français*, 1992, pp. 18-20. その背後には、フランスの法制度が共和制へと向かって発展し、その到達点が第三共和制憲法であるという法制史の専門家としての一種の確信があったようである (J.-L. Halpérin, supra note (9), pp. 420-421 et 426)。

(38) G. Sacriste, *supra note* (12), p. 317.

(39) それ故、エスマンが五・一六事件について「ほとんど完全に口をつぐんでいることは重要である」と指摘される (Armel Le Divellec, "Adhémar Esmein et les théories du gouvernement parlementaire" in S. Pinon et P.-H. Prélot (dir.), *supra note* (2), p. 170)。いずれにしても、「エスマンは例外なく……共和派［＝急進派］政府の立場を正当化した」(Guillaume Sacriste, "Le Républicanisme de Monsieur Esmein" in *L'État, le Droit, le Politique Mélanges en l'honneur de Jean-Claude Colliard*, 2014, p. 76) とまではいえないわけである。

(40) S. Pinon, supra note (9), p. 208. さらに、cf. Marie-Joëlle Redor, *De l'Etat légal à l'Etat de droit*, 1992, pp. 48-49 ; J. Boudon, supra note (22), pp. 272-273, 石崎学「現代代表民主制の生理『の』病理についての一考察（一）」立命館法学二四〇号一九九五年三七八頁も参照。

(41) Cf. P. Rosanvallon, *supra note* (3), pp. 231-232 ; Marcel Prélot et Georges Lescuyer, *Histoire des idées politiques*, 9e éd., 1986, pp. 508-509 ; M.-J. Redor, *supra note* (40), pp. 44-45.

(42) 高橋・前掲書註(5)、八四―八五頁。

(43) M.-J. Redor, *supra note* (40), p. 54.

(44) Cf. A. Chopplet, *supra note* (20), pp. 340-349. エスマンは自らに対するさまざまな批判の中で「デュギーの理論のみに重要性を認めていた」(p. 35) とまでいえるかは疑問であるが、エスマンのデュギーに対する評価については、さらに、前掲拙著註(11)、一九八頁註(5)も参照。

(45) P. Favre, *supra note* (13), p. 194. ある論者は、エスマンにとって、「国家は国民の権力の道具にすぎない」という（Arnaud Haquet, *Le concept de souveraineté en droit consutitionnel français*, 2004, p. 122）。ただし、彼が国家は「法人にすぎず、法的擬制（fiction）にすぎない」という（二〇九頁）とき、この「擬制」は法人擬制説のいう擬制、すなわち現実に存在しないものを法的には存在するものとして扱うという意味ではない。そうではなくて、国民＝国家が実体的権力を備えている以上、その帰属先が必要となり、その帰属先である国家の法人格は法的に表現された抽象的存在であるという意味である（Léon Michoud, "La personnalité et les droits subjectifs de l'Etat dans la doctrine française contemporaine" in *Festschrift Otto Gierke zum siebzigsten Geburtstag*, 1911, p. 498 ; Raymond Carré de Malberg, *Contribution à la Théorie générale de l'État*, t. I, 1920（rééd., 1962. 同書は二〇〇四年にも復刊されたが、本書は一九六二年版を用いた）, p. 29 note 23. さらに、cf. G. Sacriste, *supra note* (12), pp. 254-257）。したがって、この言明によって彼が国家の実在性を否定しているわけではない（それに対して、ジャン・ダバン（水波朗訳）『国家とは何か』一九七五年二六〇―二六一頁参照）。さらに、vgl. U. Häfelin, *supra note* (31), S. 269 Anm. 307（ただし、彼が国民の中に「生きた有機体を認めていた」という指摘（さらに、vgl. S. 281 Anm. 395）に賛成できないことは本節二3で述べるとおりである）; G. Sacriste, *supra note* (12), pp. 20 et 254-259.

(46) 詳しくは、高橋・前掲書註（5）、八六―八七頁参照。

(47) G. Sacriste, *supra note* (12), p. 273.

(48) 本段の以下は、同右・九七―九八頁に拠る。

(49) エスマンの国家形態の分類によれば、主権が単一か分割されているかによって単一国家と連邦国家に分かれる。また、主権それ自体は単一であるが、単一の主権が複数の具体的主権者によって分有されているか否かによって複合国家と単純国家に分かれる。君主と議会によって主権が分有されている複合国家は単純国家における君主制と共和制の中間形態であり、立憲君主制と呼ばれる（同右・八七頁）。一七九一年憲法の規定する君主制はこのような意味における立憲君主制である。

(50) Cf. Adhémar Esmein, *Précis élémentaire de l'histoire du droit français de 1789 à 1814*, 1911, pp. 33-34.

(51) G. Sacriste, *supra note*（12）, p. 272.

(52) 高橋・前掲書註（5）、九九頁。

(53) 同右。立憲君主制に関するエスマンの理解に含まれる問題点については、cf. J. Boudon, supra note（22）, pp. 271–272.

(54) 例えば、宮沢・前掲書註（4）、二八九―二九五頁参照。さらに、cf. Westel Woodbury Willoughby, *The Fundamental Concepts of Public Law*, 1924, pp. 115-116. なお、ある論者は、狭義の国民主権と広義の国民主権を「法的な側面における国民主権」と「事実の側面における国民主権」と言い換えている（春山・前掲論文註（24）、一二一頁）。

(55) Pierre Rosanvallon, *La monarchie impossible*, 1994, p. 180. さらに、cf. Patrice Gélard, "Droit constitutionnel français et institution monarchique" in *En hommage à Francis Delpérée*, 2007.

(56) Joseph-Barthélemy et Paul Duez, *Traité élémentaire de droit costitutionnel*, 1926, p. 45 ; Les mêmes, *Traité de droit constitutionnel*, nouvelle éd., 1933, p. 41.

(57) 高橋・前掲書註（5）、八七頁。

(58) 詳しくは、同右・八八―八九頁参照。

(59) 同右・一〇〇頁。

(60) 本段の枠組みは、同右・一〇二―一〇四頁に拠る。さらに、辻村みよ子『「権利」としての選挙権』一九八九年一二六―一二九頁も参照。

(61) また、このことは、カレ・ド・マルベールによって区別される半代表制と半直接制（高橋・前掲書註（5）、三二八―三三〇頁、および大石眞『立憲民主制』一九九六年一五六―一五九頁）がエスマンにおいては半代表制の中に混在している原因でもあろう。なお、エスマンにおける半代表制と民主制の関係については、cf. Jean-Marie Denquin, "Démocratie et souveraineté nationale chez Esmein" in S. Pinon et P.-H. Prélot（dir.）, *supra note*（2）, pp. 139-143. さらに、cf. A. Le Divellec, supra note（39）, p. 174.

(62) フランスで初等教育が世俗的な無償の義務教育とされたのは一八八二年である（今野健一『教育における自由と国家』二〇〇六年二二七―二四九頁）。その結果、教師は一方で、世俗化された初等教育において理性と共和制的徳を伝播することによってエスマンが大学で果たしたのと同じ役割を果たすとともに、他方で、普通選挙によって付与された選挙権を行使して国政に参加した（「教師の共和国」。渡辺和行・南充彦・森本哲郎『現代フランス政治史』一九九七年二〇―二二頁（南執筆）参照）。そして、教師のこのような役割を思想的に支えたのは新カント学派であった（本節註（70）参照）。

(63) 高橋和之はエスマンが制限選挙を認めていると理解している（高橋・前掲書註（5）、一〇八頁註（25））。それに対して、一・六四二、および五・七七七参照。エスマンにおける国民主権の原理と普通選挙との関係について、G. Sacriste, *supra note* (12), pp. 283-284 ; Le même, supra note (31), p. 31 ; A. Chopplet, *supra note* (20), pp. 399-400は本書の理解に近い（水林翔「近代フランス憲法思想の再構成（2・完）――一九世紀前半期及び第三共和制初期を中心に――」一橋法学一六巻一号二〇一七年一五九頁も同旨）。このような理解においては、彼に限ってであるが、わが国の憲法学界の一部で繰り返し主張されてきた国民主権→選挙権公務説→制限選挙という関係は成立しない。革命期におけるこのような関係の成立に疑問を呈するものとして、田村理『投票方法と個人主義』二〇〇六年二九頁、一九〇頁および二〇四頁註（76）。いずれにしても、国民主権から公務説を導き出すことと普通選挙とは別の問題なのである。

(64) 本段の枠組みは、高橋・前掲書註（5）、一〇四―一〇五頁に拠る。

(65) もっとも、各選挙区への代表者の分配の基準について初版には不明確な点がある。すなわちエスマンは、本文で述べた初版で示された基準は「代表は人口を基礎としなければならない」とも表現されるというが、これは明らかに矛盾である。ということは、第二版は基準を変更したというよりも、基準を選挙区の人口に統一することによって初版の矛盾を解消したというべきであろうか。いずれにしても、高橋和之は第八版を用いているようであるが、なぜか、参政権者の数を基準としている（同右・一〇五頁）。

(66) その他の理由については、同右・一〇七頁註（14）および一〇八頁註（21）参照。エスマンは国民主権の原理を正当化しなければならなかったので、人民主権も含めてそれに反する主権原理を批判し否定しなければならず、その結果として分析することが困難であったといえる。なお、オーリウはエスマンの国民主権論の中に、カレ・ド・マルベールに近い国民主権的な要素と人民主権的な要素とが混在しているとみているようである（Maurice Hauriou, *Principes de droit public*, 2e éd., 1916, p. 639 note 1）が、はたしてそうであろうか。またピノンは、カレ・ド・マルベールがこの混在の中から国民主権と人民主権を分離したとみている（Stéphane Pinon, “Adhémar Esmein et la doctrine constitutionnelle de son temps” in S. Pinon et P.-H. Prélot (dir.), *supra note*（2）, pp. 225-226. さらに、本書本節註（92）も参照）が、はたしてそうであろうか。

（67）Guillaume Bacot, *Carré de Malberg et l'origine de la distinction entre souveraineté du peuple et souveraineté nationale*, 1985, pp. 15 et 175.

（68）その結果、国家が独占的に一般利益を体現し実現すべきであると考えるエスマンは職業組合に反対するが、彼のこのような立場は共和派政府にとって、とりわけ教員の組合活動との関係で好都合である。というのは、教員の支持を失いたくない共和派政府は正面から教員の組合活動に反対することはできないが、組合に批判的なエスマンというレジストの主張を援用することによってその目的を達することができるからである（Guillaume Sacriste, “Le droit constitutionnel de la République naissante : collusions entre sphère politique et doctrine au nom du nouveau régime” in Annie Stora-Lamarre, Jean-Louis Halpérin et Frédéric Audren (dir.), *La République et son droit*（*1870-1930*）, 2011, pp. 401-403）。彼とともに代表的なレジストであるベルテルミーも公務員の組合活動には反対である（前掲拙著註（11）、一六五頁）。なお、職業組合をめぐる問題はレジストと反レジストの重要な対立点の一つであり（前章第一節註（83））、利益（職能）代表などとの関係で憲法改正問題へとつらなるが、詳しくは、G. Sacriste, *supra note*（12）, pp. 451-462.

（69）S. Pinon, supra note（66）, p. 212 note 19. ただし、エスマンの国民主権論と純理派の理性主権論とはまったく同じというわけではなく、両者の相違については後ほど述べる。

（70）Jean-Paul Charnay, *Le suffrage politique en France*, 1965, p. 25. ギゾーの理性主権論にはカントの影響がみられ

る（拙稿「ノモス主権と理性主権」龍谷紀要二九巻二号二〇〇八年一八―一九頁註（32））が、第三共和制下における有力な共和派の思想の一つとして新カント学派が存在した。フランスにおける新カント学派は同時代のドイツにおけるそれに比べて政治哲学的色彩が濃いといわれ、共和制的徳や理性による数の支配という点で、エスマンの国民主権論の中にも新カント学派との共通点がみられる（北垣徹「道徳の共和国――ジュール・バルニと新カント派の政治思想」人文学報八一号一九九八年。とくに、一一一―一一八頁参照）。さらに、ウィリアム・ローグ（南充彦他訳）『フランス自由主義の展開』一九九八年一七頁も参照。

(71)　ある論者は、エスマンの国民主権論とギゾーの理性主権論との類似性を「主権論の次元で」論じることは「不要な混乱をもたらす」ので「避けるべきであろう」という（水林・前掲論文註（63）、一六〇頁註（211））。その理由は、前者と後者は、それぞれ共和制と立憲君主制という異なる国家形態を前提とし、「人民による政治参与の在り方を巡って」「対立」関係にあるからである。また、わが国の憲法学界における国民主権・人民主権二分論がこの相違を認識することなく、両者を「ブルジョワ的として同一類型に属する」としてきたことからも、両者の相違は強調されるべきである（一六一頁）。この論者は統治類型を、啓蒙思想の統治像（社会に先行する法を君主や貴族といった特権階級が実現する）・一七九一年憲法の統治像（自然権を代表制によって実現する）・一七九三年憲法の統治像（自然権を直接制によって実現する）という三つに分けて（さらに、同「近代フランス憲法思想の再構成（1）――一九世紀前半期及び第三共和制初期を中心に――」一橋法学一五巻三号二〇一六年二五二―二五四頁も参照）、啓蒙思想の統治像を一九世紀前半にまで持ち込み、その具体的現象形態を理性主権論としたうえで、これと一七九一年憲法の統治像に属するエスマンの国民主権論との相違を強調するわけである。しかしながら、理性抽出の場としての議会の存在を前提とする理性主権論を、近代的議会の存在を前提としない啓蒙思想の統治像の一形態とすることにはかなり無理があるといわざるをえない。両者では、社会に先行する法の存在という類似性（両者が想定する法が同質のものであるかは疑問であるが）よりも、近代的議会の有無という相違（はっきりいえば断絶）の方が重要なのである（そのためであろうか、この論者はギゾーの理性主権論を啓蒙思想の統治像と一七九一年憲法の統治像との中間形態あるいは混合形態と位置づけているようである）。それに対して、このような断絶のないエスマンの国民主権論とギゾーの理性主権論とは同一次元で比較可能であり、両者を比較するに際しては、先に共通点（抽象的主権者と理性、純粋代表制と理性を抽出するための代表制）を取り出さなければ、相違（＝個体性）を認識することも、その意義を評価することもできないであろう。そして、これら共通点は一九世紀フランスに固有のものではないというのが本書の立場である。なお、この論者が「理性的統治という理念」であるとか「理性的統治の志向」というだけでは主権論ではなく自然法論にとどまるのではないかという疑問点（この中には、社会に先行する法の存在は啓蒙期以前から想定されていたのではないか、この法と自然権の関係などといった問題も含まれる）、さらに、普通選挙を前提とするエスマンの国民主権論と一七九三年憲法の統治像との共通点（本書本節註（63）参照）などには、ここでは踏み込まない。

(72)　さらに、一九世紀後半になると、普通選挙の定着に伴って大衆民主主義の時代が到来するが、伝統的なブルジョワ的で抽象的な個人主義ではこのような状況に十分対応できないことから、個人から独立した意思と人格とを備えた集団の存在を主張する社会有機体（société organisme）論が台頭してくる（E. Maulin, *supra note* (8), p. 146）。

(73)　ただし、「エスマンは法の歴史を、生物学的現象と比較することができる発展的過程の総体と考えた」が、細部を重視する歴史家としての気質が彼を有機体説的な思想へと向かわせなかったといわれる（J.-L. Halpérin, supra note (9), pp. 427-429）。

(74)　イェリネクによる機関の分類を用いれば、主権の行使内容を決定する参政権者の総体は直接的第一次的例外機関、代表者を選出する参政権者の総体は直接的第一次的通常機関ということになるであろうか（G・イェリネク（芦部信喜他訳）『一般国家学』一九七四年四四一―四四四頁）。

(75)　高橋・前掲書註（5）、八六頁。さらに、cf. ibid., pp. 422-423 ; U. Häfelin, *supra note* (31), S. 288f. Anm. 437.

(76)　同右・一一三頁。

(77)　Cf. J. Boudon, supra note (2), pp. 92-93 ; A. Chopplet, *supra note* (20), pp. 74-75. 純理派における理性主権論と古典的自然法論批判が矛盾する（第一章第二節註（27））とすれば、エスマンにおける理性主権論的要素と古典的自然法論とは矛盾しないことになるが、後者と「経験的方法」は矛盾する可能性を孕んでいる（一五八頁参照）。ただし、彼のいう個人権（droits individuels）は純粋な自然権ではなく、それが法律によって具体化されたものである（春山・前掲論文註（24）、一二六—一三〇頁参照）ことらすれば、必ずしもそうとはいえないと解することもできるであろう。

（78）同様に、ビュルドーに依拠して展開されるとともに、「全国民の共通利益を志向する意思」（高橋和之『現代立憲主義の制度構想』二〇〇六年五三頁）に主権性を付与するために主権の帰属主体の抽象性を要求する高橋和之の国民主権論が理性主権論を髣髴させるという点については、拙稿「宮沢俊義の国民主権論と国家法人説」初宿正典・米沢広一・松井茂記・市川正人・土井真一編（佐藤幸治先生古稀記念論文集）『国民主権と法の支配［上巻］』二〇〇八年七七頁註（82）参照。また、理性主権の基本構造が尾高朝雄のノモス主権論と同じである（第一章第三節註（24））ことから、エスマンの国民主権論とノモス主権論との類似性が指摘される（石崎・前掲論文註（40）、三七八頁）。確かに、エスマンの国民主権論に含まれる自然法的な要素に着目すればこの指摘は正当であるが、しかし、理性主権＝ノモス主権が主権の帰属主体の有する実体的な価値との適合性によって主権の行使を制限する（＝質的制限）のに対して、国民主権は主権の行使の仕組みのみによって主権の行使を制限する（＝量的制限）という相違は看過されるべきではない。さらに注目すべきは、エスマンの国民主権論における抽象的主権者と尾高の国家理論における「国家における全体」との類似性である。尾高によれば、「国家そのもの」は「国家における全体」と国家における部分とから成り、「国家における全体」が統治権＝主権の帰属主体である。そして、「国家における全体」は「理念態」（尾高朝雄『実定法秩序論』一九四二年四五五頁）であることから、現実の統治関係においては具体的な個人または集団によって体現されなければならない（前掲拙稿註（70）、七—八頁）が、とりわけ民主制における「国家における全体」の体現である代表関係の捉え方は興味深い（同右・一七頁註（11））。

（79）野上博義「フランス復古王政期の知識人と憲法学——フランソワ・ギゾーの憲章解説を中心として——」名城法学四一巻三号一九九二年一一—一二頁。

（80）Cf. H.S. Jones, *supra note* (2), pp. 26-28.

（81）宮沢・前掲書註（14）、七九頁、および深瀬・前掲論文註（15）、一一〇頁。さらに、cf. *ibid.*, pp. 109-110 ; J.-L.

Halpérin, supra note (9), pp. 416-417.

(82) Cf. M. Deslandres, *supra note* (28), pp. 41-44.（男子）普通選挙を初めて導入したのは第二共和制憲法（一一七頁参照）であるが、当時の憲法制定者にとって普通選挙は「内戦を遠ざけるのに適した社会的平和の手段」(Paul Bastid, *L'avènement du suffrage universel*, 1948, p. 76）であった。

(83) É. Maulin, *supra note* (8), pp. 92-93. さらに、cf. Jean-Marie Denquin, *Referendum et plebiscite*, 1976, pp. 97-111 ; Pierre Rosanvallon, *Le sacre du citoyen*, 1992, pp. 372-382 ; Didier Mineur, "Le suffrage universel et la peur du nombre dans les annés 1890 Une réflexion juridique foisonnante sur le thème de la réforme du gouvernement représentatif" in A. Stora-Lamarre, J.-L. Halpérin et F. Audren (dir.), *supra note* (68), 2011.

(84) Olivier Jouanjan, "Préface Georg Jellinek ou le juriste philosophe", Georg Jellinek (tra. Georges Fradis), *L'État moderne et son droit*, t. I, 1911 (rééd., 2005), p. 64.

(85) Marie-Joëlle Redor, "L'état dans la doctrine publiciste française du début du siècle", Droits, 1992, p. 93. さらに、vgl. U. Häfelin, *supra note* (31), S. 242 Anm. 160. 国家の法人格という概念は君主の権力を抑制する目的を有したという点で歴史的に自由主義的な役割を演じたが、わが国では、この概念を前提とした国家法人説が「君主主権思想と国民主権思想との妥協……という政治的役割」＝「反民主主義的な役割」を演じたことが強調されてきた（宮沢・前掲書註（4）、二九一頁。さらに、赤坂正浩『立憲国家と憲法変遷』二〇〇八年四―六頁も参照）。

(86) J.-M. Denquin, supra note (61), pp. 145-146. さらに、vgl. Christoph Schönberger, *Das Parlament im Anstaltsstaat*, 1997, S. 289f. サクリストはエスマンを伝統的な自由主義者ではなく共和主義者として捉えるべきであると主張する。その際、自由主義と共和主義を区別するものは後者における平等とそれを実現するための国家による介入とである（G. Sacriste, supra note (39), pp. 76 et 78-79）が、このような意味における共和主義を強調すればレジストと反レジストの区別が曖昧になるのではないか。現に、エスマンとイデーの関係に関する叙述（ibid., p. 81）はまるでオーリウに関する説明を読んでいるようである。共和主義者としてのエスマンという捉え方に対して否定的に評価するものとして、春山・前掲論文註（24）、一二四―一三四頁（さらに、一〇八―一〇九頁も参照）。

（87）Florian Linditch, "La réception de la théorie allemande de la personnalité morale de l'Etat dans la doctrine française" in Olivier Beaud et Patrick Wachsmann (dir.), *La science juridique française et la science juridique allemande de 1870 à 1918*, 1997, p. 194. ただし、cf. A. Chopplet, *supra note*（20）, pp. 350-351.

（88）Stéphane Pinon, "Le pouvoir exécutif dans l'œuvre constitutionnelle de Maurice Hauriou", Revue d'histoire des facultés de droit et de la science politique, 2004, p. 122.

（89）S. Pinon, supra note（9）, p. 222. さらに、cf. p. 206. ただし、西貝小名都「ナシオン主権論とプープル主権論（3）」国家学会雑誌一三〇巻一・二号二〇一七年一七―二〇頁参照。

（90）ただし、周知のように、晩年のカレ・ド・マルベールは「議会に対する選挙人団の優位」と「議会に対する憲法の優位」という二つの方向性を有する第三共和制憲法の改革案を提示したうえで（樋口陽一『現代民主主義の憲法思想』一九七七年一六頁。具体的には、カレ・ド・マルベール（拙訳）『法律と一般意思』二〇一一年二一四―二一九頁参照）前者に対する選好を示した（杉原泰雄『憲法と国家論』二〇〇六年一〇八―一一五頁）が、『一般国家論序説』の序文における「人民とその政府との本質的な正しさのみが、この問題［国家権力と道徳法則の両立を可能にする統治組織］に対して、真の完全な解決策ではないにしても、現実的なある程度の緩和要因をもたらすことができる」（R. Carré de Malberg, *supra note*（45）, p. XX）という記述からすれば、このような選好の萌芽はすでに同書にあり、このことからすれば、彼の政治的立場は一般に思われているほど保守的ではない。

（91）Olivier Beaud, "Carré de Malberg, juriste alsacien. La biographie comme élément d'explication d'une doctrine constitutionnelle" in O. Beaud et P. Wachsmann (dir.), *supra note*（87）, p. 229.

（92）ボーによれば、純理派の理性主権論とカレ・ド・マルベールの国民主権論を媒介したのはエスマンの国民主権論であり（法的主権と具体的主権→抽象的主権と具体的主権→国民主権と人民主権）、カレ・ド・マルベールの独自性は機関の主権を否定し、「純粋に擬制的な国民」に主権を帰属させたことにとどまる（Olivier Beaud, "La souveraineté dans la《Contribution à la théorie générale de l'État》de Carré de Malberg", Revue du droit public, 1994, p. 1272. 石崎学「共和国・主権と自由の狭間で――カレ・ド・マルベールの法的国家論についての一考察――」亜細亜法学三三巻二号一九九八年四一頁も同旨)。このような理解の仕方が妥当であるか否かについては慎重な検討が必要であろう（本節註（66）参照)。

(93) S. Pinon, supra note (66), p. 223.

(94) 前掲拙著註（11)、一七頁参照。

終章　フランスにおける近代憲法学の源

第一節　レジストの交代

フランスにおける公法の世界でエスマンを中心とするレジストによる支配が続いたのは二〇年弱である。すなわちその起点は、影響力の発揮という点から、学部への憲法教育の導入と彼によるその担当（一八八九年）とではなく、一八九六年の『憲法原理』の出版に求めるべきであり、その終焉はバルテルミーがエスマンの後任となった一九一四年とすべきである。その際、パリ大学法学部におけるバルテルミーの人事がレジストによる支配の終焉の「象徴的事実」[1]であることから、エスマンとバルテルミーの関係を見誤ってはならない。つまり、バルテルミーはエスマンの有力な弟子であるとか、両者の法理論が近いとかといった理由で『フランス比較憲法原理』の第六版の補訂を引き受けたのではなく[2]、単にエスマンの後任であるということからそうしたにすぎない。したがって、法理論という点からみた場合、両者の関係は「微妙である」[3]といったものではない。それどころか、バルテルミーはオーリウの弟子であり、(4)「もっとも精神主義的で反実証主義的な自然法の〔法理論への〕再導入を企てる代表的論者の一人として(5)」エスマンの対極に位置する。それ故、バルテルミーは同書を補訂するに際して異論を差し挟まざるをえなかったのである。(6)エスマンとバルテルミーの関係に踏み込みすぎた感があるが、いずれにしても、レジストによる支配の二〇年弱を長いとみるか短いとみるかは評価の分かれるところであるが、その間が「フランス公法理論の黄金時代」（一二一頁）であったことから、代表的なレジストであるエスマンの憲法理論の後世に対する影響は絶大である。それはエスマン神話とでもいうべきであるが、その内実は純粋代表制と議会による立法権の独占との結果としての議会への権力集中、より正確にいえば「共和派〔＝急進派〕の議会多数派の掌中への権力集中(7)」の理論化であり、この神話を否定したのがサクリスト『憲法学者の共和国』なのである。

サクリスト『憲法学者の共和国』は、第三共和制の確立過程と憲法学の成立過程との結びつきを高等教育行政の第一次資料などをとおして論証することによって、第三共和制期の憲法学界としてこれまで描かれてきた風景（tableau）を一変させた。すなわち彼によれば、一方で、共和派政府は法学教育改革の中で憲法教育を「決定的な政治的手段(8)」として用いて自らを正当化し、他方で、憲法学者は共和派政府および高等教育行政と結びつくことによって私法学者と政論家とに対抗して学としての憲法学を確立した。パリ法科大学（法学部）におけるレジストとしての憲法学者の誕生である。憲法学の成立過程のこのような捉え方は、それと同時期の社会学の成立過程の捉え方を転用したものであるといえなくもなく、その限りで目新しいとはいえない。しかし、同書はそれにとどまらず、パリ大学の憲法学者と地方大学の憲法学者との関係をレジストと反レジストの対抗関係として鮮明に図式化してみせた。反レジストの主張については第二章第一節三の末尾でその概略を示したのでここでは繰り返さないが、両者の対立は集権的国家論対多元的国家論・古典的自然法論（非カトリック）対伝統的自然法論（カトリック）・憲法支持勢力対憲法改革運動など多面的である。したがって、同書は二段構成になっており、それぞれを、すでに述べたようにこれまでほとんど注目されてこなかった高等教育行政の第一次資料などを用いて描くことをとおして、第三共和制下の「自由立憲主義」（三頁）的憲法理論を脱神話化した。その意味で同書は高く評価されるべきであるが、そこで扱われている個々の論者・理論の理解やそれらの位置づけはさまざまな問題を孕んでいるといわざるをえない。ここでは、その中で最大の問題であると思われるデュギーの位置づけと、前章の末尾で指摘したレジストの交代をめぐる問題とを取り上げることにしよう。

第一に、デュギーの位置づけについてである。サクリストはデュギーを代表的な反レジストの一人として位置づける。エスマンの『（フランス比較）憲法原理』が「国家は国民の法人格化である」で始まる（二〇九頁）のに対して、デュギーは憲法関係の最初の単行本である『公法研究Ⅰ・国家、客観法および実定法（*Études de droit public I : L'État, le droit objectif et loi positive*）』一九〇一年の冒頭で「国家は主権的権力を付与された集団的な人ではない」と応じ、(9)その後一貫して国家の法人格と主権とを否定し続けたことからすれば、このような位置づけ方は当然であるといえる。しかしながら、レジストと反レジストの非カトリック対カトリックという対立軸からすれば、デュギーを無条件で反レジストの中に位置づけるには無理があるのではないか。その際、たとえ彼のいう社会連帯を一種の自然法と理解したとしても、それとカトリック的な伝統的自然法とが異質であることは明らかである。また、彼はオーリウやミシュウのように主としてカトリックを理由にパリ大学法学部から忌避されたわけではなく、(10)それどころか実は、高等教育改革を主導したリアールから、一八九八年に、公法を担当していたラルノードとの交代を打診されているのである。(11)反レジストとしてのデュギーは、いわばサレイユとは違った意味で特殊なのである。(12)さらに問題なのは、サクリストが反レジストの憲法理論を、組合運動（集団主義）をとおして個人主義という「共和制国家の革命的基盤」を疑問視する「理論の領域における一種の保守革命」として、(13)さらにヴィシー体制につらなるものとして捉えていることである。(14)その結果、当然代表的な反レジストであるデュギーもヴィシー体制につらなるということになるが、それは明らかにデュギーの強靭な個人主義に反するであろう。(15)しかも、サクリストはこのような反レジストが擁護するのは「共和制国家の後に現れるべき権威主義的国家(16)」であるというが、これはサクリスト自身のいうレジストの交代を可能にしたレジストと反レジストの共通の基盤（＝共和制の正当化。一三六―一三七頁）を否定しかねない。

そこで第二に、レジストの交代についてである。第一次世界「大戦後、〔政治〕制度に対する眼差しは大きく変化した」[17]といわれるが、ということは、現に存在する政治制度である、執行府と国民（有権者団）とによる統制を免れた議会への権力集中はそれ以前と変わらない。そして、それが第二次世界大戦をはさんで第四共和制まで存続したことはフランスにとっての不幸であるといわざるをえない。したがって、反レジストが主張してきたような政治制度と国家とは第一次世界大戦後のフランスには存在しない、ということは、このような政治制度と国家とを正当化するためのレジストも存在しないということになり、存在するのはレジストの交代というよりもその崩壊あるいは消滅なのである。実は、急進派政府はレジストによる政府批判を認めず、とくに政策を実現するための法案については「非公式な慎重義務（obligation de réserve）[18]」をパリ法科大学（法学部）に要求してきたが、政教分離法の成立（一九〇五年）とその関連政策をめぐって、パリ大学法学部において法制史担当のシェノンをはじめとするカトリック系の教授が急進派政府に反旗を翻したのである。[19]それに対して、公教育省はパリ大学法学部と政府・行政側の「効果的な仲介役[20]」として、法学教育改革において重要な役割を果たした「レジスト中のレジスト」あるいは「国家レジストの模範的モデル[21]」である私法学者のリヨン＝カーンを一九〇六年の学部長選挙の候補者とした。リヨン＝カーンはこの選挙で辛勝するとともに[22]、三年後の選挙で再選されたが、結局、「慎重義務」や人事介入に対する反発から、アクシオン・フランセーズ派の学生と共和派の学生との対立に伴う学内騒乱の責任をとって学部長を辞職した[23]（一九一〇年）。その結果、パリ大学法学部はレジストとその背後の急進派政府とによる支配から解放され、その帰結の一つがバルテルミーの人事というわけである。

このように第一次世界大戦を境にレジストは交代したのではなく不在となったとすれば、同大戦はレジストの不在を許容する社会をフランスにもたらしたといえる。すなわち、第三共和制の確立期は共和制という政治体制を実質的に確定させるまでの間にさまざまな分野・領域で古いものと新しいものとが激しくせめぎ合うことによって深い亀裂を内包し、この亀裂を修復するための「結節点」を必要としたが、エスマンの憲法理論は共和制を支持する側のこのような意味における「結節点」であり、その「精神的支柱」であったのである[24]。それ故、主流になることができた。ところが、共和制の下で同大戦を乗り切ったフランスにはもはやこの亀裂は存在しない。その結果、「共和国のレジスト」も不要なのである。このような意味で彼の憲法理論は第三共和制の産物であるといえるが、それは無から生じたのではない。

（1）　Guillaume Sacriste, *La République des constitutionnalistes*, 2011, p. 535.

(2) それに対して、第七版と第八版を補訂したネザールはエスマンの弟子であり、カーン大学に所属する数少ない地方のレジストである。ネザールについては、cf. *ibid.*, p. 505 note 128 ; Stéphane Pinon, "Adhémar Esmein et la doctrine constitutionnelle de son temps" in Stéphane Pinon et Pierre-Henri Prélot (dir.), *Le droit constitutionnel d'Adhémar Esmein*, 2009, p. 214.

(3) Ibid., p. 215.

(4) 拙著『法人・制度体・国家――オーリウにおける法理論と国家的なものを求めて――』二〇一五年四一六頁註(107)。

(5) G. Sacriste, *supra note* (1), p. 533. したがって、拙著『国民主権と法人理論――カレ・ド・マルベールと国家法人説のかかわり――』二〇一一年一五一頁はエスマンとバルテルミーの親和性を強調しすぎたきらいがあるといわざるをえない。

(6) 具体的には、同右・一五八頁註(23)参照。

(7) Guillaume Sacriste, "Adhémar Esmein en son époque Un légiste au service de la République" in S. Pinon et P.-H. Prélot (dir.), *supra note* (2), p. 31.

(8) Guillaume Sacriste, "Le droit constitutionnel de la République naissante : collusions entre sphère politique et doctrine au nom du nouveau régime" in Annie Stora-Lamarre, Jean-Louis Halpérin et Frédéric Audren (dir.), *La République et son droit (1870-1930)*, 2011, p. 385.

(9) デュギーは、エスマンによる国家の捉え方は「仮説であり、擬制にすぎない」と続ける(Léon Duguit, *Études de droit public I : L'État, le droit objectif et loi positive*, 1901(同書は二〇〇三年に復刊されたが、本書はオリジナル版を用いた), p. 5)。同書は、体系書ではなく専門書の形をとり、ドイツ語の文献が引用されているという点でもエスマンに対抗しているといえる。「デュギーは……エスマンの理論を[自説を]引き立てるための理論として利用している」(G. Sacriste, *supra note* (1), p. 351)といわれる所以である。これらも含めてデュギーに対するエスマンの反応については、前掲拙著註(5)、一九八頁註(5)参照。

（10）前掲拙著註（4）、一五一―一五二頁および一六六頁註（113）参照。

（11）デュギーはカーン大学時代（一八八三―一八八六年）にそこで哲学を担当していたリアールと知り合った。このような提案があったということは、両者の単なる個人的なつながりだけではなく、パリ大学法学部におけるデュギーに対する評価が高かったということであろう。しかし、必ずしも理由は明ではないが、デュギーはこの話を断っている（Patrick Arabeyre, Jean-Louis Halpérin et Jacques Krynen (dir.), *Dictionnaire historique des jurists français XIIe-XXe siècle*, 2e éd., 2015, p. 358（écrit par Marc Milet）; G. Sacriste, *supra note*（1）, p. 348 note 19 ; Jean-Michel Blanquer et Marc Milet, *L'Invention de l'État*, 2015, pp. 102-103）。

（12）具体的には、同右・一〇五頁註（187）参照。

（13）G. Sacriste, *supra note*（1）, p. 426.

（14）*Ibid*., pp. 539-540. さらに、同右・四三四頁（42）も参照。

（15）デュギーは組合運動の理論化（とくに、中井淳『デュギー研究』一九五六年一〇一―一〇六頁参照）をとおして「中産階級および農民階級」（高橋和之『現代憲法理論の源流』一九八六年二八七頁註（3））の利益を擁護したことになるが、このことを保守的と評価する（G. Sacriste, *supra note*（1）, pp. 444-448）か否かは何をもって保守と革新の対立軸とするかによって変わってくるであろう。ただ、組合運動という部分利益擁護の先にある分権的社会像は、歴史的にみれば反動勢力に属することが多かったという事実は否定できないであろう。なお、バルテルミーについてであるが、ヴァリーヌはバルテルミーの憲法理論からはバルテルミーのヴィシー体制への参加は予測できないという（Marcel Waline, "Le movement des idées constitutionnelles dans les facultés de droit françaises au cours du premier tiers du XXe siècle" in *Histoire des idées et idées sur l'histoire : études offertes à Jean-Jacques Chevallier*, 1977, p. 261）。このような評価はヴィシー体制に参加した他の公法系の法学者にも当てはまるであろう。

（16）G. Sacriste, *supra note*（1）, p. 539.

（17）S. Pinon, supra note（2）, p. 213 note 22.

（18）G. Sacriste, *supra note*（1）, p. 507.「慎重義務」とは、「公務員や司法官は、……職務外であっても、公の場でその意見を表明しなければならないときは、その用語と方式は節度をもつものでなければならない」（山口俊夫編『フランス法辞典』二〇〇二年三九五頁）というものである。パリ大学法学部はこのような意味における「慎重義務」によって学問の自由が制限されるとともに、人事介入によって大学の自治も制限されていたが、その背景には、「大学が……国家の道徳的機能を果たすと」（野上博義「第三共和制のフランス知識社会と社会科学の形成に関する試論」名城法学三三巻三・四号一九八三年一一頁）みなす風潮があったことは否定できないであろう。

（19）その際、カトリックであるサレイユがいかなる役割を果たしたかは興味深いが、例えば、cf. *ibid.*, pp. 509-510 note 136.

（20）*Ibid.*, p. 511.

（21）*Ibid.*, p. 512. 法学教育改革については、前掲拙著註（4）、六三―六四頁参照。

（22）辛勝という結果は急進派政府と公教育省によるさらなる介入を招来し、その帰結の一つがジェーズの人事（一九〇九年。一九三頁参照）である（*ibid.*, p. 515）。

（23）「リヨン＝カーン事件」について詳しくは、cf. Marc Milet, Les professeurs de droit citoyens. Entre ordre juridique et espace public. contribution à l'étude des interactions entre les débats et les engagements des juristes français（1914-1995）, thèse（Université Paris II）, 2000（microfiche）, pp. 47-52.

（24）G. Sacriste, supra note（7）, pp. 41-42.

第二節　ロッシとエスマン

「エスマンは［憲法学における］多くの概念を無から創出したわけでは決してないが、しかし、それらの基準となる類型を造り上げた[1]」といわれる。ここで「基準となる類型」とは、グレヴィー憲法の理論化、すなわち、国民主権と委任理論を前提として、執行府と国民（有権者団）とによる統制を免れた議会への権力集中（＝議会主権）を理論化した古典的憲法理論である。ただし、この「基準となる類型」が「完成されたモデル」[2]であるとはいえないことは、前章第二節一の末尾で述べたように彼が一貫して二元型議院内閣制論を主張していたことから明らかである。[3]それにもかかわらず、エスマン『憲法原理』が自由主義と同時に共和制を前提とした憲法の初の体系書であることは否定できない。もっともこのことが、同書がフランスにおける近代憲法学の源であることを意味するわけではない。方法論からみてもそうであるし、内容からみてもそうである。

第一に、方法論についてである。そもそも、「歴史と比較法」はエスマンに固有の方法論ではなく、一九世紀末のフランス法学界における共通の方法論である。しかも、それを憲法学に最初に適用したのは彼ではない。それを憲法学に最初に適用したのはロッシであると断言する勇気を本書の筆者は持ち合わせていないが、ロッシ『憲法講義』については、それが講義録であるということだけではなく、それが出版されたのが一八六〇年代であるということも考慮しなければならない（この点は内容との関係でも重要であり、後ほど取り上げる）。ロッシを考慮しないとしても、「歴史と比較法」はエスマン以前の憲法学においてすでに取り入れられていた。エスマン以前の憲法学はそれにとどまらず社会学的方法に対しても肯定的であるが、この点エスマンは消極的である。ところで、「歴史と比較法」をめぐってそれを憲法学に最初に適用したのは誰かという問いは、ある意味では皮相な問いであるといわざるをえない。というのは、重要なのは方法論が内容をどの程度規定しているかであるからであり、この点エスマンの場合、パンデクテン法学において形成された法学的方法と法人格とを国家に適用して法実証主義国法学に途を開いたゲルバーとはまったく異なる。つまり、ゲルバーの場合、法学的方法と法人格が国法学の体系化をもたらしたのに対して、エスマンの場合、「歴史と比較法」は憲法理論の体系化という意味での内容にむしろ否定的な作用をもたらした（二一五頁）。エスマンにおける「歴史的方法」と「解釈学的方法」の力関係をいかに理解するかは難しい問題である（前章第二節註（22）および（32）参照）が、ここでは一九世紀末におけるフランス憲法学界とドイツ国法学界とでは歴史の捉え方が逆であるということを指摘しておきたい。すなわち、後者において歴史を切り捨てることによって法実証主義国法学が成立したのに対して、前者において歴史を取り入れることによって近代憲法学が成立したのである。[4]そして、フランスにおいて近代憲法学が成立した時点では、本書の冒頭で指摘したように、ドイツとの関係におけるその後進性は否定できない。ところが、第一次世界大戦を経て法実証主義の限界が明らかになったとき、両者の立場が逆転したとまではいえないにしても、フランスの（憲）法学者のドイツに対するコンプレックスが解消されたことは間違いないようである。[5]そして、このような事態をもたらしたのが「歴史と比較法」なのである。いずれにしても、方法論と内容は本来密接な関係にあることから、次に内容について検討しなければならない。

そこで第二に、内容についてである。ピノンによれば、エスマン『憲法原理』は、憲法教育が博士課程に続いて学部にも導入されたのをうけて、「学問的総合（systématisation）」[6]を必要としていたときに現れた。同書において、エスマンは「新しいものを創り出すのではなく、総合する」[7]ことによってこの必要性に応えたのである。その結果、同書は総合という点でイェリネク『一般国家学』と同じような役割を果したといえるが[8]、前者が後者に方法論・理論性・体系性という点で足元にも及ばなかったということは本書の冒頭で指摘したとおりである。となると、『憲法原理』との関係で systématisation を総合と訳すことは憚られ、むしろ寄せ集めと訳す方がふさわしいであろう。カピタンは『憲法原理』が同時代人に及ぼした効果を「光の束（faisceau）」[9]と表現したが、この表現からすれば、同書は過去から受け継いだ八つの原理を束ねたものであるということになるであろう。その際、エスマンは八つの原理を啓蒙思想・フランス革命・イギリス憲政に求めたと主張し（二一二―二一三頁）、同書はそのような体裁をとっている。確かに、同書で引用されている文献からすればそうであろう。しかし、それはエスマンの主観においてそうであるということであり、憲法理論史の客観的な流れからすればこれらの内容は、ロッシ『憲法講義』の出版・ラブレーやプレヴォ＝パラドルなどの政論家・エスマン以前の憲法学によって一八六〇年代から八〇年代にいったんプールされていたとみるべきである。そして、それらを束ねたのがエスマンというわけである。

したがって、意外かもしれないが、フランスにおける近代憲法学の直接的な源は一八六〇年代から八〇年代に存在するというのが本書の結論である。(10) したがって、「ロッシからエスマンへ」という本書のサブタイトルが意味するのは、フランスにおける近代憲法学の源がロッシかエスマンに存在する（あるいは両者に存在する）ということではなく、両者の間に存在するということである。

（1）Pierre Favre, *Naissances de la science politique en France (1870–1914)*, 1989, p. 199.
（2）*Ibid.*, p. 198.
（3）エスマンの憲法理論はさまざまな点で不徹底であり、その原因は折衷主義というよりも「良識」（二一四頁）にあるとみるべきであろうか。その原因はともかく、彼の憲法理論における不徹底な点を法実証主義化（二三一―二三六頁）と民主化という方向で徹底したのがカレ・ド・マルベールである。民主化についていえば、グレヴィー憲法の理論化において、議会による執行府の支配というエスマンの考え（前章第一節註（52）参照）との関係で二元型議院内閣制論は異質であり、カレ・ド・マルベールがそれを一元型議院内閣制論へと転換することはエスマンの考えを貫徹することを意味するが、この転換は純粋代表制から半代表制へという転換と不可分であり、その結果として有権者団と議会の関係において議会主権が否定されることになる。
（4）拙著『法人・制度体・国家――オーリウにおける法理論と国家的なものを求めて――』二〇一五年一〇七頁註(207)。
（5）このことは、例えば、François Gény, *Méthode d'interprétation et sources en droit privé positif*, 1899 と Le même, *Science et technique en droit privé positif* (4 vols), 1914–1924 とにおけるドイツ語文献の引用の仕方を見れば明らかである。
（6）Stéphane Pinon, "Adhémar Esmein et la doctrine constitutionnelle de son temps" in Stéphane Pinon et Pierre-

Henri Prélot (dir.), *Le droit constitutionnel d'Adhémar Esmein*, 2009, p. 211.

（7）Ibid., p. 212.

（8）『一般国家学』が果たした役割については、拙著『国民主権と法人理論――カレ・ド・マルベールと国家法人説のかかわり――』二〇一一年一二一頁参照。

（9）René Capitant, *Écrits d'entre-deux-guerres (1928-1940)*, 2004, p. 262.

（10）この点からも、第二帝制の後半、つまり自由帝制期（一八六〇―一八七〇年）は重要であるが、残念ながらこの時期は、法学の領域では、わが国においてもフランスにおいても、これまであまり研究の対象とされてこなかった。さしあたり、第一章第三節註（22）および（50）参照。

あとがき

本書の目的は、先の拙著『国民主権と法人理論――カレ・ド・マルベールと国家法人説のかかわり――』二〇一一年および『法人・制度体・国家――オーリウにおける法理論と国家的なものを求めて――』二〇一五年に先行する時期を論じることによって、本書と先の拙著をとおして、フランスにおける近代憲法理論史を提示することである。同様のテーマは、宮沢俊義「フランス公法学における諸傾向」および「フランスにおける憲法学と政治学」同『公法の原理』一九六七年所収や樋口陽一『近代立憲主義と現代国家』一九七三年第一部第一章第一節などで扱われているが、いずれも十分であるとはいえない。

このような目的を有する本書は、拙稿「黎明期のフランス憲法学――ペッレグリーノ・ロッシを中心に――」龍谷紀要二九巻一号二〇〇七年と拙稿「第三共和制の成立とアデマール・エスマンの国民主権論」大石眞・土井真一・毛利透編（初宿正典先生還暦記念論文集）『各国憲法の差異と接点』二〇一〇年とを用いて両者の間（具体的には第二章）を埋めれば、比較的短時間で簡単に書けるであろうと思っていた。しかし、学問はそんなに甘くはないのであり、第一に、先の拙著には法人理論という明確な視点が存在したが、拙稿にはそれが存在しない（あるいはきわめて希薄である）ことから、拙著と拙稿の間にはさまざまな意味でのズレが存在し、しかも、ロッシに関する拙稿は一〇年以上前に執筆したものである。第二に、いったん著者の手から離れたものは、たとえ著者自身によるといえども、簡単に加筆・修正を受けつけるものではなく、第一の点も加わって一冊の書にまとめることは困難をきわめた。そのため途中で、単に三つの論文を集めたものにしようかとも思ったが、安易な論文集が氾濫しているわが国の法学界にかんがみてあえて書下ろしの体裁をとった。したがって、本書はこのような傾向に対するささやかな抵抗の試みであるが、それが成功しているといえないことは本書の著者自身が自覚している。すでに書いたものをほぼそのまま用いたのは第一章第三節と第三章第二節二のみであり、序章・第一章第一節・第二章・第三章第一節一・終章は新しく執筆し、その他の部分はすでに書いたものを用いているが、順序を変更したり、大幅な加筆・修正を施したりしたため、ほとんど原形をとどめていない。その結果、諸般の事情から途中で何度か執筆を中断せざるをえなかったことも手伝って、すでに書いたものをほぼそのまま用いた部分とそれ以外の部分との間に精粗が生じてしまったことは否定できない。今から思えば、先の拙著のようにゼロから書く方が楽であったといわざるをえないが、このような不完全なものをあえて出版するのは、わが国の憲法学界におけるフランス近代憲法理論史という欠落を埋めんがためである。本書と先の拙著を併せることによって上山安敏『法社会史』

一九六六年のフランス版を狙ったわけであるが、本書の不完全さからすれば、本書がせめて後進の踏台になればと願わざるをえない。

　人生の転機はいつやって来るかわからない。しかも、その到来を認識しない場合がある。ただ、それを直ちに認識しないことが不幸であるとは限らない。法人理論とそれに伴う憲法理論とに関する研究はロッシに関する拙稿の註で純理派の理性主権と尾高朝雄のノモス主権との類似性を指摘した（二四頁註（39））ことに端を発するが、当時、その後一〇年以上の歳月を費やして三冊の単行本を出版することになろうとは思わなかった。その間、戦前の国家法人説やビュルドーといったやり残したこともあるが、三部作が出揃ったこのあたりで一応の区切りをつけて新しい研究テーマに取り組みたいと思う。

　この間、成文堂には快く出版を引き受けていただいた。法科大学院との関係で解釈論が主流となる憲法学界において、ヨーロッパ大陸の基礎理論を研究してきた本書の筆者がその成果を単行本という形で発表し続けることができたのはひとえに成文堂のおかげである。また、編集部の篠崎雄彦氏には今回の校正その他も含めて三冊の本とつきあっていただいた。改めて成文堂と篠崎氏に謝意を表したい。

二〇一七（平成二九）年九月

時　本　義　昭

〔付記〕

本書は、龍谷大学から二〇一七（平成二九）年度出版助成を受けて出版された。

人名索引

( ) 内は註の番号である。

あ行

アカリア（Calixte Accarias, 1831-1903）……185

アリストテレス（Aristoteles, 前384-322）……82

イェリネク（Georg Jellinek, 1851-1911）……252(74)

伊藤博文（1841-1909）……145(67)

ヴァリーヌ（Marcel Waline, 1900-1982）……264(15)

ヴァルンケーニッヒ（Leopold August Warnkönig, 1794-1866）… 33

ヴァロン（Henri Alexandre Wallon, 1812-1904）……116

エスマン（Jean-Paul-Hyppolyte-Emmanuel（Adhémar）Esmein, 1848-1913）……2, 4, 5, 15-17, 65, 78(44), 106(3), 113(45), 125, 137, 138(8), 144(62)・(63), 147, 153, 158, 160, 161, 166, 167, 173-176, 184(57), 185, 187-190, 193-195, 197, 199, 200(7), 204(49), 204(52), 206(61)・(62), 207(64)・(66)・(67), 208-227, 229, 231, 233, 234-240, 241(2), 242(17), 243(18)・(22)・(23), 244(24)・(27)・(29), 245(31)・(32), 246(39)・(44), 247(45)・(49), 248(61), 249(63)・(65)・(66), 250(68)・(69), 251(70), 251-252(71), 252(73)・(77), 253(78), 254(86), 255(92), 257-259, 262, 263(2)・(5)・(9), 265-269, 269(3)

エロー（Famille Hérold, 1828-1882）……128, 141(39)

尾高朝雄（1899-1956）……253(78)

オメートル（Théophile Aumaître, 生没年不明）……148, 182(48)

オーリウ（Maurice Hauriou, 1856-1929）….11(20), 106(3), 144(63), 160, 165, 181(45), 183(50), 240, 241(8), 242(12), 250(66), 254(86), 258, 260

か行

カピタン（René Capitant, 1901-1970）……268

カレ・ド・マルベール（Raymond Carré de Malberg, 1861-1935）……6, 155, 167, 239, 240, 241(8), 248(61), 250(66), 255(90)・(92), 269(3)

カント（Immanuel Kant, 1724-1804）……64, 234, 251(70)

ギゾー（François Guizot, 1787-1874）……23, 24, 41, 45, 59-67, 71(13), 72(16), 76(30), 78(39)・(44), 79(50), 94, 97, 100-105, 107(4), 115, 117, 145(67), 188, 250(70), 251-252(70)

キュジャス（Jacques Cujas, 1522-1590）……55(77)

グレヴィー（Jules Grévy, 1807-1891）……119

ゲルバー（Carl Friedrich Wilhelm von Gerber, 1823-1891）……1, 2, 4, 43, 267

コルメ＝ダージュ（Gabriel-Frédéric Colmet-Daâge, 1813-1896）

……… 113(47), 126, 127, 140(25)
コンスタン（Benjamin Constant, 1767-1830）……96, 152, 178(17)

さ行

サヴィニー（Friedrich Carl von Savigny, 1779-1861）……… 26-28, 37-40, 44, 48(26), 49(31)・(34)・(36), 53(67), 55(77), 56(89), 58(105), 69, 73(20), 245(31)
サクリスト（Guillaume Sacriste）…… 8, 12, 13, 15, 131, 136, 146(80), 164, 177(11), 181(44), 187, 240, 242(12), 254(86), 259, 260
サレイユ（Raymond Saleilles, 1855-1912）……143(62), 183(50), 245(32), 260, 265(19)
サン・ジロン（Antoine Saint Girons, 1854-1941）… 148, 156-160, 164, 166, 170, 172, 176, 179(28), 180(30)
シエース（Emmanuel Joseph Sieyès, 1748-1836）……… 106(3)
ジェーズ（Gaston Jèze, 1869-1953）………………… 192, 193, 265(22)
シェノン（Paul Philippe-Joseph-Émile Chénon, 1857-1927）…261
ジード（Jean-Paul-Guillaume Gide, 1832-1880）………………………185
ジャラベール（Philippe Jalabert, 1823-1907）…… 127, 128, 141(30)
シャルル一〇世（Charles X, 1757-1836）……………………………24
ジュルダン（Athanase-Jean-Léger Jourdan, 1791-1826）… 32, 33, 35, 40, 52(56)・(57)・(59), 53(69)・(71), 54(74)・(75)
ジロー（Charles-Joseph-Barthélemy Giraud, 1802-1881）………185
スタール夫人（Germaine Hecker, baronne de, Staël - Holstein, 1766-1817）…………………………24

た行

ダイシー（Albert Venn Dicey, 1835-1922）………………… 241(2)
高橋和之……209, 221, 222, 236, 249(63)・(65), 253(78)
ティエール（Louis Adolfphe Thiers, 1797-1877）…………115, 125
ティボー（Anton Friedrich Justus Thibaut, 1772-1840）………………… 26, 27, 38, 48(21)
デュヴェルジェ（Maurice Duverger, 1917-2014）……… 11(20)
デュギー（Léon Duguit, 1859-1928）……… 144(63), 249, 242(12), 246(44), 259, 260, 263(9), 264(11)・(15)
デュルケム（Émile Durkheim, 1858-1917）……………………123
デランドル（Maurice Deslandres, 1862-1941）……110(20), 183(50)
ド・ゴール（Charles André Joseph Marie de Gaulle, 1890-1970）……………………………142(43)
トマス・アクィナス（Thomas Aquinas, 1225-1274）…………64
ド・ブローユ（Albert, duc de Broglie, 1821-1901）……46(8), 59, 65, 76(27)・(30), 116, 119
ド・ラ・ビーニュ・ド・ヴィルヌーヴ（Marcel de La Bigne de Villeneuve,1850-?）…… 148, 167-170, 176, 183(50)
ドレフュス（Alfred Dreyfus, 1859-1935）…………………………120

な行

ナポレオン（Napoléon Bonaparte,

1769-1821)…………26, 27, 61, 100
ネザール（Henry Nézard, 1875-?）
…………………………211, 263(2)

は行

バコ（Guillaume Bacot）………232
ハート（Herbert Lionel Adolphus Hart, 1907-1992）…………79(52)
バルテルミー（Joseph Barthélemy, 1874-1945)……160, 207(64), 211, 257, 258, 262, 262(5), 264(15)
ピノン（Stéphane Pinon）
…………………………250(66), 268
ビュルドー（Georges Burdeau, 1905-1988)…… 11(20), 253(78)
ビュルラマキ（Jean-Jacques Burlamaqui, 1694-1748)………46(4)
ファヴォルー（Louis Favoreu, 1936-2004)………………10(19)
フェリー（Jules François Camille Ferry, 1832-1893）……………127
ブトミー（Émile Boutmy, 1835-1906）……… 125, 149, 150, 178(13)
プーフェンドルフ（Samuel von Pufendorf, 1632-1694）
……………… 48(31), 181-182(45)
ブーランジェ（Georges Boulanger, 1837-1891)……………………120
フルニエ（Marcel Fournier, 1856-1907）……………………193, 194
プレヴォ＝パラドル（Lucien-Anatole Prévost-Paradol, 1829-1870）… 143(56), 152, 178(17), 268
（ジャック）ベリア＝サン＝プリ（Jacques Berriat - Saint - Prix, 1769-1845)………………111(33)
（フェリックス）ベリア＝サン＝プリ（Félix Berriat - Saint - Prix, 1810-1883)……102, 103, 111(33), 112(38)
ベルテルミー（Henry Berthélemy, 1857-1943)………………250(68)
ベンサム（Jeremy Bentham, 1748-1832）……………………57(96)
ボー（Olivier Beaud）……255(92)
ホッブズ（Thomas Hobbes, 1588-1679）…………………………101
ボヌカーズ（Joseph-Julien Bonnecase, 1878-1950)… 13, 32, 51(52), 54(74)

ま行

マク＝マオン（Edme Patrice Maurice, comte de Mac-Mahon, 1808-1893)……116, 118, 119, 125, 128
ミシュウ（Léon Michoud, 1855-1916）…………………………260
宮沢俊義（1899-1976)……166, 182(46), 208, 242(15)
モリニエ（Victor Molinier, 1799-1887）……148, 161, 164-167, 175, 176, 181(39)・(44), 182(47), 184(57)
モロー（Félix Moreau, 1859-1934)… 148, 171-175, 183(52), 184(53)
モンテスキュー（Charles de Secondat, baron de la Brède et de Montesquieu, 1689-1755）
…………………………67, 105, 213
モンテーニュ（Michel Eyquem de Montaigne, 1533-1592）………213

や行

山口俊夫…………………………126
山室信一……………………143(54)

ら行

ラーバント（Paul Laband, 1838-1918）……………… 2, 4, 5, 113(48)

(エドワール) ラフェリエール (Édouard Laferrière, 1841-1901) ……111(25)
(ジュリアン) ラフェリエール (Julien Laferrière, 1881-1958) ……111(25)
(フィルマン) ラフェリエール (Louis-Firmin-Julien Laferrière, 1798-1861) ……55(78), 101-104, 111(25), 112(39)
ラブレー (Édouard-René Lefebvre de Laboulaye, 1811-1883) ……73-74(20), 132, 268
ラルノード (Étienne-Ferdinand Larnaude, 1853-1942) … 144(66), 189, 190, 192-194, 260
リアール (Louis Liard, 1846-1917) ……123, 130, 139(14), 260, 264(11)
リヨン=カーン (Charles Lyon-Caen, 1843-1935) ……261
ルイ一八世 (Louis XVIII, 1755-1824) ……23
ルイ一四世 (Louis XIV, 1638-1715) ……218
ルイ=ナポレオン (Charles Louis Napoléon Bonaparte, 1808-1873) ……120
ルイ=フィリップ (Louis-Philippe Ier, 1773-1850) ……117
ルソー (Jean-Jacques Rousseau, 1712-1778) ……101, 169
ルドール (Marie-Joëlle Redor) … 13
ルフェーヴル (Charles Lefebvre, 1847-1922) ……126, 127, 141(35), 149, 152-155, 180(30), 207(64)
レオン・ブルジョワ (Léon Bourgeois, 1851-1927) ……189, 203(49)
レーベルク (August Wilhelm Rehberg, 1757-1836) ……26, 28, 48(21)
ロッシ (Pellegrino Rossi, 1787-1848) …… 16, 19-21, 23, 36-45, 46(4), 55(77), 56(81)・(89)・(91), 57(96)・(97), 58(105), 63-69, 72(18), 74(20)・(22), 75(23), 76(27)・(30), 77(31), 78(40)・(44), 80, 81, 83-98, 101-105, 106(3), 107(4)・(5)・(7), 108(8), 109(16), 112(38), 113(43)・(45)・(47), 113-114(48), 126, 145(67), 149, 158, 159, 164, 165, 179(28), 181(44), 188, 213, 240, 244(27), 266, 269
ロワイエ=コラール (Pierre Paul Royer-Collard, 1763-1845) ……59, 71(13), 76(30)

著者紹介

時本義昭（ときもと　よしあき）

1961年　愛媛県生まれ
1993年　京都大学大学院法学研究科博士課程単位取得退学
現　在　龍谷大学社会学部教授（憲法学）
　　　　法学博士（京都大学）

主要著書

『法人・制度体・国家』（2015年，成文堂）
『国民主権と法人理論』（2011年，成文堂）
カレ・ド・マルベール『法律と一般意思』［翻訳］（2011年，成文堂）
モーリス・デュヴェルジェ『フランス憲法史』［翻訳］（1995年，みすず書房）

フランス近代憲法理論の形成
―ロッシからエスマンへ―

2018年2月20日　初版第1刷発行

著　者　時本義昭
発行者　阿部成一

〒162-0041　東京都新宿区早稲田鶴巻町514番地
発行所　株式会社　成文堂
電話 03(3203)9201(代)　FAX 03(3203)9206
http://www.seibundoh.co.jp

製版・印刷　三報社印刷　製本　弘伸製本
☆乱丁・落丁本はお取り替えいたします☆

ISBN978-4-7923-0627-4 C3032　**検印省略**

定価（本体5400円＋税）